Frederik Hetmann

Die Erde ist unsere Mutter

HERDER / SPEKTRUM

Band 4636

Das Buch:

In seiner Nobelpreisrede hat Heinrich Böll die untergegangene indianische Kultur und ihre „Poesie des Wassers und des Windes, des Büffels und des Grases" der zerstörerischen, profitorientierten Technikvernunft entgegengehalten. Frederik Hetmann geht dem inneren Kern der indianischen Welt-, Natur- und Lebensdeutung, ihrer Spiritualität und ihrer Religion auf den Grund. Indianer sind für ihn kein Gegenstand naiver Verklärung. Ihre Kultur eignet sich nicht als Stoff für esoterische Moden. Trotzdem zeigt sich in ihrem Wissen und ihrer Praxis etwas, was uns noch heute anspricht und anrührt, weil dadurch die in der westlichen Zivilisation dominierenden Verhaltensweisen in ein anderes Licht gerückt werden. Anhand vieler authentischer Zeugnisse arbeitet Hetmann den ganzheitlichen ökologischen Grundgedanken in der indianischen Spiritualität heraus. Er stellt die Vorstellungen vom Weltursprung und die besondere, spirituelle Welt der Tiere vor. Er geht u.a. auch auf die besondere Bedeutung der Frauen ein und erläutert die Mysterien von Krankheit, Leben und Tod.

So fremd die Visionen und Zeremonien der Schamanen und Medizinmänner einem westlichen Menschen in der Regel auch bleiben mögen: Weisheit, Schönheit und geheimes Wissen indianischer Mythen können uns daran erinnern, daß wir harmonischer mit unserer Umwelt, mit unserer Zeit, mit Leid und Tod, ja mit uns selbst umgehen können. Von den Indianern können wir lernen, uns als Teil eines Universums zu verstehen, in dem alle Bestandteile miteinander verbunden und im Gleichgewicht sind. Und wir können das Heilige in der Schöpfung mit neuen Augen ansehen. So entsteht ein umfassendes Bild von der faszinierenden Vielfalt indianischer Religionen und der Weisheit ihrer spirituellen und rituellen Traditionen.

Der Autor:

Frederik Hetmann (Hans-Christian Kirsch) lebt als freier Schriftsteller in Nomborn/Westerwald. Bekannt wurden seine Biographien u.a. zu Siddharta, Rosa Luxemburg, Georg Büchner, Martin Luther King, Che Guevara. Er schrieb phantastische und historische Romane und zahlreiche Jugendbücher, für die er zweimal mit dem Deutschen Jugendliteraturpreis (u.a. 1965 für „Amerika Saga") ausgezeichnet wurde. Mit der Kultur, den Märchen und Mythen der Indianer beschäftigt er sich intensiv seit über dreißig Jahren. Er schrieb mehrere Indianerbücher und gab viele Textbände zur indianischen Kultur heraus.

Frederik Hetmann

Die Erde
ist unsere Mutter

Indianische Spiritualität und Religion

Herder
Freiburg · Basel · Wien

Gedruckt auf umweltfreundlichem,
chlorfrei gebleichtem Papier

Originalausgabe

Alle Rechte vorbehalten – Printed in Germany
© Verlag Herder Freiburg im Breisgau 1998
Satz: Rudolf Kempf
Herstellung: Freiburger Graphische Betriebe
Umschlaggestaltung: Joseph Pölzelbauer
Umschlagmotiv: Peace Pipe Dance von Acee Blue Eagle
(Creek-Pawne), ca. 1946
ISBN: 3-451-04636-9

Inhalt

Jenen, die nicht das Pulver erfunden haben und nicht
den Kompaß,
jenen, die nicht den Dampf bezwangen und nicht
die Elektrizität,
jenen, die nicht die Meere erforschten und nicht
den Himmel,
. . . aber sich hingaben, ergriffen, dem Wesen der
Dinge,
. . . wahr und wahrhaftig die Erstgeborenen der Welt,
jene, die überleben werden im Keimen der Gräser!

Aimé Césaire

Dieses Buch ist für Alfred Keil,
den Freund, Gottsucher und Bewunderer
der nordamerikanischen Indianer

Kapitel 1
Die Poesie des Wassers, des Windes, des Büffels und des Grases

*Ich liebe und bewundere Menschen, die ehrlich sind
ohne Gesetze, die keine Gefängnisse kennen und
keine Armenhäuser.*
*Ich liebe und bewundere Menschen, die die zehn
Gebote halten, ohne daß sie ihnen je von einer Kanzel
verkündet worden sind.*

George Catlin[1]

*In einer Höhle in einer engen Schlucht nahe Tesajara
ist die Felsenkammer mit Händen bemalt,
eine Vielzahl von Händen im Zwielicht, eine Wolke
menschlicher Handflächen,
nichts mehr,
kein anderes Bild. Und keiner der uns sagt,
ob die braunen, scheuen, stillen Menschen, die tot sind,
damit Religion oder Magie bezweckten
oder absichtslose Hervorbringung von Kunst; aber
über den Abstand der Zeit hin
sind diese sorgfältig
gezeichneten Hände wie eine versiegelte Botschaft,
die besagt: Seht her, wir waren auch
menschliche Wesen, wir hatten auch Hände, nicht
Pfoten.*

Glück auf den Weg,
du, Volk mit geschickteren Händen,
ihr Wesen, die ihr uns ablöst in diesem Land,
erfreut euch seiner Jahreszeiten, seiner Schönheit,
bis ihr selbst abgelöst werdet durch andere,
denn ihr seid
menschlich.

Robinson Jeffers[2]

Der augenfälligste Unterschied zwischen den Philoso-
phien der Indianer und den Menschen der westlichen
Welt sind die unterschiedlichen Blickwinkel, unter de-
nen die Rolle des Menschen im Universum betrachtet
wird. Die vorherrschende Sicht unter Nichtindianern
ergibt sich daraus, daß der Mensch als allen anderen
Formen des Lebens überlegen angesehen wird und daß
die Welt dazu da sei, so von ihm benutzt zu werden, wie
es ihm beliebt. Der Wert, der jeder anderen Lebens-
form, also der der Tiere, Pflanzen und Minerale beige-
messen wird, ergibt sich aus deren Nützlichkeit für den
Menschen. Diese Einstellung wird häufig als Herrschaft
des Menschen über die Natur zum Nutzen des Men-
schen zu rechtfertigen gesucht. Die indianische Vor-
stellung hingegen ist, daß der Mensch Teil eines wohl-
ausbalancierten Universums ist, in dem alle Bestand-
teile miteinander verbunden sind und interagieren und
in dem jeder Teil nicht mehr und nicht weniger wichtig
ist als ein anderer. Des weiteren sind Indianer der An-
sicht, daß nur der Mensch in der Lage ist, diese Ausge-
wogenheit zu stören.

Tom Bahti[3]

Ich glaube, ein Grashalm ist nicht geringer als das Tagwerk der Sterne. Und die Ameise ist ebenso vollkommen wie ein Sandkorn und des Zaunkönigs Ei.

Walt Whitman[4]

Im Unterholz oder irgendwo sich hinstellen und regungslos verharren; dann fangen die Dinge an, lebendig zu werden, man wird die Eichhörnchen und Sperlinge, die Waschbären und die Kaninchen sehen, die die ganze Zeit schon da waren . . . Meditation ist genau so. Sich hinsetzen, ruhig sein, sich nicht bewegen, und die Dinge im Kopf fangen an, aus ihren Löchern zu kriechen, fangen an herumzulaufen und beginnen zu singen . . .

Gary Snyder[5]

Man kann Bücher über die *Native Americans*, wie die nordamerikanischen Indianer im Sinn der *political correctness* heute in den USA genannt werden, mit höchst unterschiedlicher Zielsetzung schreiben:

Man kann dem Verlangen nach Romantik und Exotik mancher Leser zu entsprechen versuchen, oder man kann den Reiz der Phantasievorstellungen eines Naturvolkes darstellen.

Man kann mit Märchen und Mythen an jenes für die westliche Kultur schandbare Unrecht erinnern, mit denen Menschen, die aus Europa kamen und die Freiheit suchten, eine freilich ganz anders geartete Kultur mißachteten und deren Menschen im Namen des Fortschritts vernichteten.

Das vorliegende Buch versteht sich als locker gewebter Teppich von authentischen Zeugnissen indianischer Spiritualität und sie behutsam ergänzender bzw. aufschließender Kommentare.

Ich habe gerade diese Form gewählt, weil es inzwischen – vor allem in den USA – eine Anzahl von Büchern gibt, die sich völlig losgelöst vom Originaltext in mehr oder minder fragwürdigen Spekulationen und Interpretationen ergehen. Im Unterschied dazu kam es mir darauf an, daß die Leser möglichst weitgehend mit indianischem Bewußtsein direkt konfrontiert werden, damit sie in der Lage sind, von daher zu überprüfen, was der Autor ihnen als Interpretation anbietet, ja, vielleicht sogar zu ganz anderen Überlegungen als dieser zu gelangen.

Andererseits treten in vielen Texten der *Native Americans* kulturelle Phänomene auf, ohne deren genauere Kenntnis sich der Sinnzusammenhang gewisser Mythen nicht erschließt.

Es scheint mir zudem in unserer Zeit durchaus sinnvoll, in den Begriff der Ökumene nicht nur die großen Weltreligionen, sondern auch die Religionen von Naturvölkern mit einzubeziehen. Auch als ein Versuch in diese Richtung versteht sich mein Text.

Die Anregung zu diesem Buch ging aus von einer bisher wenig beachteten Passage aus der Nobelpreis-Rede Heinrich Bölls, die den Titel „Versuch über die Vernunft der Poesie" trägt.

Zumindest diese eine prominente Persönlichkeit der westlichen Welt hat für das kosmische Bewußtsein der Indianer Verständnis aufgebracht, es nicht mit der alten Überlegenheits- und Hochmutspose der Weißen als naiv abgewertet: Böll wägt in seiner Rede die „Poesie unserer Vernunft" gegen die „Macht der Poesie" ab. „Ist", fragt er, „Vernunft, wie wir sie verstehen und hinnehmen (...) nicht vielleicht nur eine abendländische Arroganz, die wir dann noch via Kolonialismus oder Mission, oder in einer Mischung von beidem als Unterwerfungsinstrument in die ganze Welt exportiert haben, und werden und würden für die Betroffenen die Unterschiede zwischen christlich, sozialistisch, kommunistisch, kapitalistisch nicht gering, mag ihnen auch die Poesie dieser Vernunft stellenweise einleuchten, bleibt nicht doch die Vernunft ihrer Poesie siegreich?"

Die Poesie der Vernunft gegen die Vernunft der Poesie? Ein zunächst eigenartig wirkendes Wortspiel. Sein Sinn und seine Aktualität treten deutlicher hervor, indem Heinrich Böll, mit Bezug auf die Urbevölkerung Amerikas, fortfährt:

„Worin bestand das größte Verbrechen der Indianer, als sie mit der nach Amerika exportierten europäischen Vernunft konfrontiert wurden? Sie kannten den Wert des Goldes, des Geldes nicht! Und sie kämpften gegen etwas, gegen das wir heute als das allerletzte Produkt unserer Vernunft kämpfen, gegen die Zerstörung ihrer Welt und Umwelt, gegen die totale Unterwerfung ihrer Erde unter den Profit, der ihnen fremder war als uns ihre Götter und Geister. Und was hätte ihnen daran wohl als christlich, als die neue, die frohe Botschaft einleuchten sollen, an dieser wahnwitzigen heuchlerischen Selbstgefälligkeit, mit der man sonntags Gott diente und ihn als Erlöser pries und am Montag pünktlich die Banken wieder öffnete, wo die für einzig wahr gehaltene Vorstellung von Geld, Besitz und Profit verwaltet wurde? Für die Poesie des Wassers und des Windes, des Büffels und des Grases, in der sich ihr Leben verkörperte, gab es nur Hohn – und nun beginnen wir westlich Zivilisierten in unseren Städten, den Endprodukten unserer totalen Vernunft – denn gerechterweise muß man sagen: wir haben uns nicht geschont –, wir beginnen etwas davon zu spüren, wie wirklich die Poesie des Wassers und des Windes ist und was sich in ihr verkörpert."[6]

Die Indianer haben stets gewußt und wissen, daß diese Erde, die Welt, der Kosmos, die Natur als die Existenzgrundlage des Wesens Mensch gewissermaßen ein wohl austariertes Mobile ist. Alle Formen des Seins haben dabei ihre Berechtigung und tragen mit ihrer Energie zur Wesenheit des Ganzen bei. In einer so verstandenen Welt wird der Mensch als das einzige Wesen angesehen, das ewig in Gefahr steht, diese Balance zu zerstören und damit auch die Grundlage seines Seins, die Möglichkeit seiner Existenz. Wir sind diesem Punkt gefährlich nahe gekommen. Anders als Menschen in früheren Zeiten können uns unheildrohende Zeichen heute kaum noch erschrecken. Wir haben uns daran gewöhnt, mit ihnen zu leben. Mehr noch: Sie sind zum

Klischee geworden. Was also bleibt zu tun? Der Geschichtenerzähler setzt auf die sanfte Kraft des Berichtens und Erzählens.

In den Mythen und Märchen der Indianer lebt die Erinnerung an ein anderes Bewußtsein des Menschen von Natur, Erde, Kosmos fort. Kein Bewußtsein eines vollkommenen Verhaltens – wie wäre dies möglich bei Menschen, diesen unvollkommenen Wesen –, aber ein Bewußtsein mit mehr Ehrfurcht, mehr Vorsicht, mehr Liebe, mehr Zärtlichkeit, weniger Gier, weniger Hochmut, weniger Machtrausch.

Gewiß, was auf den folgenden Seiten versammelt ist, ist weitgehend Rückerinnerung. Jenes „indianische" Bewußtsein ist heute höchstens subversiv hier und dort noch vorhanden. Es ist nicht beglaubigt durch Erfolg und Macht. Es war mehr, als daß es ist. Dennoch: Es könnte auch wieder sein.

Eine solche Darstellung stellt einen Anspruch an den Leser – den, sich einem Bewußtsein zu öffnen, das anders war und ist als unser heutiges: hier, jetzt; in Europa, Amerika, in der Gesellschaft der Großmächte. Sie stellt den Anspruch, den Unterschied und Abstand zu dem, was wir verloren haben und wiedergewinnen müssen, zu erkennen. Völker, die wir lange barbarisch nannten, belehren uns durch ihre Geschichten über unsere Barbarei und ihren Sinn von der Schönheit der Erde. Die Indianer sind noch sehr fern . . .

Kapitel 2
Das kosmische Bewußtsein

Der Indianer begreift das Universum als eine lebendige, einige Gemeinschaft. In ihr haben alle Lebewesen, Pflanzen, Tiere und Menschen vom kleinsten und unscheinbarsten bis zum größten und bedeutendsten ihren festen Ort, auch die Geistwesen, die Elemente und Mächte der Erde und des Himmels. Der Mensch als eine der vielen Formen des Lebens in dieser universalen Gemeinschaft steht in Wechselwirkung mit allen anderen.

Melvin Randolph Gilmore[7]

Religion, Spiritualität – die notwendige Klärung der Begriffe

Religion wird in einem philosophischen Wörterbuch[8] vom lat. *religere*, etwas wiederholt und sorgfältig beachten, abgeleitet und als „die vom Glauben an die Existenz eines Gottes und einer Gottheit bestimmte Weltanschauung und Lebensführung" bzw. als „das Gefühl der Verbundenheit, der Abhängigkeit, der Verpflichtung gegenüber einer geheimnisvollen, haltgebenden und verehrungswürdigen Macht" umschrieben.

Man stößt bei Karen Armstrong, einer angelsächsischen Theologin, auf die Vorstellung, daß es eine biologisch verankerte Neigung des Menschen zur Religion gebe, die der dem Menschen angeborenen Fähigkeit zum Spracherwerb entspreche.

In Joseph Campbells „Mythologie der Urvölker"[9] finden wir den Hinweis, gegen Ende des 19. Jahrhunderts habe sich in der westlichen Welt die Einsicht durchzusetzen begonnen, daß übernatürliche Motive nicht einer einzelnen Tradition vorbehalten seien, sondern religiöses Allgemeingut der gesamten Menschheit darstellten. Damit habe sich die Spannung zwischen „rechtgläubig" und „heidnisch", „hoch" und „primitiv" verflüchtigt.

Als neue Perspektive der Ethnologie und der Religionswissenschaft ist nun die Frage aufgetaucht, „ob solche Mythologeme wie Tod und Auferstehung, Jungfrauengeburt, Schöpfung aus dem Nichts vernunftsgemäß als bloße Relikte primitiver Unwissenheit (Aberglaube) abgetan oder im Gegenteil als Ausdruck von Werten gedeutet werden sollten, die die Kraft der Vernunft übersteigen (transzendente Symbole)".[10]

Ein früher Hinweis in der europäischen Geistesge-
schichte darauf, daß solche Vorstellungen es durchaus
wert seien, daß aufgeklärte Menschen sich mit ihnen
genauer befaßten, findet sich bei dem französischen Phi-
losophen des Positivismus, Auguste Comte, der feststellt, selbst die abergläubischen Gebräuche, die uns
heute als die absurdesten erscheinen, hätten ursprünglich einen wahrhaft philosophischen Charakter gehabt.

Man verstehe die nachfolgende Darstellung der reli-
giös-spirituellen Vorstellungen bei den nordamerikanischen Indianern im Sinn der von Campbell beschriebenen Fragestellung als eine Spurensuche nach vergesse-
nen, übersehenen, denunzierten, auch niedergetrampel-
ten Werten bei einem Naturvolk.

Für die Anthropologen bezeichnet Religion technisch
die Beziehung der Menschen zu übernatürlichen Personen oder Wesenheiten. Das schließt den Animismus
mit ein, der als Glaube an spirituelle Wesen definiert
wird. Eine andere Definition spricht vom „Glauben an
Geisteskräfte als Ursachen der Wirkung der Natur, an
die Beseeltheit der ganzen Natur, worauf die Naturreligionen beruhen".[11] Das trifft auf die religiösen
Vorstellungen der nordamerikanischen Indianer recht
genau zu.

Nun gibt es in den Arbeiten über Naturreligionen
keine allgemein akzeptierte Klassifizierung dieser spirituellen Wesen, aber die Unterscheidung in Götter, Geister und andere Wesen dieser Art bringt etwas Ordnung
in die für uns eher chaotische Welt des Animismus.

Götter wären dann besonders wichtige und mächtige
Geister, deren Existenz und Macht von jedem Angehörigen einer Kultur akzeptiert werden. Bei Geistern
mag es sich um die Seelen der toten Vorfahren handeln,

die von ihren Nachfahren oder von der Gesellschaft als Ganzes verehrt werden. Die übrigen Wesen dieser Art wären dann Geistwesen, die nicht in den Rang von Göttern oder Ahnengeistern aufgestiegen sind.

Spiritualität meint Geistigkeit im Gegensatz zu Materialität, zum Körperlichen, zudem den Umgang mit und die Vorstellung von Nicht-Materiell-Vorhandenem, aus welchem Bedürfnis auch immer. Spirituelle Praktiken haben Auswirkungen auf die Realität. Sie werden zweckgerichtet dazu benutzt, deren Zustand zu beeinflussen, ihn aufrechtzuerhalten oder zu verändern.

Häufig lesen wir in Indianerbüchern von Manitou, dem „Großen Geist", und von den „Ewigen Jagdgründen". So entsteht die Vorstellung, Indianer hätten wie die Europäer und Christen an einen Gott und an ein ewiges Lebens nach dem Tod bzw. an eine Art von Paradies geglaubt.

Tatsächlich sehen die religiösen Überzeugungen der nordamerikanischen Indianer, verglichen mit denen des jüdisch-christlichen Kulturkreises, völlig anders aus. Da die Weißen sie – zumindest zunächst – nicht oder falsch verstanden, was nicht unbedingt böser Wille war, sondern zum guten Teil auch aus Verständigungsschwierigkeiten herrührte, beschrieben sie den indianischen Glauben, so wie er sich ihnen darbot, mit Begriffen des Christentums.

Die spirituellen Wesen besitzen bei den Naturvölkern im allgemeinen mehr Intelligenz und sind mächtiger als die Menschen, wenngleich ihnen in ihrer eigenen übernatürlichen Hierarchie unterschiedlicher Status oder Rang zukommt.

Die Vorstellung von einem übernatürlichen Höchsten Wesen und die heiligen Handlungen, mit denen es verehrt wurde, waren bei den indianischen Stämmen verschieden. Doch gab es bei allen Unterschieden auch Gemeinsamkeiten.

Drei Szenen indianischer Spiritualität

Gemeinsam war den meisten indianischen Nationen der Glaube an eine übernatürliche Kraft, die man sich aber nicht unbedingt als Person vorstellte.

Diese Vorstellung wird am Beispiel eines Lakota-Indianer deutlich, der seinen Enkelsohn in einer von den Weißen betriebenen Schule eine gescheite Antwort geben hörte und dazu bemerkte: Das Kind hat *wakan*[12].

Der Junge hatte ausgerechnet, daß ein Sack voller Weizen etwa dasselbe Gewicht hatte wie eine Mitschülerin. Der Großvater wußte, daß das Ergebnis der Berechnung stimmte, aber die Methode, dies durch eine Rechenoperation herauszufinden, kam ihm mehr als seltsam vor. Also schloß er daraus, der Junge habe sein Wissen von einer übernatürlichen Macht.

Wie anders im Vergleich mit dem christlich-europäischen Kulturkreis spirituelle Vorstellungen und sich daraus ergebende Bräuche der Indianer sind, verdeutlicht folgende Episode:

„Ein Junge aus dem Stamm der Mohave war gestorben. Stundenlang waren die Angehörigen des Clans an dem zehn Fuß hohen brennenden Begräbnis-Holzstoß vorbeigezogen und hatten Lieder gesungen, in denen die Saga ihrer frühen Wanderungen erzählt wurde. Ab und zu war der eine oder andere näher an den brennenden Holzstoß herangetanzt und hatte ein besonderes Geschenk in die Flammen geworfen. Jetzt kamen die Ka-

meraden des Toten im Sportdreß aus der Regierungs-
schule, um ein Spiel zu seinen Ehren abzuhalten. Das
Spiel dauerte an, bis das Feuer heruntergebrannt war,
während die Mädchen vom Spielfeldrand her Anfeue-
rungsrufe hören ließen. ‚Verstehen Sie', sagte einer der
Klassenkameraden zu mir, ‚seine Seele spielt bei uns
mit. Sie ist glücklich, ehe sie geht.'

‚Wohin geht sie?'

Hier fiel die Antwort des Jungen vage aus. Er war
nicht mit der Vorstellung eines Jenseits aufgewachsen,
wie das bei Christen der Fall gewesen wäre.

‚Vielleicht unter den großen Fluß (den Colorado).
Vielleicht, daß sie eines Tages zurückkommt zu uns.'

Dann ging er wieder auf das Spielfeld und spielte weiter mit."[13]

Oder nehmen wir einen anderen Text, in dem etwas
von der faszinierenden Aura einer Zeremonie spürbar
wird:

„Ein leuchtend klarer Wintertag. Und der Junge, in eine stinkende Pferdedecke gehüllt, sitzt auf der Klippe
und zittert vor Aufregung.

Um ihn herum drängen sich auf dem Felsen und den
schneebedeckten Dächern des Pueblo die Menschen.
Dunkelhäutige, breitgesichtige Pueblo-Indianer, bis
zum Kinn in Schafsfelle eingemummelt. Ein paar Weiße
in schmutzigen Stiefeln und verbeulten Cowboyhüten.
Ein Händler, der am Stiel seiner Pfeife kaut. Ein Missio-
nar, neu in der Gegend, in würdigem Schwarz . . . alle
wie versteinert von Kälte und Schweigen, lauschen sie
auf das Dröhnen einer Trommel. Alle warten sie mit
schon fast erschöpfter Geduld. Aber auf was?

Der Junge weiß, daß man da besser keine Fragen
stellt. Er sitzt da, zitternd vor Aufregung.

Unter ihm am Fuß der Klippe steht eine Gruppe zottiger Indianerpferde. Das graue Pferd des Missionars, ein struppiges Tier, zerrt Heu aus dem Wagen, mit dem er hergekommen ist. Seine Spuren verlaufen durch die leere verschneite Ebene, so weit man schauen kann.

Dann kommen sie plötzlich. Aus dem weiten Universum, aus der Mythe und Legende, aus der Tiefe Amerikas selbst.

Sie kommen in einer Reihe auf die offene Plaza, bewegen ihre Rasseln aus Kürbis, stoßen seltsame Schreie aus. Eine Reihe von Gestalten, teils Mensch, teils Tier, teils Vogel. Nackte Körper, bemalt, geschmeidig gekrümmt in der Hüfte, bekleidet mit zeremoniellen Gewändern, ein Büschel Kiefernzweige am Hals, die tanzenden Füße in Mokassins. Die Augen scheinen aus den großen hölzernen Köpfen herauszuspringen – Köpfe mit langen Vogelschnäbeln, mit gefletschten Schnauzen, rechteckigen Schädeln, Rundköpfen, Köpfe wie Wolkenschichten mit den Symbolen von Wind und Regen, behängt mit einem Büschel Adlerfedern." [14]

Unvergeßlich ein solcher Auftritt der Kaschinatänzer, Menschen freilich, aber für diesen Tanz verwandelt in die Gottheiten des Kosmos.

Oder nehmen wir die geradezu scholastische Denkweise, die sich in dem folgenden Dialog zwischen einem Weißen und einem Indianer über dessen Vorstellungen vom Schöpfungsvorgang enthüllt:

„Sag mal", fragte Wild Bill, der Indianer, „was ist das eigentlich, was die Weißen ‚Gott' nennen? Sie reden doch ständig davon. Es ist gottverdammt mal dies und gottverdammt mal jenes. In Gottes Namen, und Gott hat die Welt erschaffen. Wer ist dieser Gott? Sag mir das! Sie sagen zu mir: Kojote ist der Gott der Indianer, aber wenn ich dann einmal sage, Gott ist ein Kojote, werden sie gleich fuchsteufelswild. Warum eigentlich?"

Sindbad lachte.

„Hör mal, Bill", sagte er, „es ist schwierig, einander zu begreifen. Erklär du mir einmal: Glauben die Indianer wirklich, daß der Kojote die Welt erschaffen hat? Ich meine, im Ernst. Glaubst du es?"

„Na klar, glaube ich's. Warum denn nicht? Jedenfalls, die alten Leute erzählen es so. Nur eben, daß sie's nicht alle auf die gleiche Art erzählen. Mir wurde es so erzählt: Scheint, da war zuerst nichts als so 'ne Art Nebel. Nebel und Wasser gemischt, erzählen sie, nirgends Land, und da war der Silberfuchs . . ."

„Du meinst den Kojoten?"

„Nein, nein. Ich meine den Silberfuchs. Der Kojote kommt erst später. Du wirst's schon noch hören. Wart's ab.

Erst einmal war da irgendwo etwas, das wanderte durch den Nebel. Der Silberfuchs wanderte, erzählen sie, und er fühlte sich einsam, der arme Silberfuchs. Er ging also so dahin. Da traf er den Kojoten. ,Hab ich mir doch gleich gedacht, daß ich irgendwann einmal jemanden treffen würde', sagte er. Der Kojote sah ihn an, sprach aber nichts.

,Wohin bist du unterwegs?' fragte ihn der Silberfuchs.

,Warum reist du denn in der Gegend herum?' fragte der Kojote zurück.

,Weil ich traurig bin.'

,Ich reise eben auch', sagte der Kojote, ,ich bin auch traurig, und ich reise.'

,Komm, wir reisen beide zusammen. Es ist besser, wenn zwei zusammen reisen. So sagt man doch . . .!'"

„Moment mal", unterbrach Sindbad den Indianer, „wer sagte das?"

„Der Fuchs hat das gesagt. Ich weiß nicht, wen er meinte, als er das sagte. Komisch nicht? Ich meine, wie konnte er von anderen Leuten reden, da es doch überhaupt noch niemanden gab außer den beiden? Na, ich weiß nicht. Ich habe mal darüber nachgedacht. Ich habe die alten Leute danach gefragt, aber sie antworten dann bloß: Kam mir auch immer merkwürdig vor. Aber so wird es eben erzählt. Und dann erfährst du, daß die Paiutes es wieder anders erzählen. Und unsere Leute, die flußabwärts wohnen, erzählen es auch wieder ein bißchen anders. Vielleicht ist das alles gar nicht so gewesen. Vielleicht ist es aber doch so gewesen, und jeder will es eben ein bißchen anders erzählen. Das machen die Leute doch so, oder?"

„Schön, aber nun weiter mit der Geschichte. Du sagtest, der Silberfuchs habe den Kojoten getroffen . . ."

„O ja, da waren wir ja stehengeblieben. Nun, dieser Kojote sagte also: ‚Was wollen wir jetzt tun?‘ ‚Was schlägst du vor?‘ fragte der Fuchs zurück. ‚Ich weiß nicht‘, sagte der Kojote. ‚Nun denn‘, sprach der Fuchs, ‚dann will ich es dir sagen: Laß uns eine Welt machen.‘ ‚Wie sollen wir das anfangen?‘ fragte der Kojote. ‚Wir werden singen‘, sagte der Fuchs.

Also sangen sie dort oben im Himmel. Sie sangen, stampften auf und tanzten im Kreis herum. Dann dachte der Fuchs bei sich: Erdklumpen kommt. So ließ er den Erdklumpen antanzen. Einfach, indem er angestrengt an ihn dachte. Gleich darauf hatte er einen Erdklumpen in den Händen. Und er sang. Sie sangen beide und stampften auf.

Ganz plötzlich warf der Fuchs diesen Erdklumpen hinunter durch die Wolken.

‚Schau nicht hin‘, sagte er zum Kojoten, ‚sing weiter!

Mach deine Augen zu und halte sie geschlossen, bis ich dir sage, du kannst sie wieder aufmachen.'

Also sangen sie und stampften auf. Eine ganze Weile ging das so. Dann sprach der Fuchs zum Kojoten: ,Jetzt schau einmal runter. Was siehst du?'

,Ich sehe irgend etwas. Ich sehe irgend etwas . . . aber ich weiß nicht, was es ist!'

,Schon recht', sagte der Fuchs, ,mach deine Augen wieder zu.' Und also fingen sie wieder an zu singen und aufzustampfen, und der Fuchs dachte und wünschte: ,Streck dich, streck dich!! Jetzt schau noch einmal hinunter, und sag, was du siehst?' ,O ja', staunte der Kojote, ,es wird größer.' ,Mach die Augen wieder zu und schau nicht mehr hin!'

Und sie tanzten wieder und stampften auf, dort oben im Himmel.

,Jetzt darfst du wieder schauen', sagte der Fuchs.

,Uh. Jetzt ist es groß!' sagte der Kojote.

So wurde die Welt erschaffen. Darauf sprangen die beiden hinab in diese Welt und streckten alles noch etwas mehr. Sie machten Berge und Täler. Sie machten Bäume und Felsen und alles. Sie brauchten viel Zeit dazu."

„Machten sie auch Leute?" fragte der Weiße Wild Bill.

„Nein. Nicht Leute. Nicht Indianer. Die Indianer kamen später, nachdem die Welt von der verrückten Frau verpfuscht worden war. Aber das ist eine lange Geschichte. Die erzähle ich dir ein andermal."

„Na schön. Bill. Aber erklär mir noch eines: Es gab nun eine Welt. Es gab eine Menge Tiere, aber es gab keine Leute auf der Welt?"

„Ja schon . . . aber?"

„Wie denn nun?"

„Sind Tiere keine Leute?"

„Wie?"

„Sie sind keine Indianer, aber sie sind Leute. Sie sind doch lebendig. Für was hältst du denn die Tiere?"

„Wie bezeichnet man die Tiere bei eurem Stamm, Wild Bill?"

„Weiß nicht . . ."

„Aber, wenn du es nun sagen müßtest?"

„Na, ich denke. Wir würden vielleicht sagen *tee-quaade wade toolol aakaadzi* (alles, was auf der Welt lebendig ist). Ja, ich glaube, so sagen wir zu den Tieren."

„Da komme ich wieder einmal nicht mit, Bill. Das muß doch wohl auch die Menschen einschließen."

„O gewiß. Das ist es ja, was ich dir immer sage. Alles ist lebendig. Sogar die Felsen, selbst die Bank, auf der du sitzt. Irgend jemand hat die Bank für einen bestimmten Zweck gemacht, nicht wahr? Na also, dann ist sie auch lebendig. Alles ist lebendig. Das ist es, was die Indianer glauben. Weiße meinen, so vieles sei tot. Das kommt, weil viele von ihnen selbst schon bei lebendigem Leibe gestorben sind."

„Na, na . . . das ist übertrieben. Aber hör mal, Bill: Wie sagt ihr, wenn ihr ‚Leute' sagen wollt?"

„Einfach *is*, glaube ich."

„Ich meinte immer, das bedeute ‚Indianer'? Und die Weißen auch?"

„Ach, zur Hölle . . . meinetwegen sollst du es hören. Wir nennen sie *inilladuwi*. Das heißt in eurer Sprache ‚Vagabunden'. Und nichts als Landstreicher und Vagabunden sind sie auch, weil sie nicht glauben, daß *alles* lebendig ist . . . weil sie nicht aufpassen, daß sie in diesem Land lebendig bleiben. Einer, der sich so aufführt, den rechnen wir nicht unbedingt zu den Leuten. Na schön, die Weißen mögen schlau sein, ganz gerissen, zugegeben, aber von dem, was wirklich wichtig ist, wissen sie überhaupt nichts."[15]

Die Gleichsetzung des Heiligen mit allem Lebendigen in dieser Anekdote ist ein Hinweis mehr auf das, was ich kosmisches Bewußtsein nenne.

Mana, Wakan, Magie, Tabu und Zeremonien

Wir kommen hier zunächst auf den Begriff „Manitou" zu sprechen, jenes Wort, das von den Weißen gleichbedeutend mit „göttlichem Wesen" oder „Gott" gebraucht wird. Bei näherem Hinsehen ist die Sache nicht ganz so einfach. Um sie genau zu erklären, muß man etwas weiter ausholen.

Die Objibwa pflegten den Gott der Christen durch das mit einer Vorsilbe versehene Wort *manitu, nämlich als k' tci manitu* zu bezeichnen. *Manitu* selbst aber ist in ihrer Sprache ein Synonym für eine nicht-menschliche Person.

Ethnologen haben bei nahezu allen Naturvölkern eine analoge spirituelle Vorstellung angetroffen. Sie haben völkerübergreifend für diese Vorstellung einer übernatürlichen Macht, Kraft oder Energie die Bezeichnung *mana* gewählt. Das Wort stammt aus der Sprache von Eingeborenen der Südseeinseln. *Mana* ist all das, was außerhalb der Fähigkeiten eines gewöhnlichen Menschen liegt und sich durch sichtbare Geschehnisse in der Natur nicht erklären läßt. Es macht sich bemerkbar im Leben der Menschen, kann aber auch bei Dingen und Tieren in Erscheinung treten.

Mana ist nahezu gleichbedeutend mit einem Begriff bei den Völkern der Prärieindianer. Dort spricht man unter anderem bei den Lakota von *wakan* oder *wakanda* und erklärt die mit diesem Wort verbundenen Vorstellungen gegenüber den Weißen so:

„Alles Leben ist *wakan*. So auch alles, worin Kraft wirksam wird, ob es sich nun um eine Tätigkeit des Menschen, um das Treiben der Wolken oder um das untätige Daliegen eines Kieselsteins am Wegrand handelt. Selbst die einfachsten Stöcke und Steine haben eine geistige Essenz, in der sich die allgegenwärtige Kraft ausdrückt, die das Universum erfüllt."[16]

Bei den Winnebago und den Objibwa bezieht sich der Begriff auf „Geister, deren Gestalt nicht unbedingt genau festgelegt ist."[17] „Wenn", schreibt A. Irving Hallowell, „in einem Dampfbad der Dampf als *wakanda* oder *manitu* bezeichnet wird, dann deshalb, weil der Geist vorübergehend die Gestalt dieses Aggregatzustandes eingegangen ist; wenn ein Pfeil eine besondere Eigenschaft besitzt, so deshalb, weil ein Geist sich in den Pfeil verwandelt hat oder sich zeitweilig darin aufhält."[18]

„*Manitu* kann außer als Substantiv als Adjektiv die Bedeutung von heilig, seltsam, bemerkenswert, dann aber ohne Hinweis auf eine dem Ding innewohnende Kraft, haben, vielmehr in der gewöhnlichen Bedeutung des jeweiligen Wortes."[19]

Angemerkt werden soll, daß auch dies nur eine vorläufige Erklärung ist. Wie kompliziert und vielseitig der *wakan*-Begriff aufgefaßt wird, wird auch im Kapitel über den Kulturbereich der Prärieindianer aus den Selbstzeugnissen ihrer Medizinmänner darzustellen sein.

Die Oglala bezeichnen einfach alles Merkwürdige und Wundervolle als *wakanda*. Für die Irokesen hat das Wort *orenda* eine ähnliche Bedeutung.

Wie Elektrizität ist die unsichtbare Kraft in der Lage zu verletzen oder zu stärken.

Die Völkerkundler haben zur Veranschaulichung *mana*, dem im Indianischen *wakan* entspricht, mit Elektrizität oder Atomenergie verglichen.

Nach Vorstellung der Indianer sind die spirituellen Wesen dem Menschen gemeinhin überlegen. Die übernatürlichen Wesen verfügen über eine stärkere Kontrolle über die kosmische Energie als der Mensch. Dieser kann aber aus diesem unendlichen Energiepotential Nutzen ziehen, indem er die Geisterwesen, die darüber verfügen können, bittet, ihm zu helfen.

Darüber hinaus gibt es bestimmte Menschen, die in der Lage sind, die übernatürliche Macht zu steuern, bzw. die Geistwesen veranlassen können, ihren Wünschen zu entsprechen. Ihre Techniken nennt man Magie. Wenn die richtige Formel gesprochen, die rechte Manipulation des physischen Materials und der Gegenstände vorgenommen, wenn eine symbolische Pantomime ausgeführt wird, wird ein bestimmtes Ergebnis daraus folgern.

Dabei gelten zwei scheinbar einfache Regeln. Die erste lautet: Gleiches erzeugt Gleiches. In der praktischen Anwendung bedeutet das zum Beispiel: Wenn es vor einer Küste keine Fischschwärme gibt, wirft man einen aus Holz geschnitzten Fisch ins Wasser. Durch das magische Gesetz der Nachahmung angezogen, werden dann die Fische erscheinen.

Die zweite Regel besagt: Dinge, die einmal zusammengehörten, haben dasselbe Schicksal, auch wenn sie getrennt werden. Wieder ein Beispiel: Wenn man von jemandem ein Stück Fingernagel oder ein Büschel Haare verbrennt, vernichtet man – jedenfalls nach dem Glauben der Indianer – die Person, von der der Fingernagel oder die Haare stammen.

Wie man in der modernen Welt im Umgang mit Elektrizität vorsichtig sein muß, so sind die Indianer vorsichtig, wenn sie sich einem Menschen oder einem Gegenstand nähern, der *wakan* ist oder *wakan* besitzt. Es kann nötig werden, daß man sich zuerst reinigt oder eine Formel spricht, um sich zu schützen. Andernfalls würde nach der Vorstellung der Indianer in etwa das passieren, was geschieht, wenn man einen elektrisch geladenen Draht anfaßt oder in die Steckdose greift.

Als Bezeichnung für das Empfinden, daß eine solche Gefahr besteht und vermieden werden muß, haben die Völkerkundler ein Wort eingeführt, das aus Melanesien stammt. Sie sprechen von *Tabu* und meinen damit etwas Verbotenes. Tabus sind nichts Ungewöhnliches. Es gibt sie in jeder Gesellschaft. Wenn gläubige Katholiken am Freitag kein Fleisch essen, weil Freitag der Tag war, an dem man Jesus kreuzigte, so ist auch dies ein Tabu.

Nach Sigmund Freud geht die Bedeutung des Tabus nach zwei entgegengesetzten Richtungen auseinander: „Es heißt uns einerseits: heilig, geweiht, andererseits: unheimlich, gefährlich, verboten, unrein ... unsere Zusammensetzung ‚heilige Scheu‘ würde sich mit dem Tabu decken."[20]

Tabus kommen im religiösen Leben der Indianer sehr häufig vor. Man wird kaum eine heilige Feier finden, bei der es nicht irgendeinen Gegenstand gibt, den man nicht berühren darf. Die heiligen Pfeile der Cheyenne beispielsweise dürfen nur die Priester aus dem Medizinbündel nehmen.

Das „Kriegsbündel" der Creek wurde, wenn der Stamm es mit in die Schlacht nahm, von dem Mann, der für seine Aufbewahrung verantwortlich war, auf dem Rücken getragen. Es durfte niemals die Erde berühren. Bei der Büffeljagd der Omaha war die heilige weiße Büffelhaut einer bestimmten Frau anvertraut und mußte jede Nacht in einem besonderen Zelt verwahrt werden. Geschah dies nicht, so ließ sich voraussehen, daß die Jagd erfolglos verlaufen würde.

Wie vielfältig und unterschiedlich die Formen von religiöser Überlieferung, von Spiritualität und den sich daraus ergebenen Ritualen oder Zeremonien bei den verschiedenen Nationen der *Native Americans*, also nach herkömmlichem europäisch-westlichen Sprachgebrauch: der Indianer, auch sein mögen, es gibt einige fundamentale Elemente[21], die den indianischen Nationen gemeinsam sind, und die sie auch mit anderen Naturvölkern teilen.

1. Da ist zunächst einmal die Tatsache, daß in keiner der Sprachen nordamerikanischer Ureinwohner ein Begriff auftaucht, der sich mit dem Wort Religion wiedergeben ließe. Dem scheint die Feststellung Bronislaw Malinowskis zu widersprechen, daß kein Naturvolk, und sei es auch kulturell noch so wenig entwickelt, ohne Religion, aber auch nicht ohne eine wissenschaftliche Einstellung auskomme. Er schreibt in diesem Zusammenhang: „Man hat in jeder primitiven Gemeinschaft, die von zuverläßigen und kompetenten Beobachtern untersucht wurde, zwei deutlich unterscheidbare Bereiche gefunden, das Sakrale und das Profane, mit an-

deren Worten, den Bereich der Magie und Religion sowie den der Wissenschaft. Einerseits gibt es überlieferte Sitten und Gebräuche, die den Eingeborenen heilig sind und die sie mit Ehrfurcht einhalten. Sie sind durch Verbote und genaue Verhaltensvorschriften festgelegt. Solche Sitten sind immer mit dem Glauben an übernatürliche Kräfte, vor allem an die Kräfte der Magier oder mit Vorstellungen von Dämonen, Gespenstern und Geistern Verstorbener verbunden. Andererseits zeigt eine kurze Überlegung, daß auch keine noch so primitive Kunst oder Fertigkeit erdacht oder ausgeführt, keine planmäßige Form von Jagd, Fischerei, Ackerbau oder Nahrungssuche ausgeübt werden konnte ohne sorgfältige Beobachtung von Naturvorgängen und ohne ernsten Glauben an ihre Gesetzmäßigkeiten, ohne die Fähigkeit, vernunftgemäß zu denken, und ohne Vertrauen in die Macht der Vernunft, das heißt, ohne die ersten Ansätze von Wissenschaft."[22]

Das Spezifische für Naturvölker, wie sie die *Native Americans* jedenfalls ursprünglich gewesen sind, ist nun die Tatsache, daß das Sakrale und Profane sich nicht in säuberlich von einander getrennten Bereichen abspielen. Vielmehr gibt es keinen Bereich des Profanen, der nicht in weit stärkerem Maß, als dies heute in der modernen abendländisch-westlichen Gesellschaft der Fall ist, vom Sakralen beeinflußt und durchdrungen ist. Und es läßt sich von daher mutmaßen, daß sich in dem zwischen den 70er und 90er Jahren ständig wachsende Interesse an indianischer Spiritualität im „weißen" Europa und Amerika eine Sehnsucht der Menschen der westlichen Industriegesellschaften nach einem in seinem Lebensbereich verlorengegangenen Zustand dieser Art ausdrückt.

Ein zentraler Begriff von Spiritualität bei den Navajo-Indianern – immerhin die von der Bevölkerungszahl her größte Nation unter den *Native Americans* – ist *hózhó* (unzulänglich mit „gut, schön, gesegnet" übersetzt), die universelle Harmonie. Der Anthropologe und Verfasser einer Monographie über die Navajo, Wolfgang Lindig, sieht in ihrer Aufrechterhaltung und Herstellung ein zentrales Moment vor allem bei den Zeremonien:

„Hauptziel aller Zeremonien ist die Wahrung bzw. Wiederherstellung der universalen Harmonie. Nur wenn sich die Allgemeinheit wohl und im Einklang mit der umgebenden Natur befindet, gedeiht auch der einzelne. Umgekehrt strahlt sein Wohlergehen auf die Gesamtgesellschaft aus." [23]

Von *hózhó* und *hózhóóji*, der Bezeichnung für das wichtigste Ritual im ganzen Zeremonialsystem der Navajo, dem Segensweg *(blessing way)*, wird später noch ausführlich zu reden sein. Hier soll nur soviel festgehalten werden: Universelle Harmonie hat auch die Balance von Profanem und Sakralem zur Voraussetzung.

2. In der Kultur der Indianer kommt der Bedeutung des Wortes eine besondere und zwar magisch akzentuierte, beschwörende Bedeutung zu, die sich von dem Gebrauch von Wörtern in unserer Gesellschaft unterscheidet. Man könnte es die Anwesenheit des Sakralen in der Sprache nennen. Praktisch bedeutet dies: Was benannt wird, ist real präsent; das Wort ist also nicht nur Symbol für den benannten Gegenstand oder die entsprechende Tätigkeit. Wörter, selbst wenn sie nicht ausgesprochen werden, enthalten eine Kraft, durch die sie, wenn man sie im Kontext eines Rituals oder einer Zeremonie gebraucht, eine zwingende Wirkung gewinnen können.

Die Rezitation einer Schöpfungsmythe ist die symbolische Reproduktion des ehemaligen Geschehens: Sie ist sein effektives Wiedergeschehen.

Das gesungene oder gesprochene Wort, wie es in Liedern, Mythen und Märchen vorkommt, war und ist also für die Indianer in den seltensten Fällen ein Mittel zur Unterhaltung oder bloßen Selbstdarstellung. Viel häufiger zielten bei ihnen Singen und Sprechen darauf ab, eine Kraft wirksam werden zu lassen, einen Einfluß auszuüben auf sich selbst, seine Mitmenschen oder auf die Wesen der Natur.

Wenn ein Indianer beispielsweise vom Ursprung der Welt erzählt, versucht er, den Zustand des Universums zu beeinflussen, die abnehmende Kraft der übernatürlichen Wesen wieder zu verstärken. Zu den meisten Schöpfungsgeschichten gehört ein Ritual, das den Zweck und das Ziel hat, die Welt vor Tod und Zerstörung zu retten und den heiligen Zustand des Anfangs wiederherzustellen. Mehr noch, das gesprochene oder gesungene Wort war und ist dazu bestimmt, das Leben des einzelnen zu verlängern, also zu heilen, das Böse abzuwenden, den Tod fortzuschieben.

Das Wort gilt als eine heilige Gabe, „als ein Teil des Leibes wie der Kopf und die Glieder". „Taubstumme hielt man für Menschen, die nicht mit der Sprache ihrer Väter zufrieden waren und infolgedessen ihr Sprech- und Hörvermögen verloren."[24]

Margot Astrov schreibt in ihrem Essay über die Besonderheit indianischen Sprechens und Erzählens: „Das Wort ist tatsächlich immer eine Kraft. Es ist Leben, Substanz, Wirklichkeit. Das Wort lebte vor der Erde, der Sonne oder dem Mond. Wann immer Indianer über das Geheimnis des Ursprungs nachdachten, wird bei ihnen eine Tendenz sichtbar, dem Wort eine eigenständige kreative Kraft zuzuschreiben. Das Wort wird als eine unabhängige Wesenheit aufgefaßt, überlegen selbst dem Sein der Götter. Erst als das Wort geheimnisvoll in das Dunkel der Nacht fiel, waren die Götter der Maya in der Lage, die Welt zu erschaffen und sie mit Leben zu erfüllen. Und die Schöpfungsgeschichte der Uitoto beginnt bezeichnenderweise mit dem Satz: Im Anfang war das Wort Ursprung für den Vater.

Das Wort ist der Gedanke, der dem Schöpfer vorausgeht, denn ein primitives Bewußtsein kann sich keine Schöpfung aus dem Nichts vorstellen. Im Anfang war der Gedanke, der Traum, das Wort." [25]

Indem der Sänger das Wort singt oder ausspricht, erhebt er sich in einen Zustand des Bewußtseins, in dem ihm Kraft zuwächst und er Kraft verströmen läßt.

Es gibt Heilungszeremonien, bei denen nicht die verwandten Kräuter, sondern das Wort, das zuvor rezitiert wird, bewirkt, daß der Patient in seiner Vorstellungskraft in Bereiche der Welt oder der Zeit reist, in denen die Heilung stattfindet.

Das Wort kann nicht nur einen anderen Zustand der Welt existent werden lassen, ihn also heraufbeschwören, es kann nicht nur Mut und Kraft übertragen, es gilt auch als letzte Quelle für materiellen Erfolg. Ich bin immer ein armer Mann gewesen, kann ein Navajo gegenüber einem Anthropologen erklären, ich habe nie ein einziges Lied gekannt. Die ethnisch den Indianern zuzurechnenden Eskimos waren entschieden davon überzeugt: Frauen sind stärker als Männer. Denn hätten die Frauen nicht vor einem Jagdzug magische Gesänge intoniert, wären die Männer gewiß ohne Jagdbeute heimgekommen.

Wenn einerseits das Wort ein Werkzeug ist, das eine Aura des magischen Zustands hervorruft, den die Dinge im Anfang der Zeit hatten, so gilt bei den Indianern als anderer Pol, als anderes Kraftfeld, aus dem spirituelle Stärke erwächst, das Schweigen. Das Schweigen ist voller Bedeutung. Es schafft den Raum, in dem das Wort sich aufblähen, zum Bild, zur magischen Wirklichkeit werden kann.

Schweigen spielt schon bei der Erziehung des indianischen Kindes eine besondere Rolle. Der Lakota-Häuptling Stehender Bär berichtet darüber: „Die Erziehung begann bei den Kindern damit, daß man sie lehrte, still zu sitzen und sich an der Stille zu erfreuen. Man lehrte sie, ihre Sinnesorgane zu benutzen, dort etwas zu entdecken, wo es nichts zu sehen gab, intensiv hinzuhören, wenn nichts laut wurde."[26]

Visionen, die bei vielen Indianerstämmen von jungen Leuten bewußt gesucht wurden, behielten diejenigen, denen sie zuteil wurden, zunächst für sich, oft sogar bis an ihr Lebensende. Nur so war gewährleistet, daß die heilende Kraft der Vision wirksam wurde. Denn „wenn ein Mann seinen Traum erzählt, vergeht er mit dem Tag", so ein Yuma-Indianer.

So bedingen sich also der magische Gebrauch des Wortes und der Sinn für das Schweigen und die Stille.

Weil das Wort eine heilige, magische Kraft hat, darf es nicht achtlos gebraucht werden. In der Stille, die gewahrt wird, laden sich die Wörter wieder mit dieser Kraft auf.

3. Ähnliches wie für das Wort und für die Sprache gilt auch für Gegenstände der Kunst oder des Kunsthandwerks. Mit den in sie eingegangenen Materialien sind in

ihnen kreative Kräfte und Bedeutungen vorhanden, die mit der Kraft und der magischen Ausstrahlung jener Orte und Gegenstände korrespondieren, von denen sie stammen. Und dies wiederum nicht „symbolisch", sondern nach Vorstellung der *Native Americans* real.

Ein anschauliches Beispiel für diesen Vorgang bieten die Fetische der Zuñi-Indianer.[27]

Die Vorfahren der Zuñi kamen um 700–800 n. Chr. in ihr heutiges Wohngebiet; im 16. Jahrhundert bestand der Stamm der Zuñi aus 500 Familien, die in verschiedenen Dörfern lebten. Bei der 1536 von dem Franziskanermönch Marcos de Niza angeführten Expedition kam es bei der Suche nach den „Sieben Städten Cibolas" zum ersten Kontakt zwischen den Zuñi und den Europäern. 1540 besiegte Francisco Vasquez de Coronado mit seinen Truppen die Zuñi. An der großen Pueblo-Revolte, mit der die Spanier 1680 aus dem Südwesten vertrieben wurden, waren auch die Zuñi beteiligt. 1692 kamen die Spanier zurück. Um 1800 gelangten die ersten Amerikaner aus dem Osten in diese Gegend. 1881 erreichte die Eisenbahn die nahe gelegene Stadt Gallup, und der kulturelle Einfluß der Weißen nahm überhand.

Zwei Jahre zuvor hatte das *Bureau of American Ethnology* eine erste anthropologische Expedition zu den Zuñi entsandt, zu der James und Mathilda Cox Stevenson und Frank H. Cushing gehörten. Das meiste an Kenntnissen über die Zuñi, ihre Kultur und die Fetische stammt aus dieser Zeit.

Heute leben in der kleinen Zuñi-Reservation mit dem Hauptort Halonawa, 35 Meilen südlich von Gallup, 9000 Menschen.

Wie viele andere *Native Americans* meinen die Zuñi, daß „Zaubersteine" Glück bringen, Kraft verleihen und

Schutz geben können. Steine, die in ihrer Form Tieren, Menschen oder Gottheiten gleichen, werden oft „wirkliche Fetische" genannt. Sie müssen nicht von Schnitzern behandelt werden. Der Grund liegt in der Mythologie der Zuñi.

Einst, so glauben sie, habe es eine Sintflut gegeben, und zurückgeblieben sei ein Sumpf. In Anklang an eine Mythe der Navajo stellten sie sich die Sonne als männliches Wesen vor, das seine Zwillingssöhne mit der Fähigkeit ausstattete, Leben und Licht in die Welt zu bringen. Die Zwillinge stellten fest, daß die Welt für die Menschheit, um darin zu überleben, zu naß sei und deshalb ausgetrocknet werden müsse. Der Sonnen-Mann gab ihnen magische Schilde, einen Bogen (gleich dem Regenbogen) und Pfeile (gleich Blitzen). Die Zwillinge legten die Schilde auf die Erde und ließen Regenbogen und Blitze darüber hingehen. Die Blitze entzündeten ein großes Feuer. Zwar trocknete es den Sumpf aus, aber es machte es auch leicht für die wilden Tiere, die Menschen zu fangen und sie zu verschlingen. Um die Menschheit zu retten, töteten die Zwillinge die Tiere mit ihren Blitzen und ließen sie dann zu Steinen zusammenschrumpfen. Im Kern der Steine aber blieben die Tiere lebendig, und mit Magie war ihnen von den Zwillingen geboten worden, den Menschen hinfort beizustehen.

Da die natürlichen Fetische selten sind, begannen die Zuñi, aus Stein Tiere zu schnitzen. Einen solchen Fetisch zu besitzen, bringt Glück auf der Jagd. Gewisse Fetische spielen auch bei den Heilungszeremonien eine Rolle. Zu den Tier-Fetischen, von denen Schutz- und Heilzauber ausgeht, gehören der Berglöwe, der Bär, der Dachs, der Wolf, der Adler und der Maulwurf.

Dabei ist nun die Anbindung an die Natur eine doppelte, denn neben der Tiergestalt ist jedem Zuñi-Fetisch auch noch eine Himmelsrichtung zugeordnet. Der Norden wird vom Berglöwen beschützt, der Westen vom Bären, der Süden vom Dachs, der Osten vom Wolf, der Himmel vom Adler, die Unterwelt vom Maulwurf. Die Heiligkeit der Vierzahl (statt in unserem Kulturkreis der Dreiheit) ergab sich vermutlich nicht zuletzt aus der Bedeutung der vier Himmelsrichtungen während der langen Wanderung der frühzeitlichen Indianer von der Beringstraße und Alaska bis nach Feuerland hinunter.

Der Ursprung der Fetische hängt also mit der Mythologie der Zuñi zusammen, und diese versucht Phänomene der Natur (Himmelsrichtungen, Blitz, Donner, Tiere) als magische Kräfte für den Menschen nutzbar zu machen.

Heute aber sind Fetische mehr oder minder teure Kunstwerke, Objekte für wohlhabende weiße Sammler, die manchmal um den mythologischen Zusammenhang gar nicht mehr wissen. Was Wunder, daß Touristen, die sich nicht auskennen, dann nicht selten Imitationen aus sogenanntem „Block Material" angedreht bekommen, die maschinell aus farbigem Kunststoff in Asien hergestellt worden sind.

4. Zwei im Zusammenhang von religiösen Traditionen und Spiritualität wichtige Begriffe sind „Zeit" und „Fortschritt".[28] Während die westliche Zivilisation hier zu einer linearen Vorstellung neigt, ist die der Indianer zyklisch. Die Jahreszeiten der Natur, die Spanne eines Lebens und der Tod werden als Zyklen aufgefaßt, und diese Vorstellung spiegelt sich sowohl in der Architek-

tur als auch im künstlerischen Ornament und im Ablauf der Zeremonien wider.

Aus der linearen Zeitvorstellung der Weißen ergibt sich in Hinblick auf den Geschichtsverlauf auch die Vorstellung von einem ständigen Fortschritt im kulturellen Entwicklungsstand.

Die Indianer, fixiert auf die zyklische Vorstellung von Zeit, teilen diesen Fortschrittsglauben des weißen Mannes nicht. Da er gerade bei der Begegnung mit den Indianern im 19. Jahrhundert auf seiten der Weißen ungebrochen und kaum kritisiert zur Wirkung kam, wurden die Indianer, wie andere Naturvölker auch, zu Opfern dieser Vorstellung, die zudem, zumindest was die Puritaner anging, auch noch eine religiöse Komponente in sich trug.

5. Für die Indianer als ursprüngliches Naturvolk hatte und hat die natürliche Umwelt und die Beziehung zu all ihren Formen und Kräften eine besondere Bedeutung. Für sie als ehemals nomadisierende Jäger und Sammler, aber auch für die seßhaft gewordenen Stämme, die ihren Lebensunterhalt durch Agrikultur sicherten, war die genaue Kenntnis des Lebensraums und der natürlichen Bedingungen besonders wichtig.

Profane Traditionen verbanden sich mit sakralen.

In vielen Stammesgruppen der heutigen Indianer haben sich diese – in der modernen Welt ökologisch genannte – Traditionen, die im 19. und zu Beginn des 20. Jahrhunderts von den nach Westen drängenden Weißen im Zeichen einer Politik des *Manifest Destiny*[29] als Aberglaube verlacht wurden, bewahrt, und sie versuchen, sie weiter lebendig zu halten.

In diesem Zusammenhang muß auf den Zusammenhang von religiösen Vorstellungen mit der Ausrottung der *Native Americans* hingewiesen werden. Die in den Osten einwandernden weißen Engländer, die nicht selten Puritaner waren, sahen im Erfolg und in irdischem Reichtum eine Belohnung für ein gottgefälliges Leben. In einer fragwürdigen Auslegung des Bibelwortes „Gehet hin und machet euch die Erde untertan" schien ihnen die Verdrängung und Austilgung eines Naturvolkes ebenso als eine unerläßliche, ja gottgewollte Aufgabe zur Durchsetzung eines sich aus einem linearen Geschichtsverlauf ergebenden, positivistisch verstandenen Endziels wie die radikale Ausbeutung der natürlichen Ressourcen. Somit stießen auf dem amerikanischen Subkontinent letztlich auch zwei völlig divergierende Vorstellungen von Natur und Spiritualität zusammen.

Vine Deloria hat als hervorstechende Eigenart der indianischen religiösen Traditionen deren auf einen Raum oder Ort bezogenen Charakter hervorgehoben. Er schreibt dazu:

„Die Struktur religiöser Traditionen wird direkt aus der Welt um sie herum abgeleitet, von ihrer Beziehung zu anderen Formen des Lebens. Der Kontext ist deshalb vor allem wichtig für die Praxis und für das Verständnis der Realität. Die Orte, an denen man Offenbarungen erlebte, wurden erinnert und dazu bestimmt, Rituale und Zeremonien durchzuführen, an denen die Menschen wieder und wieder mit den Geistwesen in Beziehung treten konnten. Während der Tausenden von Jahren, in denen sie in diesen Gebieten lebten, lernten die Völker, welches die heiligen Landschaften waren, für die sie Verantwortung trugen, und allmählich bildeten sich die Strukturen der Zeremonien heraus. Wichtig war nicht, was die Menschen für wahr hielten, sondern was sie als wahr erfuhren. Somit wurden Offenbarungen und Visionen als ein ständiger Prozeß der Anpassung an die natürliche Umgebung betrachtet und nicht als eine spezifische Botschaft, gültig für alle Zeiten und Orte."[30]

Die indianischen Kulturgebiete und ihre spirituellen Phänomene

Um der kulturellen Vielfalt der indianischen Nationen Nordamerikas besser gerecht zu werden, hat um die Jahrhundertwende der spätere Direktor des „Museums für Naturgeschichte" in New York, Clark Wissler, in einem richtungsweisenden Werk mit dem Titel „The Indians of the United States"[31] das Konzept der sogenannten „cultural areas" (Kulturgebiete) entwickelt.

Ohne auf dessen Problematik näher einzugehen, werden sie hier zunächst aufgezählt und mit einem Stichwort vorgestellt. Die genaue Beschreibung ihrer religiösen und spirituellen Eigenarten finden sich dann in den nachfolgenden Kapiteln.

Die sechs wichtigsten Kulturgebiete sind:

1. Die Region der arktischen Eskimos. Hier dominiert die allmächtige Göttin, halb Mensch, halb Fisch, mit dem Namen Sedna oder Takanaluk. Der Priester und Magier ist hier der *angákut* oder Schamane.

2. In den Gebieten der Subarktis stoßen wir auf eine reiche Schöpfungsmythologie mit einer anthropomorphen Schöpfergestalt. Hier begegnen wir dem sich ambivalent darstellenden *trickster*, einem die Kulturgüter bringenden Helden, der aber auch etwas von einem betrogenen

Betrüger hat. Wichtiger Ort des Spirituellen ist die kuppelförmige Schwitzhütte.

3. Im Gebiet der pazifischen Nordwestküste spielen die magischen Riten zur Vorbereitung der Fischzüge und Jagdexpeditionen eine wichtige Rolle. Das Höchste Wesen ist hier der „Verwandler", eine Gestalt, die in eine schon bestehende, aber unvollkommene Welt kommt und in ihr die Ordnung herstellt. Weiterhin ist der Glaube an die Unsterblichkeit gewisser Tierarten in dieser Region weitverbreitet.

4. Die Waldgebiete des Ostens. Hier kennt man bei den Medwewin den Medizin-Tanz und bei den Ojibwa-Chippewa an den Großen Seen die halbjährliche Zeremonie in der Medizin-Hütte, mit heiligen Gesellschaften, deren Kandidaten nach einem Traum oder einer Vision initiiert werden. Die Grundlage der irokesischen Kosmologie und ihrer Mythologie einer Pflanzer-Gesellschaft ist in einem Dualismus von Himmel und Erde zu sehen.

5. Die Region der Großen Ebenen ist das Land der Prärieindianer. Bei den Lakota heißt *Wakan Tanka* das „Große Geheimnis", ähnlich dem *Wakonda* bei den Omaha. Charakteristisch für diese Nationen und Stämme sind die verschiedenen Reinigungs- und Erneuerungsrituale (Schwitzhütte, Sonnentanz, Visionensuche). So rankt sich beispielsweise um die heilige Pfeife eine reiche mythologische Überlieferung.

6. Die indianischen Nationen im Südwestens der heutigen USA. Die hier auf die Anasazi, die Uralten, folgenden Pueblo und die erst später (1200–1400 n. Chr.) in diese Gegend eingewanderten Navajo haben mit den *kachina* spirituelle Erscheinungen geschaffen, in denen sich die Wesenheiten der Naturphänomene personifiziert darstellen. Tänze zur Förderung der Fruchtbar-

keit und Reinigungszeremonien sind hier wichtig. Die beiden Spezialisten, die religiöse Praktiken ausführen, sind erstens der dem Schamanen verwandte *hand trembler*, der Störungen und Erkrankungen auf magischem Weg zu diagnostizieren versucht, und zweitens der Sänger *(hatali)*, der die Heilungsprozesse durch die Erinnerung an frühere Welten und Schöpfungsakte befördert.

Der durch die verschiedenen Zeremonien erstrebte Zustand ist die Balance zwischen den Kräften des Universums, genannt *hózhó* (Harmonie).

Was bedeutet kosmisches Bewußtsein?

Wenn dieses Buch den Titel „Die Erde ist unsere Mutter" trägt, so deswegen, weil damit eine übergreifende Eigenart indianischen Denkens benannt wird, die freilich in den Weiten des Teilkontinents unterschiedliche Ausdrucksformen angenommen hat. Ich nenne sie „kosmisches Bewußtsein". Dieser zunächst etwas ungenau wirkende Begriff muß konkretisiert werden. Dies geschieht mit Hilfe eines Gleichnisses, durch Äußerungen von Indianern verschiedener Nationen und Stämme von früher und heute sowie durch die Beschreibung, wie die Anordnung einer indianischen Siedlung diese Vorstellung spiegelt.

Zunächst das Gleichnis:

Eines Tages verließ ein Indianer die Reservation und besuchte einen weißen Mann, mit dem er befreundet war. In einer großen Stadt zu sein mit all dem Lärm, den Autos und den vielen Menschen, die es alle so eilig haben, war neuartig und recht verwirrend für den Indianer.

Der rote und der weiße Mann gingen die Straße entlang, als plötzlich der Indianer seinem Freund auf die Schulter tippte und sagte:

„Bleib doch einmal stehen. Hörst du auch, was ich höre?"

Der weiße Mann antwortete: „Alles, was ich höre, ist das Hupen der Autos und das Rattern der Omnibusse. Und dann freilich auch die Stimmen und das Geräusch vieler Menschen. Was ist es denn, was dir aufgefallen ist?"

„Nichts von alledem, aber ganz in der Nähe höre ich eine Grille zirpen."

Der weiße Mann horchte. Dann schüttelte er den Kopf.

„Du mußt dich täuschen, Freund", sagte er, „hier gibt es keine Grillen. Und selbst, wenn es hier irgendwo ein solches Tier gäbe, würde man doch ihr Zirpen bei dem Lärm nicht hören können."

Der Indianer ging ein paar Schritt. Vor einer Hauswand blieb er stehen. Wilder Wein rankte an der Mauer. Er schob die Blätter auseinander. Und da – sehr zum Erstaunen des weißen Mannes – saß tatsächlich eine Grille, die laut zirpte. Nun, da der weiße Mann die Grille sehen konnte, nahm er auch das Geräusch wahr, das sie von sich gab.

Als die beiden Männer weitergegangen waren, sagte der Weiße nach einer Weile:

„Freilich hast du die Grille hören können. Dein Gehör ist eben besser geschult als meines. Indianer hören einfach besser als Weiße."

Der Indianer lächelte, schüttelte den Kopf und erwiderte:

„Du täuschst dich, mein Freund. Das Gehör eines Indianers ist nicht besser und nicht schlechter als das eines weißen Mannes. Paß auf, ich will es dir beweisen."

Er griff in die Tasche, holte ein 25-Cent-Stück heraus und warf es auf das Pflaster.

Es klimperte auf dem Asphalt, und die Leute, die mehrere Meter von dem weißen und dem roten Mann entfernt gingen, wurden auf das Geräusch aufmerksam und sahen sich um. Endlich hob einer von ihnen das Geldstück auf, steckte es ein und ging weiter.

„Siehst du", sagte der Indianer, „das Geräusch, das das 25-Cent-Stück gemacht hat, war nicht lauter als das der Grille, und doch hörten es viele der weißen Frauen und Männer und drehten sich um, während das Geräusch der Grille niemand hörte außer mir. Es stimmt nicht, daß das Gehör der Indianer besser ist als das der weißen Männer. Der Grund liegt darin, daß wir alle stets das gut hören, worauf wir zu achten gewohnt sind." [32]

Oder da ist Sun Bear, ein Chippewa-Indianer aus Minnesota, der feststellt:

„Nach Ansicht der Indianer gehört die Erde dem Großen Geist, und dem Menschen ist sie nur in Obhut gegeben. Das Land, das ich nutze, ist nicht mein, es ist mir vom Großen Geist nur zu meinem Nutzen und zum Nutzen für die Generationen derer, die nach mir kommen, geliehen."[33]

Da sind die Osage[34], ein Stamm der Prärieindianer. Wenn sie ihr Lager aufschlugen, verkörperte der Kreis der Tipis die gesamte sichtbare, hörbare und fühlbare Welt. Von den Gestirnen angefangen bis zu den im Gras krabbelnden Insekten, von den Kometen, Wolken, Taubenschwärmen, Büffelherden zur gelben Kegelblume, zur Friedenspfeife, dem Totengeist, dem Hagelkorn, dem Maisbrot, der Holzschüssel, dem Menschenlied und so fort bis ins Unendliche. Die einzelnen Tipis des Zeltkreises heißen nicht nur so, sie sind diese Tiere, Dinge, Wesen, nach denen sie heißen. Und diese unerschöpfliche, den Kosmos spiegelnde Fülle trennen die Osage-Indianer in zwei Hälften. Eine von Osten nach Westen laufende Straße teilt das Lager in die Zelte im Norden, die den Himmel verkörpern, und in die Zelte im Süden, die die Erde darstellen. Der südliche Halbbogen ist dann noch einmal unterteilt in ein Wasser- bzw. ein Landviertel im Südosten und Südwesten. Und keiner der Teile ist wichtiger als die anderen.

Nicht nur die Anordnung der Behausungen soll an den Kosmos erinnern. Daran erinnern auch die Geschichten, die im Haus der Geheimnisse von den sogenannten kleinen, alten Männern erzählt werden. Sie erklären, warum ein Himmelsmann nur eine Erdfrau heiraten kann und warum der Himmelsmann sein heiliges Bündel, sofern er ein solches besitzt, an der linken, der Erdmann hingegen dieses an der rechten Seite seines Tipis aufhängen muß, warum ein Himmelsmann beim Aufstehen zuerst in seinen linken, ein Erdmann aber in den rechten Mokassin schlüpfen soll. Es ist dies eine Ordnung, die für die Osage ewig gültig ist, denn in ihr drückt sich die Ordnung im Kosmos aus. Nur einmal kehrt sich diese kosmische Ordnung völlig um, nämlich im Krieg. Im Frieden orientiert sich das Lager nach Osten, zum Urort des Lichts und des Lebens. Bei der Begegnung mit Feinden rückt der Himmel auf die Südseite, die Erde auf die Nordseite. Im Krieg steht die Welt auf dem Kopf, alle Ordnung ist gestört. Man wird gut tun, sie wieder auf die Beine zu stellen, scheint dieser Brauch zu sagen.[35]

Werner Müller hat auf die Geschichte von der Wiesen- oder Bohnenmaus, *Microtus pennsylvanicus*, hingewiesen:

Auf der Prärie wächst unter anderem der Falcatastrauch, der große Bohnen hervorbringt. Gekocht, zerstampft und mit Fleisch vermischt, ergeben diese Bohnen ein Festessen. Nun wachsen die Bohnen aber in einer Schote in der Erde und sind bei der dichten Überwucherung des Präriebodens für den Menschen schwer zu ernten. Leichter hat es da die Wiesen- und Bohnenmaus. Sie trägt massenweise Bohnen in ihre unterirdischen Kammern als Vorräte für den langen Präriewinter. Die Indianer der Präriestämme öffneten nun an Waldrändern und Flußläufen die Behausungen der Mäuse und holten sich die begehrte Speise. Aber niemals nahmen die Indianer der Wiesenmaus alle Bohnen weg. Den Weißen erklärten sie, es wäre ein Bosheit, das schwache und wehrlose Tier seiner sämtlichen Vorräte zu berauben. Man müsse Sinn haben für die gegenseitige Abhängigkeit alles Lebendigen, für die Verpflichtung des Menschen gegenüber dem gesamten Kosmos.[36]

„Ohne Umschweife", schreibt Müller an anderer Stelle in Hinblick auf das kosmische Bewußtsein, „gilt hier das Kind als Bruder und Schwester von Sonne, Mond, Sternen, Winden, Wolken, Regen, Nebeln, Hügeln, Tälern, Flüssen, Seen, Bäumen, Gräsern, Vögeln, Vierfüßlern, Würmern – eine unabsehbare Familie alles Laufenden, Kriechenden, Fliegenden, Atmenden und Wirkenden."[37]

Diesen Beispielen für „Naturfrömmigkeit" der Indianer soll ein Beispiel für den „Naturhaß" der Europäer gegenübergestellt werden:

Zwischen 1872 und 1874 erlegten weiße Berufsjäger 3160000 Bisons, jenes Tier, das die Lebensgrundlage der

Prärieindianer darstellte. Im gleichen Zeitraum schossen die Indianer 390 000 Büffel und weiße Siedler etwa 150 000. Insgesamt starben damals also innerhalb von drei Jahren 3,7 Millionen dieser Tiere. Während man die Zahl der Bisons auf den Prärien um 1800 mit 50 Millionen annimmt, lebten im Januar 1889 noch ganze 635.[38]

Wieweit das kosmische Bewußtsein der Indianer sich in ihren Gebrauchsgegenständen wiederfindet, erlebte ich, als ich mich im Mai 1997 im „Museum für Indianisches Kunsthandwerk"[39] in Santa Fe mit einer Gruppe von *Dineh* (Navajo)-Weberinnen unterhielt und ihre Webstücke betrachtete.

Wer einen prüfenden Blick auf einen der heute noch auf der Navajo-Reservation gewebten Teppiche wirft, wird manchmal kleine Unregelmäßigkeiten am Rand oder in einer Ecke entdecken, die man für einen Fehler in einem sonst ausgezeichneten Stück halten könnte. In vielen Fällen verraten solche Fehler, daß die Weberinnen und Weber zwar für den Markt der Weißen von heute arbeiten, aber dessen steriler Forderung nach Symmetrie dennoch nicht nachkommen.

Man entdeckt im Gewebe beispielsweise den Verlauf eines schmalen Streifens, den man sich als Laie nicht ohne weiteres erklären kann: Er bildet das erste Licht der Morgendämmerung ab.

Solche und ähnliche Stellen werden selbst von Händlern manchmal als Fehler angesehen. Tatsächlich aber sind sie Ausdruck der Philosophie des *hózhó*, der Art und Weise, in der die Sonne jeden Tag auf- und untergeht. Es sind Anspielungen auf den Zyklus des Tagesverlaufs, der Abfolge der Jahreszeiten und der Jahre, der unterschiedlichen Schicksale, die den Individuen zustoßen, deren Leben dennoch parallel zueinander verläuft, auf die Art und Weise, in der sich Männer und Frauen voneinander unterscheiden und dennoch sich in ihrem Wert gleichen.

Die Schwierigkeit für uns liegt in der Tatsache, daß Natur als Sammelbegriff in der Sprache der Dineh (Navajo) nicht existiert.

Statt dessen würde eine Weberin auf die fortbestehende Beziehung zwischen Mutter Erde und Vater Himmel hinweisen, auf die Aktivitäten, die sich innerhalb der vier heiligen Gebirge abspielen, auf das Kommen und Vergehen von Licht am Abend und Morgen.

Immer eingedenk der Veränderungen des Lichts von Minute zu Minute, Stunde zu Stunde, vermeidet die Weberin also Symmetrie, zielt aber auf Balance ab.

Das Licht jeden Tages verändert sich mit dem unaufhaltsam ablaufenden Drama in der Bewegung des Sonnenmannes auf sein mythologisches Ziel zu, die „Frau der Veränderung", seine kosmische Partnerin, bis zum Abend zu erreichen.

Wie die Schöpfungsgeschichte erklärt, wirken die männliche Sonne (Sonnenmann) und „die Frau der Veränderung", die Erde, zusammen, um den Zyklus der Jahreszeiten aufrechtzuerhalten.

Nach traditioneller Vorstellung der Dineh hieße in absoluter Symmetrie weben, das Fortschreiten der Sonne am Tageshimmel zu mißachten . . . und damit auch den stets sich fortsetzenden kosmischen Tanz und seinen Verlauf zu unterbrechen.

Die Asymmetrie zu einem Extrem zu treiben, würde andererseits bedeuten, eine Komponente des Kosmos mit einer anderen schroff zusammenstoßen zu lassen, und das würde zur Folge haben, daß ein destruktives Ungleichgewicht einträte.

Genau das geschah, als der Erste Mann und die Erste Frau über die eben geschaffene Sexualität in Konflikt gerieten. Da ihnen die Weisheit der Balance abging, da sie sich trennten und jeder für sich allein sexuelle Befriedigung suchte, kamen die Monster in die Welt. Ehe sie sich wieder versöhnten, mußten sie lernen, die ihnen innewohnenden Unterschiede zu akzeptieren. Der Coyote aber praktizierte sexuellen Mißbrauch und schaffte Unordnung, indem er den Unterschied zwischen seiner vierbeinigen Spezies und dem aufrecht gehenden weiblichen Wesen mit fünf Fingern an jeder Hand ausnutzte.

Eine gute Weberin beachtet also *hózhó*, indem sie in die großen Muster kleine Unterschiede einfließen läßt.

Die besagten feinen Abweichungen stellen einen visuellen Rhythmus her, ähnlich den zyklischen Variationen bei den Sandmalereien und den Variationen bei Gebeten und Gesängen. Sie belehren uns also über den Sinn von *hózhó*.

Die Mythe von der Spinnenfrau

Aus den Pueblo-Dörfern Laguna und Acoma stammt die Geschichte von der Spinnen-Großmutter. Sie ist die höchste Gottheit, eine Weberin und Denkerin:

Ooma-oo, vor langer Zeit. Die Spinne lebte an einem Ort, wo es nur sie gab. Es gab weder Licht noch Dunkelheit, es gab nicht den warmen Wind, es gab weder Regen noch Donner. Es gab keine Kälte, kein Eis und keinen Schnee. Es gab nur die Spinne. Sie war eine sehr weise Frau, deren Kraft jede Vorstellung übersteigt. Kein Medizinmann, kein Zauberer oder Schamane, kein Wissenschaftler oder Erfinder vermag sich vorzustellen, wie groß ihre Kraft war. Ihre Kraft war allmächtig. Sie war reiner und sauberer als das Nichts. Es war die Kraft des Gedankens, sagen wir, aber nicht die eines Denkens, wie es die Leute gewöhnlich haben. Es ist wie die Kraft des Traumes, aber reiner. Wie der Geist der Visionen, aber noch klarer. Es hat keine Form oder Bewegung, weil es nur ist. Es ist die Kraft, die alles, was ist, erschafft.

An diesem Platz, an dem sie sich befand, allein mit ihrer Kraft, dachte sie über diese nach, überlegte, wie sie von ihr singen, von ihr träumen könne. Und sie wünschte sich jemanden, der ihr Traumlied mit ihr teilen könnte. Nicht weil sie einsam war, sondern weil die Macht des Liedes so vollständig war, wünschte sie, daß es noch andere gäbe, die es hören konnten. Sie wußte, daß dies der Wunsch der Kraft war, gerade so wie es ihrer war. Denn sie und die Kraft waren eines. Sie waren eine Zweiheit und doch das gleiche Wesen.

Also dachte sie an die Kraft, einmal, und spürte in dieser ein Sichkräuseln. Da wußte sie, daß sie alt war und viele Falten hatte und daß das erste Lied der Macht das Thema des großen Alters haben werde. Das Sichkräuseln wurde fester, mehr spinnenhaft, stärker. Daraus wurde ein Ort. Sie nannte den Ort Nordwesten. Sie wußte, daß sich das Kräuseln aus sich selbst entfaltet hatte. Sie wußte viel über das Universum, die große Kraft, die darin enthalten war. Später kräuselte und überzog sich die Erde mit Spinnenlinien der Kraft und enthielt in sich große Kraft, so wie eine Mutter das neue Leben in sich trägt. Andere ahmten das nach: So wurden die Walnüsse, die Eicheln, die Äpfel, die Ananas, Kakteen, Gebirge, und selbst der Ozean wurde so. Und menschliche Wesen wurden, mit fünf Fingern und zerknitterter Haut und Hirn zu Ehren dieses Augenblicks, da sie und die Kraft das Lied machten, aus dem sich neues Leben, neue Wesen bildeten.

Sie war glücklich über das, was sie wußte, so voller Staunen über die Schönheit des Liedes, das sie wieder dachte. Und wieder kräuselte und faltete sich etwas, wieder liefen Spinnenfäden entlang am Rand des Beutels, in dem das Lied der Kraft war. Sie entfalteten sich und enthielten alle Kraft, die drinnen gewesen war. Und sie wußte, daß der Platz dieses Beutels, des Bündels ihrer Gedanken, und der Platz für ihr Lied im Nordosten sein werde. So singend und summend formte sie sie. Summend und singend stellte sie sie dorthin, wo sie hingehörten. So entstanden die Himmelsrichtungen.

Sie dachte an ihre Kraft in jedem Bündel und fuhr fort zu singen. Sie sang und sang. Sie sang die Kraft, die in ihrem Herzen war, die Bewegung der vielen Verse und des Tanzes. Die Kraft ist überall. Sie hat keinen Namen, sie ist nur Kraft, das Geheimnis. Sie sang und die Bündel begannen sich zu bewegen. Sie sangen auch, sie waren das Echo ihres Liedes. Sie sangen das Lied ihres Herzens, das des Herzens der Spinne, es war das Herzlied des Geheimnisses. Das Lied klang tiefer, und sie hörte andere Herzen singen. Die zwei, die dem Bündel entstiegen, besaßen ein eigenes Bündel. Und in jedem Bündel ruhte das Leben des Universums und wartete darauf, bis es zum Leben gesungen wurde.

Die Spinnenfrau benannte jedes der Wesen. Eines nannte sie Ic'sts'ity, das andere Nau'ts'ity. Das waren keine menschlichen, sondern übernatürliche Wesen. Sie hatten keine physischen Leiber, weil sie größere waren als ein Planet oder ein Stern. Ein Stern hätte sie und all ihre Gedanken nicht beherbergen können.

Die Spinnenfrau sagte ihnen, sie sollten noch mehr Wesen werden lassen, damit sich das Lied fortsetze und sie und die Kraft in ihr die Schönheit des Seins mit mehr und mehr Wesen teilen könne. Sie hieß sie, aus ihren Beuteln einen Teil des Liedes zu holen und zu singen, bis diese voll und reif würden.

Die Wesen verstanden die Anweisungen der Spinnenfrau, weil sie ja selbst von einem Lied und einem Geheimnis herstammten.

Ic' sts'ity begann ein neues Lied: way-a-hiyo, way-a-hiyo. Sie sang und sang und dachte an ihr Bündel, und während sie sang, begannen sich Lichtkugeln um sie zu bilden. Sie drängten voran gleich einer wirbelnden Spirale, und es entstand eine große kreisende Vielfalt von Sternen, die alle sangen, während sie kreisten. Immer größer und heller wurden sie und bewegten sich um das immer noch unsichtbare Zentrum, wo die Spinnenfrau, Ic'sts'ity und Nau'ts'ity sangen. Die Sterne wirbelten, die äußeren Sterne flogen weiter und weiter vom Mittelpunkt fort, große Arme, die einen Spiraltanz bildeten und den Klängen des Liedes folgten. Die Linien der Macht reichten weiter und weiter in das Geheimnis hinein. Sie trugen das Lied in ihrem Licht, in ihren Fingern und schufen Dunkelheit und Licht, während sie so tanzten. Sie spürten, wie ihnen Kraft aus der Dunkelheit zuwuchs und schleuderten sie ins Licht. Die Kraft tanzte im Nichts, im Licht, und um Mitternacht erreichte sie die glimmende Dunkelheit. Sie sang.

Dann begann Nau'ts'ity dem Bündel ihre Gedanken vorzusingen. Aam-i-humm, humm, aam-i-humm, humm, humm, aam-i-o, o-o-o, aam-i-o. Das Lied änderte sich wieder, als die Spinnenfrau und Ic'sts'ity einfielen, und aus den strahlenden Lichtkugeln stoben neue Formen und tanzten im Licht herum und verliehen Form und Festigkeit der Dunkelheit. So gelangte die Bewegung des Liedes an neue Orte, fester und voller. Die Planeten sangen, neue Wesen erwachten und fielen mit ihren Gedanken und ihrem Fühlen in den gewaltigen Chor ein und sangen ihren Part in dem Lied des Herzens. Die Kraft gewann Gestalt, sie tauchte, wirbelte, tanzte, und über weite Flächen nahm sie Formen an, die sie selbst bis dahin nicht gekannt hatte.

Zufrieden mit ihrem Werk wandte sich die Spinnenfrau an ihre Enkelinnen und lächelte, während sie sang. In ihrem Zeugen schufen sie viele Welten, und auf einigen davon menschliche Wesen, die gleich ihnen sangen. Und in diesen Welten entstanden gefiederte Wesen, die wie die großen Feuer herumwirbelten. Zu ihnen stiegen von dem Platz, wo die drei sangen, einzelne Lieder empor. Und da standen sie, sangen im Nichts, umgeben von kreisendem Licht und großer schwappender Dunkelheit.[40]

Man kommt nicht umhin, von dieser wortgewaltigen und intensiven Darstellung an jene Bilder und Berichte erinnert zu werden, in denen die modernen Naturwissenschaften kosmische Vorgänge zu beschreiben pflegen.

John Gunn schreibt in seinem Buch mit dem Titel „Schat-Chen-History" zur Gestalt der Spinnenfrau:

„Nach den Vorstellungen dieses Stammes ist Denkende Frau die personifizierte höchste Kraft, ein *mastermind*, der immer existierte und den sie Stich-tche-nako nennen. Sie hatte eine Schwester, Shro-to-nako, das Gedächtnis oder der Instinkt (nako bedeutet Frau). Nach ihrer Vorstellung ist Stich-tche-nako die Schöpferin von allem, und ihr gelten die innigsten Gebete."[41]

Die Spinnenfrau denkt, deswegen sind wir. Sie ist verwandt mit dem Wind, tatsächlich ist sie des Windes Großmutter. Somit geht alle Bewegung von ihr aus, und aus der Bewegung entsteht alles. Sie ist damit wie ihr Gegenstück bei den Maya in Mexiko, Xmucané, die Weberin des Lebens. Sie ist bescheiden und klein, Eigenschaften, die bei den Leuten in den beiden Dörfern geschätzt sind.

Gesammelt wurde die mit der Spinnen-Großmutter zusammenhängende Mythe von John Gunn, der mit einer Pueblo-Frau aus diesem Dorf verheiratet war. Man kann davon ausgehen, daß sie ihm die Mythe erzählte und damit die Alte Spinnenfrau aus einer weiblichen Perspektive schilderte. Das Wissen jenes Wesens, das unter dem Namen Shro-to-nako als ihre Schwester auftritt, steckt nach indianischer Vorstellung im Knochenmark und in den Zellen der Menschen ihres Volkes. Ihre Intelligenz übersteigt die menschlicher Wesen, sie durchdringt den gesamten Kosmos, die Gebirge und Wolken, die Regengüsse und Blitze, den Mais und das

Reh. Die Erwähnung der Schwester Shro-to-nako soll daran erinnern, daß die Göttin vielgestaltig ist, daß es Schwesternschaft bis in die Tiefen des Universums hinein gibt und daß die Dorfgemeinschaft ein soziales System darstellte, das viele Jahrhunderte funktionierte.

Die „Denkende Frau" und ihre Gefährtinnen erschaffen den Kosmos und erschaffen ihn wieder, geben ihm Form, Gestalt und jedem Wesen und Ding seine Bedeutung. Die Spinnenfrau lebt überall und präsidiert in Shipay, der unterirdischen Quelle des Lebens.

Kritik am weißen Mann

Vom kosmischen Bewußtsein her ergibt sich die Kritik der Indianer an der Gesellschaftsordnung und dem völlig anderen Bewußtsein des weißen Mannes. Ein Indianer in den USA des Jahres 1968 sagte: „Nun, ich kenne die Europäer nicht, aber das Leben der weißen Amerikaner ist vor allem darauf ausgerichtet, ihre Wünsche durch Konsum und Besitz zu befriedigen. Die Mehrzahl der weißen Amerikaner glaubt, daß man Glück durch die Anhäufung von Reichtümern erlangen kann. Für Indianer sind materielle Güter nicht so attraktiv. Ich will damit nicht sagen, daß wir Indianer keinen Bedarf an materiellen Gütern hätten. Aber Glück bedeutet für einen Indianer, in Harmonie mit dem Universum zu leben. Die Natur . . . ist für uns eine Göttin: Mutter Erde. Die Pflanzen, die auf der Erde wachsen, die Tiere, die über sie hinziehen, die Mineralien, die in ihren Eingeweiden ruhen: dies gilt uns als heilig. Die Versuchung des Menschen, die Natur auszubeuten, wird bei uns in Schranken gehalten durch die Vorstellung von der Heiligkeit der Natur. Die Weißen verwechseln Konsum mit Erfahrung. Wenn ich mit meinen weißen Freunden zum Fischen gehe, rasen sie mit dem Auto zum See oder zu dem Forellenbach. Dort haben sie dann für nichts, aber auch für gar nichts als für das Fischen ein Auge. Sie haben gerade Zeit, um sich von zwei bis fünf beim Fischen zu erholen. Die drei Stunden sind eingeplant. In dieser Zeit muß es geschafft sein. Danach jagen sie wieder heim, um die angeblich durch Erholung gewonnenen Kräfte wieder zum Geldverdienen zu benutzen."[42]

Bestimmte Reaktionen der Indianer, die uns seltsam vorkommen, liegen in ihrer Beziehung zur Zeit begründet, die sich aus einem anderen Verhältnis zur Natur ergibt. Für den Menschen der westlichen Welt ist Zeit etwas, was verplant werden kann; für Indianer ist sie ein Medium, in dem Ereignisse stattfinden, in dem das Sein der Dinge erfahren wird.

Selbst in der politischen Bewegung der *Native Americans* taucht die Vorstellung des kosmischen Bewußtseins als Argument für die humane Lebensweise der Indianer gegenüber dem von Besitzgier dominierten des weißen Mannes auf. So erklärte Darrelle (Dino) Butler (Rogue River Tuni) im Prozeß gegen die Indianer der Sioux Nation, die 1975 drei FBI-Agenten erschossen hatten, nachdem diese in der Nachfolge der Unruhen von Wounded Knee unberechtigt auf der Reservation eine Razzia hatten durchführen wollen:

„Ihr Christen seid ein verlorenes Volk mit keiner Bindung an dieses Land, der einzige Gott, den ihr habt, ist die Technologie, die euch zerstören wird wegen der Gier, die mit ihr verbunden ist. (. . .) Ich fürchte mich nicht vor eurer materialistischen Macht und eurer Brutalität, die mich nicht verletzten können und euch nur noch weiter von jeder geistigen Beziehung trennen werden, während sie mich meiner noch näher bringen. Meine Liebe für mein Volk und die Erde sind meine Stärke, und das ist etwas, was ihr nie werdet auch nur berühren können, weil es eine Kraft ist, die ihr nicht versteht."[43]

Menschen der westlichen Welt haben vom kosmischen Bewußtsein der Indianer profitiert[44], ob sie sich dessen nun erinnern oder nicht. Im hohen Norden des Kontinents ist ein Überleben ohne die Technologie der Eskimos und Indianer, die den Parka, die Schneeschuhe, den Schlitten und das Kajak erfanden, nicht möglich.

Mais, Kartoffeln, Süßkartoffeln und Maniok, die heute die Hälfte aller lagerbaren Nahrungsmittel auf der Welt ausmachen, wurden zum ersten Mal in der „Neuen Welt" kultiviert. Die heute weitverbreitetste Baumwollsorte, einschließlich jener in der „Alten Welt", ist die lagerbare Baumwolle der amerikanischen Indianer.

Zweihundertzwanzig medizinische Grundstoffe der amerikanischen Indianer stehen im offiziellen pharmazeutischen Handbuch der USA. Methoden oraler Empfängnisverhütung der Indianer wurden lange als fauler Zauber abgetan. Als die westliche Wissenschaft aber jene Pflanzen untersuchte, mit der sie praktiziert wurde, führte sie dies auf den Weg zur „Pille".

Selten ist mit der Übernahme des technischen Wissens bei den Weißen auch die Übernahme des kosmischen Bewußtseins Hand in Hand gegangen. Was dann geschieht, läßt sich am Beispiel des Rauchens überprüfen.

Tabak hatte für die Indianer immer eine heilige Bedeutung. Der Rauch wurde ausgeatmet nach Osten und Westen, Norden und Süden, nach oben und unten. Schließlich blies der Raucher den Rauch auf sich selbst. Auf diese Weise wurde die Verbundenheit seines Ichs mit dem Kosmos hergestellt. Die westliche Zivilisation übernahm den Tabak. Sein Gebrauch wurde zu einer letztlich unbedachten Gewohnheit des einzelnen. Mit dem Erfolg, daß der Tabakrauch zu dem Hauptverursacher von Krebs und Kreislaufleiden wurde. Beeman Logan, ein Seneca-Medizinmann, bemerkte dazu: „Der Tabak tötet euch, weil ihr ihn nicht respektiert."[45]

Die Poesie des Wassers, des Windes, des Büffels und des Grases

In einem der Aufsätze Werner Müllers, von dem Mircea Eliade gesagt hat, er werde nur deshalb nicht in der Reihe der gelehrtesten und schöpferischsten Religionshistoriker unserer Zeit genannt, weil er zuviel gewußt habe, findet sich der auf den ersten Blick verblüffende Satz: „Der Indianer kennt keine Umwelt."

Unser Erstaunen verschwindet, wenn wir weiterlesen, Umwelt, das sei ja für uns weiße Europäer und Amerikaner ganz und gar vom Menschen her gedacht; die Welt als Hintergrund, erhaltenswert, nur soweit es der Nutzen des Menschen verlange, beachtenswert für westliche Gesellschaft allein als menschenbezogenes ‚Um'. Der Kontrast von indianischer Haltung und europäischem Egoismus liege auf der Hand. Mit Horst Hartmann nennt Müller die hier „vorliegende religiöse Landschaft" „Kosmotheismus". Eine Eigenschaft der indianischen Sichtweise ist das Fehlen des rationalen Filters, der eine Geschichte als innere Schau ausweist. „Ihre Bilder entquellen – meint der kritische Beobachter – der bloßen Phantasie; denn kein menschliches Augen hat je den Baum Onodscha erblickt, den Sturz der Urmutter verfolgt, die Schildkröte aus dem Urozean auftauchen sehen. Derartige Bilder besitzen für den Verstand keine Realität; man beklebt sie ohne Besinnen mit dem Etikett ‚Unwahre Geschichten'."[46]

Für den Indianer dagegen haben solche Texte den höchsten Rang der Wahrheit und Wirklichkeit. Man erinnert sich der aztekischen Überzeugung, daß die Dichtung allein einen Weg in das Metaphysische öffne;

„Blumen und Gesänge" seien „das echte, immer Dauernde."[47]

Dies ist es letztlich, was Heinrich Böll in seiner Nobelpreis-Rede „die Poesie des Wassers und des Windes, des Büffels und des Grases" genannt hat. Sie hat zur Voraussetzung die Einbindung in eine unzerbrechliche Ehrfurcht vor dem Weltganzen, wie sie sich in vielen poetischen Zeugnissen der *Native Americans* ausdrückt.

„Die Erde liebt uns.
Sie freut sich, wenn sie uns singen hört.
Sie versorgt uns mit Nahrung."[48]

Und von einem indianischen Stamm in West-Kanada stammt die Feststellung:
„Die Erde lebt und ist dasselbe wie unsere Mutter. Denn bestünde die Erde nicht, gäbe es keine Menschen. Die Menschen sind ihre Kinder und ebenso die Tiere. Sie achtet auf sie alle und versorgt sie mit Nahrung. Die Steine sind ihre Knochen und das Wasser ihre Milch . . . Die Tiere sind dasselbe wie die Menschen; sie sind von gleichem Blut; sie sind Verwandte."[49]

Kapitel 3:
Religion und Spiritualität der Indianer des Östlichen Waldlandes

Zur gleichen Zeit schuf Ahornbäumchen die verschiedenen Tiere. Feuerstein wollte es ihm nachmachen und wagte sich an die Bildung eines Vogels. Es wurde aber nur eine Fledermaus daraus. So störte er ständig die Werke seines Bruders; er versuchte, fürchterlichen Ungeheuern den Weg zu dieser Erde zu bahnen; er nahm dem Mais seinen ursprünglichen Ölgehalt; er stahl sogar Sonne und Mond, die dann Ahornbäumchen nach mühsamer Suche wiederfand und an den Himmel setzte.

Aus der Schöpfungsmythe der Mohawk,
über das Wirken des Guten und Bösen[50]

Beim Eintreffen der ersten Europäer, Franzosen, Holländer und Engländer, an der Ostküste des amerikanischen Subkontinents dehnten sich dort vom Atlantik landeinwärts riesige Laub- und Mischwälder aus. Die natürlichen Begrenzungen dieser Region stellen im Osten der Atlantik, im Norden der St. Lorenz-Strom, im Süden der Cumberland-River und im Westen der Mississippi dar.

Im Norden dieses Gebiet lebten Stämme, die Algonkin sprachen. Zu ihnen gehörten die Micmac, Melcite, Penobscot und Passamaquody. Im mittleren Küsten gebiet wohnten die Narraganset, die Mohawk und die Delaware. An der atlantischen Küste weiter nach Süden in der Chesapeake-Bucht war der mächtige Stamm der Powhatan ansässig – der Name bedeutet „Wasserfall" und bezieht sich auf die Stromschnellen des St. James Rivers. Der Stamm wurde von einem Häuptling gleichen Namens regiert, den die Europäer wegen seiner großen Macht als König bezeichneten. Powhatan, dessen tatsächlicher Name Wahunsonacock lautete, hatte zahlreiche Nachbarstämme unterworfen und in sein Herrschaftsgebiet einbezogen. Insgesamt umfaßte dieses Gebiet um das Jahr 1600 ein Drittel des heutigen Staates Virginia.

Weiter landeinwärts nach Osten, südlich des Ohio saßen die Shawnee (die Südlichen), ebenfalls ein Algonkin sprechender Stamm, aus dem Tecumseh hervorging. Er versuchte 1811/12 noch einmal die Indianer dieser Gegend zusammenzuführen, um das Vordringen der Weißen über die Apalachen nach Westen zu verhindern.

Die Sechs Nationen und die Spiritualität des Friedens

Von allen Nationen, Staatenbünden und Stämmen des Ostens sind wir am genauesten über die sechs Nationen der irokesischen Liga unterrichtet, die südlich des Huronsees ansässig waren. Die Irokesen (ihr Stammesname bedeutet „Echte Natter") waren in früherer Zeit wahrscheinlich von Süden in das Land östlich der Großen Seen eingewandert. Die Konföderation bestand lange, ehe die Europäer eintrafen und sich ihrer Existenz bewußt wurden. Zentren ihres Gebietes waren der heutige Staat New York und das Ohio-Tal. Das genaue Datum der Gründung der Konföderation ist unbekannt. Nach eher vorsichtigen Schätzungen entstand sie schon im 15. Jahrhundert. Ihr indianischer Name lautete *Haudeosaunee* (Volk des Langhauses). Es gehörten ihr bei ihrer Gründung die Stämme der Seneca, Cayuga, Onodaga, Oneida und Mohawk an. 1722 kamen die Tuscarora hinzu.

Sie betrieben Gartenbau in von Palisaden umgebenen Siedlungen, in denen mehrere hundert Menschen wohnten. Jeweils nicht weit entfernt auf Rodungen bauten sie Mais, Bohnen und Squash – Pflanzen, die aus Mittelamerika stammten – sowie Melonen, Sonnenblumen, Hanf und Tabak an.

In einer fürchterlichen Strafexpedition gegen diese Dörfer im Jahre 1779, die weiße Kolonisten unternahmen, wurden 161 000 bushels (1 bushel = 35 Liter) Mais und eine gewaltige Menge von Gemüse aller Art vernichtet. Außerdem wurden allein in einem einzigen Obstgarten 1500 Bäume gefällt.

In mündlicher Überlieferung taucht die Gründung der Liga unter dem Begriff *Gayaneshakgowa* oder *Großes Gesetz des Friedens* auf.

Die irokesischer Überlieferung bezeichnet einen Huronen, Deganwida (in irokesischer Überlieferung „der Friedensstifter"), als Erfinder eines Planes mit dem Ziel, der Beschädigung menschlicher Wesen durch andere ein Ende zu machen.

Seine Mission begann zu einer Zeit großer Verwirrung und sinnlosen Blutvergießens, in der Mord und Totschlag an der Tagesordnung waren.

Der Friedensstifter sicherte sich die Hilfe eines ehemaligen Häuptlings der Onondaga, Hiawatha, um seine Botschaft den verschiedenen Nationen mitzuteilen. Die Botschaft war komplex, und man brauchte jeweils eine Woche, um sie zu verkünden. Der Friedensstifter schlug den Anführern der jeweiligen Gemeinden die Organisation eines Forums vor, in dem darüber nachgedacht werden sollte, wie Denken an Stelle von Gewalt treten könne. Die diese Versammlungen präsidierenden Personen bildeten den großen Rat, und es gab schließlich fünfzig *sachem* oder Häuptlinge, die ihm angehörten. Sie sollten sich jeweils auf dem Gebiet der Onondaga, das etwa in der Mitte der Konföderation lag, treffen, und diese Zusammenkunft hieß der Große Baum des Friedens.

Das Volk des Langhauses leitete seinen Namen von der Gewohnheit ab, regelrechte Städte anzulegen und in ihnen Langhäuser zu errichten, die als kommunale Wohnungen oder zeremonielle Gebäude genutzt wurden.

Die größten von ihnen waren zwischen 15 und 30 Meter lang. Der Friedensstifter verglich die Große Liga mit dem Himmel als Dach und der Erde als Boden, auf dem die Feuer der Nationen brannten. Den Staatenbund stellten sich seine Mitglieder als ein Langhaus vor, das sich über das ganze Land hinzog. Die Mohawk bewachten die Osttür, die Seneca die Tür nach Westen.

Für einen Irokesen war die Liga der fünf oder sechs Nationen nicht wie ein Langhaus, sondern sie war das Langhaus, das sich vom Hudson bis an den Genesee River hinstreckte.

Die verschiedenen Nationen des Bundes sollten sich in Clans organisieren, und der Friedensstifter übertrug alte Überlieferungen auf die neue politische Ordnung. Es sollte insgesamt neun Clans geben, aber mit unterschiedlicher Struktur. Die Clans waren Schildkröte, Bär, Wolf, Reiher, Falke, Schnepfe, Biber, Reh und Aal. Die Frauen des Clans sollten sich unter Vorsitz einer Clansmutter treffen und die Männer für den Großen Rat bestimmen. Der Friedensstifter schlug vor, daß sich das Volk des Langhauses zu einer Bruderschaft zusammenschließen sollte, deren Bedeutung so groß war, daß die Angehörigen des Schildkröten-Clans bei den Senecas deren Mitglieder bei den Mohawks als ihre Blutsverwandten ansahen. Damit war auch eine Heirat zwischen Personen dieses Clans in verschiedenen Nationen wie bei nahe Verwandten verboten.

Es gab zu Anfang Widerstand gegen den Plan einer Einheit, der ja gewissermaßen auch eine Rückbindung auf die Geistwesen der Natur vorsah. Er ging von dem mächtigen Onondaga-Kriegshäuptling Tadodaho aus, den man als eine Verkörperung des Bösen ansah, einem Mann, der sich Schlangen ins Haar flocht, um alle, die ihn sahen, einzuschüchtern. Der Friedensstifter und Hayanwahtah scheiterten zunächst mit ihrer Überzeugungsarbeit, bis sie in ihrer Betroffenheit Jikohnsaseh, einen weiblichen Häuptling der Cat Nation, anriefen. Sie schlug vor, Tadodaho als Präsident zu bestimmen, und tatsächlich ging er auf dieses Angebot ein. Darauf krönte Jikohnsaseh, die in die Geschichte des Stammes als Friedenskönigin einging, ihn mit den Hörnern der Macht, ein Ritual, das die Macht der Frauen bei den Irokesen kennzeichnet.

Die Jesuiten und das Fest des Traumdämonen[51]

Über die religiösen und spirituellen Vorstellungen der Irokesen gibt es relativ weit zurückreichende Nachrichten. Sie lassen sich nicht, wie in anderen Regionen, aus sehr alten Mythen ableiten, sondern stammen aus zwei sehr unterschiedlichen Quellen der Überlieferung. Da sind zunächst die jesuitischen Missionare, die im frühen 17. Jahrhundert in Kanada tätig werden, zu einer Zeit, da die Irokesen sich schon in der Gegend des heutigen Staates New York niedergelassen hatten. Die Jesuiten waren selbstverständlich bestrebt, die Indianer zum Christentum zu bekehren, aber sie versuchten auch die indianische Religion zu verstehen. Sie zeichneten ihre theologischen Diskussionen mit intelligenten Indianern auf. Bei den Streitgesprächen nahmen die Irokesen zumeist den Standpunkt ein, ihre religiösen Überlieferungen seien hinreichend.

Ein Dokument, aus dem hervorgeht, wie schwierig es war, die spirituellen Vorstellungen der *Native Americans* zu verstehen, sind die Aufzeichnungen von Pater Dablon und Pater Chaumonot über das Fest der Traumdämonen, das Jubelfest der Onondaga, die in den *Jesuit Relations* von 1655/56 enthalten sind. Die Vorgänge bei diesem Fest der Narren wurden von den Missionaren am 22. Februar 1656 beobachtet. Trotz der großen Kälte rannten die Eingeborenen teilweise nackt durch die Straßen des Dorfes, andere zerbrachen ihr Geschirr und ihre Trinkgefäße, wieder andere gingen mit Schwertern, Bajonetten und Äxten auf jeden los, der sich ihnen in den Weg stellte.

Die christlichen Priester nannten das Fest, welches bei den Indianern *Honnonouaroia hieß*, „den Karneval der bösen Christen, weil nämlich der Teufel dabei dasselbe tut, wie bei diesem Fest in Europa".

Kern des Festgeschehens scheint es gewesen zu sein, daß die Indianer sich wild gebärdeten und unbedingt den Traum gedeutet haben wollten, den sie in der Nacht zuvor gehabt hatten. Bei der Bedeutung von Träumen und Visionen in der archaischen Gesellschaft der *Native Americans* kann das Wichtignehmen der Traumdeutung nicht erstaunen. Die Jesuiten aber, die übrigens die Einzelheiten mit bewundernswerter Anschaulichkeit für die Nachwelt festhielten, waren vor allem von dem orgiastischen Verhalten der Feiernden verschreckt:

„Einer dieser Idioten schoß zu unsrer Hütte herein und bestand darauf, wir müßten ihm seinen Traum deuten und für dessen Erfüllung sorgen. Wir hatten gleich zu Anfang erklärt, daß wir auf solche Einbildungen nichts geben. Doch er beharrte auf seinem Verlangen, brüllte und gebärdete sich wie wild, sogar noch in unserer Abwesenheit: Wir hatten die Hütte, um Ärger zu vermeiden, verlassen. Einer unserer Gastgeber, der das Gebrüll leid war, raffte sich endlich dazu auf, ihn zu fragen, was er denn wolle.

Der Wildgewordene antwortete: Ich will einen Franzosen töten, denn dies ist der Auftrag meines Traumes. Unser indianischer Gastgeber warf ihm einen französischen Mantel hin und erklärte, dieser stamme von einem Toten. Dann geriet er selbst in Wut und rief, er werde den Tod des Franzosen rächen, dessen Ermordung werde den Untergang des ganzen Dorfes zur Folge haben. Er werde es in Schutt und Asche legen und dabei mit seiner eigenen Hütte beginnen. Worauf er seine Freunde und Verwandten und die ganze Menge, die sich versammelt hatte, hinauswarf. Als er allein war, schloß er die Tür und steckte das Gebäude in Brand. In dem Augenblick, als alle schon meinten, gleich werde das ganze Haus in Flammen aufgehen, kam Pater Chaumonot von einem Auftrag der Nächstenliebe zurück, sprengte die Tür, trat drinnen die Feuerbrände aus und wirkte sanft auf seinen Gastgeber ein, hinauszugehen, sehr zum Erstaunen der Menge, die angenommen hatte, keiner vermöge etwas gegen die Wut der Traumdämonen."

Ein indianischer Prophet[52]

Die andere Quelle ist der irokesische Prophet, Gä-ne-o-di-yo oder Handsome Lake, der etwa 150 Jahre nach der Missionstätigkeit der Jesuiten lebte. Bezeichnenderweise fällt die Vision in eine Krisenzeit. Auch spielt wohl der kulturelle Hintergrund des Visionärs eine Rolle. Ein Seneca-*sachem* der höchsten Klasse, wurde er um 1735 in dem Indianerdorf Gä-no-waú-ges, in der Nähe des heutigen Ortes Avon im Staate New York geboren. Er war der Sohn eines weißen Vaters und einer Indianerin und der Halbbruder des politischen Führers Cornplanter. 1799, nach Ende des Revolutionskrieges, in dem die Irokesen auf seiten der Briten gestanden hatten, verloren sie große Teile ihres Landes. Ihre Möglichkeiten zu jagen waren stark eingeschränkt. Mit den primitiven Methoden des Ackerbaus waren sie nicht in der Lage, ihren Lebensunterhalt zu bestreiten. Cornplanter (ca.

1732–1836), der auch unter seinem weißen Namen John O'Bail bekannt wurde, verlor 1810 sein Amt als Führer seines Volkes, das an den aggressiveren Red Jacket überging. Er zog sich daraufhin mit einer Pension, die ihm die US-Regierung zahlte, auf einen Landbesitz zurück, den der Staat Pennsylvanien ihm geschenkt hatte. Sein Bruder Handsome Lake, der von melancholischem Charakter war, hatte um das Jahr 1800 nach einer schweren Krankheit eine Vision.

Seine Aussagen über seine „Erweckung" wurden von Lewis H. Morgan aufgezeichnet: Wie Odysseus und Äneas wurde ihm die Gunst zuteil, einen Blick ins Elysium und auf die Glücklichen zu werfen, die durch ihre Tugendhaftigkeit in die himmlischen Wohnungen versetzt wurden.

In seinen Predigten rief er seine Stammesangehörigen auf, sich auf die alten Traditionen zu besinnen und die vom Schöpfer eingesetzten Zeremonien wieder durchzuführen. Das bedeutete Absage an den Alkohol und an moderne Tänze, nicht aber an das fortschrittliche Ackerbaugerät des weißen Mannes, den Pflug, und an die von ihm angebotene Schulbildung für die Indianer. Sein Einfluß war so groß, daß die Irokesen dieser Aufforderung bis heute nachkommen. Die Zeremonien wurden in einem Haus mit hölzernem Fußboden und mit einem heiligen Feuer, das in einem Eisenofen brannte, durchgeführt. Sie bestanden aus fünfzig ernsten Tänzen, die das Verhalten von Tieren imitierten. Mais wurde gekocht und verteilt, Tabak als Räucherstäbchen verbrannt.

Die Schöpfungsmythe der Irokesen:
Die Frau, die vom Himmel fiel. Die Urwesen[53]

Die Schöpfungsmythe der Irokesen scheint aus dem Süden vermittelt worden zu sein, woher die mit Jagd und Sammeln ihren Lebensunterhalt bestreitenden Stämme auch die Techniken des Ackerbaus übernahmen. Die Handlung beginnt im Dorf der Urwesen.

Die *Ongwe*, die Urwesen, wohnen auf der entgegengesetzten Seite der sichtbaren Welt. Sie wußten nicht, was es bedeutet, jemanden weinen zu sehen. Sorge und Tod waren bei ihnen unbekannt.

Nun wohnte zu dieser Zeit in einem Langhaus ein kleiner Bruder und seine Schwester, strikt voneinander abgeschlossen. Und jedes Kind, das mit einem besonderen Zeichen von *orenda*[54] geboren wurde, wurde bis zur Pubertät so gehalten, getrennt von allen anderen und ohne Kontakt außer mit einem ausgewählten Wächter. (Diese Sitte war alt bei den Irokesen und wurde bis ins 20. Jahrhundert beachtet.)

Die Hütten in dieser Gegend schauten alle gegen die aufgehende Sonne und erstreckten sich gegen die untergehende Sonne hin. Bei ihren Bewohnern war es üblich, nach der Morgenmahlzeit ihren verschiedenen Pflichten nachzugehen. Die Kammer der abgeschlossen lebenden Schwester befand sich auf der Südseite der Hütte, die ihres Bruders im angrenzenden Raum auf der Nordseite. Am Morgen, wenn alle fort waren, benutzte die Schwester die Gelegenheit, in die Kammer ihres Bruders zu gehen. Dort kämmte sie ihr Haar und kehrte dann in ihr Zimmer zurück. Bei dieser Tätigkeit erregte sie die Aufmerksamkeit ihres Bruders.

Nach einiger Zeit bemerkten die Angehörigen des

jungen Mädchens, daß dieses schwanger war. Also fragte man sie: Welchem Mann in diesem Dorf gebierst du dieses Kind? Darauf antwortete sie nicht. Und wie oft man sie auch fragte, nie gab sie auf die Fragen eine Antwort.

Dann kam der Tag der Geburt, und sie brachte ein Kind zur Welt, ein Mädchen, weigerte sich aber weiterhin, den Vater zu nennen.

Nun hörte in den Tagen, die der Geburt vorangingen, das männliche Wesen, welches das Kind gezeugt hatte, nämlich der Bruder, seine Verwandten sagen, daß die Schwester schwanger sei. Er verbrachte darauf viel Zeit in Meditation und erkrankte. Als nun die Zeit kam, da er sterben mußte, saß seine Mutter an seinem Bett und dachte über seine Krankheit nach. Sie hatte nie zuvor jemanden krank gesehen, denn in dieser Gegend kannte man den Tod nicht.

Als er nun schon fast nicht mehr atmete, sagte er zu seiner Mutter: „Ich werde bald sterben." „Was heißt das?" fragte die Mutter. „Nun", erwiderte er, „mein Atem wird aufhören, mein Fleisch wird kalt werden und meine Glieder steif. Wenn ich nicht mehr atme, mußt du mir die Augen schließen. Du wirst dann weinen. Auch alle anderen, die in diesem Augenblick in der Hütte sind, werden weinen und Kummer empfinden."

Die Mutter verstand nicht, was er meinte. Doch er sagte ihr auch dies:

„Wenn ich tot bin, sollt ihr einen Kasten machen und mich hineinlegen. Verwendet all eure Geschicklichkeit darauf. Und in dem angrenzenden Zimmer im Haus richtet einen Platz her, erhöht und gegen die aufgehende Sonne hin."

Und also geschah es. Die Mutter schloß ihm die Augen, als er aufgehört hatte zu atmen, und sie legten ihn in einen Kasten. Und Kummer und Trauer überfiel sie, und sie mußten weinen.

Das Kind, das zur Welt gekommen war, erfreute sich bester Gesundheit. Es wuchs rasch. Es war bald so groß, daß es umherspringen konnte. Und jene, die immer bei dem Kind waren, waren erstaunt, daß es hin und wieder weinte. Denn das war früher bei Kindern nicht vorgekommen. Als sie aber mit ihm vor den noch unverschlossenen Kasten traten, in dem der tote Mann lag, hörte das Kind auf zu weinen und schien sich zu beruhigen.

Nun wußten sie es so einzurichten, daß das Kind immer über eine Leiter zu dem Sarg des Toten gelangen konnte. Und das tat es oft.

So ging es zu, bis das Kind herangewachsen war, und eines Tages kam es von dem Sarg, in dem der Tote lag, herabgestiegen und sagte: „Mutter, mein Vater..." – und nun war allen klar, daß der tote Mann der Vater des Kindes war – „mein Vater hat zu mir gesagt, es sei Zeit für mich zu heiraten, an einem Ort weit fort von hier. Und weiter hat er gesagt, heiße deine Mutter einen Korb mit Nahrungsmitteln füllen, und den sollst du bei dir tragen, wenn du zu dem Mann gehst, den du heiraten wirst."

So geschah es, und als der Korb gefüllt war, sprach das Mädchen: „Ich will meinem Vater davon erzählen, daß nun alles bereit ist." Also stieg es wieder hinauf zu dem Sarg, in dem der tote Vater lag. Sie unterhielt sich mit dem Toten, und als sie zurückkam, sagte sie: „Er hat zu mir gesagt, morgen soll ich aufbrechen."

Also kletterte es am Morgen wieder hinauf zu dem Sarg, und siehe da, da war ein Pfad, der sich gegen Sonnenuntergang hinzog, und sie folgte ihm.

Nach nächtlichen Abenteuern auf dem Weg erreichte sie eine mit Gras bewachsene Lichtung, auf der ein großes Dorf stand. Und in der Mitte des Dorfes lag das Haus des Häuptlings. Dort ging sie hin. Drinnen brannte ein Feuer. Auf beiden Seite des Feuers aber lagen Schlafmatten. Auf der einen hatte sich der Häuptling ausgestreckt. Sie stellte ihren Korb mit dem Maisbrot ab und sprach: „Wir beide werden heiraten." Worauf der Mann sagte: „Setz du dich auf die andere Seite des Feuers." So saßen sie stumm einander gegenüber, bis es dunkel wurde und die Menschen sich schlafen legten. Da streckte sich der Häuptling auf seiner Bettmatte aus und legte die zweite Bettmatte, die für das Mädchen bestimmt war, an das Fußende der seinen und hieß es, sich dort schlafen zu legen. Also lagen sie nicht nebeneinander, sondern Fußsohle an Fußsohle. (Eine Umschreibung, daß die Ehe nicht vollzogen wurde.)

Als es nun Morgen wurde, standen sie beide auf. Der Häuptling ging in einen anderen Raum, holte von dort Kolben von weißem Mais und sagte zu dem Mädchen: „Nun bekommst du Arbeit. Es ist üblich, daß die Ehefrau den Maisbrei für ihren Mann zubereitet." Also holte er Wasser, während sie die Maiskolben schälte. Alle Arbeiten, die ihr aufgetragen wurden, erledigte sie so rasch, daß der Häuptling nur staunen konnte.

Als sie nun mit dem Mahl fertig waren, kochte das Wasser in dem Topf über dem Feuer, und sie wollte es in den Brei schütten, der noch übrig war. Aber der Häuptling sprach: „Leg deine Kleider ab." Also zog sie sich aus. Und als sie das getan hatte, goß sie das Wasser zu und rührte den Topf mit einem Stock um, während der Häuptling auf seiner Matte lag und ihr zusah. Bis der Brei gehörig durchgekocht war, war ihr ganzer Körper

mit Maismus bespritzt. Da rief der Häuptling zwei große Hunde und hieß die Tiere, dem Mädchen den Körper abzulecken. Und danach kamen seine Sklaven und leckten mit ihren Zungen ihren Körper ab, und deren Zungen waren so rauh, daß überall Blut auf der Haut hervortrat. Schließlich stand sie blutüberströmt da, und der Häuptling hieß sie, sich wieder anzuziehen. Seinen zwei Sklaven setzte er den Brei vor, das Mädchen aber schickte er in einen anderen Raum, schloß die Tür und sagte: „Hast du nicht gesagt, du und ich sollten heiraten? Nun denn, jetzt werden wir heiraten."
Man erzählt, sie sei drei Nächte dort geblieben, und die beiden hätten die Ehe nicht vollzogen. Jeweils berührten sie einander bei Nacht nur mit den Sohlen, und ihre Köpfe lagen in der anderen Richtung.

Schließlich sagte der Häuptling: „Jetzt kannst du an den Ort zurückkehren, von dem du gekommen bist. Auf dem Rücken sollst du einen Korb voller Wildfleisch tragen. Ich will es deinen Leuten schenken. Und die Leute des Dorfes, in dem du gewohnt hast, sollen auch etwas davon abbekommen. Wenn du daheim ankommst, heiße alle, sich zu versammeln, und teile das Fleisch gerecht auf. Und sage ihnen, sie sollen ihre Dächer abdecken, denn in der Nacht wird es Mais regnen."

Zuerst war der Korb auf dem Rücken des Mädchens gar nicht schwer. Aber als es die Hälfte des Weges zurückgelegt hatte, wurde er bedeutend schwerer. Und von nun an wurde er immer schwerer und schwerer. Als sie das heimatliche Dorf erreichte und die Leute zur Verteilung des Fleisches versammelt waren, hatte sie ihnen eben erklärt, daß sie ihre Dächer abdecken sollten, weil es Mais regnen werde, als die Tragriemen rissen, der Korb zu Boden fiel und alles getrocknete

Fleisch im Schlamm landete. Die Dorfbewohner aber klaubten es auf und trugen es fort, und in der Nacht regnete es tatsächlich Mais in ihre Wohnräume, unendlich viel Mais, so viel, daß sie für Jahre genug Nahrung hatten.

Nach einiger Zeit brach das Mädchen wieder zum Dorf ihres Ehemannes auf, und für die Reise brauchte sie nicht mehr Zeit als beim ersten Mal. Und wieder geschah unterwegs all das, was schon bei der ersten Tour geschehen war. Jetzt wohnten die beiden zusammen, warum auch nicht, sie waren ja verheiratet. Nach einiger Zeit sagte der Häuptling: „Ich bin krank."

Die Leute wunderten sich, denn sie wußten nicht, was eine Krankheit ist. Sie redeten also miteinander, was da zu machen sei. Sie machten Vorschläge, wie er genesen könnte. Aber das half nichts. Also fragten sie ihn:

„Was können wir denn noch tun, damit du wieder gesund wirst."

Und er antwortete: „Ich denke, vielleicht werde ich genesen, wenn ihr den großen Ratsbaum ausreißt, der vor der Tür meines Hauses steht." Also rissen sie den Baum aus.

Es war ein großer Baum, und er stand in voller Blüte, und die Blüten spendeten dem Dorf Licht.

Als nun der Baum ausgerissen worden war, sagte der Mann zu seiner Ehefrau:

„Breite etwas für mich neben der Stelle aus, an der früher der Baum gestanden hat und wo jetzt das Loch ist."

Sie tat, wie ihr geheißen, und er legte sich dort hin. Und wie er da lag, sagte er zu seiner Frau: „Nun setz dich neben mich und laß deine Beine in den Abgrund baumeln."

Durch das Loch konnte man nämlich in die Welt darunter blicken. Und wirklich, als er dort lag, wurden seine Leiden gelindert. Und alle Leute standen um ihn herum, schauten zu ihm hin und wunderten sich über seinen Zustand. Denn an diesem Ort war zuvor noch nie jemand krank gewesen.

Als er nun wieder ganz gesund war, stützte er sich auf seine Ellbogen und schaute durch das Loch hinab. Nach einer Weile aber sprach er zu seiner Frau: „Willst du nicht auch einmal hinabschauen und sehen, was sich dort unten tut. Worauf sie ihren Körper vorbeugte und durch das Loch sah. In diesem Augenblick packte er sie von hinten im Genick und stieß sie so heftig, daß sie durch das Loch fiel.

Dann erhob er sich und sprach zu seinen Leuten: „Jetzt setzt den Baum wieder ein." Seinem Befehl kamen sie auf der Stelle nach.

Was diese Version der Geschichte nur andeutet und nicht ausspricht, ist der Grund für die Heimtücke des Ehemanns. Offenbar ist seine Krankheit Eifersucht und Mißtrauen. Ohne seine Frau berührt zu haben, ist sie schwanger geworden. Wir haben also hier das Motiv einer jungfräulichen Geburt, auch bei den Indianern. In Gedanken verdächtigte der Häuptling seine Frau, das Kind von einem anderen männlichen Wesen, vielleicht sogar von einem Monster, empfangen zu haben. Offenbar eine Urangst aller Männer, so selbstverständlich, daß der Erzähler dieser Version der Mythe glaubt, sie gar nicht erwähnen zu müssen. Die Version eines anderen Stammes der Konföderation war offenbar mehr für das Verständnis der Weißen bestimmt. In ihr heißt es:

Der Ratsbaum

In weit entfernten Tagen wuchs auf einer im Wasser treibenden Insel ein stattlicher Baum mit weit ausladenden Zweigen. Immerzu blühte er. Früchte hingen an den Zweigen, und die Luft duftete von deren Wohlgeruch. Die Leute aber versammelten sich in seinem Schatten und hielten dort ihre Ratssitzungen ab. Eines Tages sprach der Große Herrscher zu seinem Volk: „Wir wollen einen neuen Ort machen, an dem andere Wesen aufwachsen. Unter unserem Ratsbaum ist ein großes Meer voller Schaumkronen, das uns um Hilfe bittet. Es ist einsam dort. Das Wolkenmeer kommt nicht zur Ruhe und ruft nach Licht. Wir werden mit ihm sprechen. Die Wurzeln unseres Ratsbaumes deuten darauf und weisen uns den Weg." Nachdem er befohlen hatte, den Baum auszureißen mitsamt seinen Wurzeln, schaute der Große Herrscher in die Tiefe. Er rief Ata-en-sic, die ein Kind in ihrem Leib trug, und bat sie hinabzuschauen. Ata-en-sic sah nichts, aber der Große Herrscher wußte, daß da eine Stimme rief und bat, daß Leben werde. Und also wickelte der Große Herrscher Ata-en-sic einen Lichtstrahl um den Leib und stieß sie dort hinab.

Aufgeschreckt von dem herabfahrenden Licht, das Ata-en-sic umgab, brach unter den Tieren, die in dem mit Schaumkronen bedeckten Meer lebten, große Furcht aus. „Wenn das, was da vom Himmel fällt, auf uns stürzt, wird es uns vernichten", riefen sie.

„Wo kann es ruhen?" fragte die Ente. „Nur auf der Erde", rief der Biber, „aber die Erde liegt noch auf dem Grund des Meeres. Ich werde sie heraufbringen."

Der Biber tauchte hinab, kam aber nie wieder zurück.

Dann wagte es die Ente, aber bald trieb ihr toter Körper auf dem Wasser.

Viele Tiere hatten es schon versucht, als die Ratte sich hinabwagte. Sie wußte den Weg und kam bald mit einem kleinen Klümpchen Schlamm an ihrer Pfote zurück.

„Vorsicht, es ist schwer", rief sie, „und es wird bald wachsen. Wer kann es tragen?"

Die Schildkröte erlaubte, daß man ihr den Schlamm auf ihren harten Panzer legte.

Nachdem die Tiere so einen Ruhepunkt für das Licht geschaffen hatten, flogen die Wasservögel, angelockt von seinem Glanz, hinauf, fingen die Frau mit ihren ausgebreiteten Schwingen auf und trugen sie sicher hinab auf den Panzer der Schildkröte.

So wurde Hah-nun-nah, die Schildkröte, die Trägerin der entstehenden Welt.

Wenn die Schildkröte sich bewegt, erheben sich im Meer große Wellen, und wenn sie ruhelos ist oder böse wird, bebt die Erde.

Das Klümpchen Schlamm wuchs rasch und wurde zu einer Insel, und Ata-en-sic, die Stimmen unter ihrem Herzen hörte, eine sanfte und beruhigende und eine laute streitsüchtige, wußte, daß nun der Augenblick nahe war, da sie ihre Aufgabe erfüllen mußte. In der Einsamkeit trug sie zwei Lebewesen in ihrem Leib, das eine friedfertig und geduldig, das andere ruhelos und nach Bösem trachtend. Letzteres entdeckte Licht unter der Achsel der Mutter und zwängte sich dort aus ihrem Leib zu Streitsucht und Gier. Das andere kam aber zwischen ihren Schenkeln hervor und wurde geboren zu Freiheit und Frieden.

Die beiden Wesen waren Do-ya-da-no, die Zwillingsbrüder, die Geister des Guten und des Bösen. Sich ihrer Kräfte bewußt, beanspruchte ein jeder die Vorherrschaft, und schon begann zwischen ihnen der Streit. Hah-gweh-di-yu nahm für sich das Recht in Anspruch, die Inseln zu verschönern, während Hah-gweh-da-et-gah entschlossen war, sie zu vernichten. Jeder ging schließlich seines Weges, und wo Friede geherrscht hatte, breiteten sich nun Zwietracht und Streit aus.

Die Mythologie der Pflanzer-Kultur

In der Interpretation der Mythe folgen wir den Anmerkungen, die Joseph Campbell in seinem Historischen Atlas der Mythologien[55] gibt.

Schöpfungsgeschichten weisen – je nach Art der Nahrungsbeschaffung der jeweiligen Kultur – bestimmte Muster auf. Die der Jäger und Sammler versetzen den Zuhörer – denn natürlich handelt es sich hier um mündlich überlieferte Literatur – in eine Welt, die sich noch in einem ungeformten Zustand befindet, worauf der Weltformer erscheint und alles so einrichtet, wie es dann später für immer sein wird. Der nicht umkehrbare Akt, der den mythologischen Weltzustand beendet, besteht zumeist in dem Bruch eines göttlich verordneten, aber nicht weiter erklärten Tabus. Die Gottheit wird dadurch erzürnt, und zornig schickt sie den Tod in die Welt, trennt Himmel von Erde, Tag von Nacht.

Anders die Schöpfungsmythen der Pflanzer, wie wir sie in der Geschichte der Frau, die vom Himmel fiel, vor uns haben. Hier gibt es keine höchste Autorität, gegen deren Gebot oder Willen verstoßen wird. Vielmehr herrscht ein bestimmter Bewußtseinszustand des Seins, ein Zustand der Ausgeglichenheit, den zunächst keine Erfahrung von der Endlichkeit des Menschen oder von unerfüllten Wünschen oder von Verlust trübt.

Das kritische Moment ist dann die Erfahrung von Tod oder Geburt, wonach sich das gesamte Bewußtsein ändert, und zwar auf eine Art, die ohne Präzedenzfall und unvorhersehbar ist, so wie sich in der Natur die Entwicklung einer Pflanze aus einem Saatkorn vollzieht.

Der Zustand der Heldin oder des Helden verwandelt sich von Sein zu Werden. Wichtig ist in der ersten Geschichte, daß die Handlung nicht vom Bruder, sondern von der Schwester in Gang gesetzt wird. Campbell verweist auf die orientalische Vorstellung, nach der die Große Göttin *(devi)* zugleich auch die motivierende Energie *(sakti)* darstellt, die die geformte Erscheinung *(maya)* der Phänomene bewirkt.

Joseph Campbell zitiert zur Verdeutlichung der besonderen Verbindung des weiblichen Seins mit dem Wachsen und Werden der Pflanze die von Leo Frobenius aufgezeichnete Aussage einer abessinischen Frau, die auf die Frage, warum sie und ihre Freundinnen sich nicht nach dem Rat ihres Mannes richteten, antwortet:

„Das Leben einer Frau ist sehr verschieden von dem eines Mannes. Gott hat es so gewollt. Ein Mann ist derselbe von der Zeit seiner Beschneidung bis zum Tod. Er ist derselbe, bevor er sich zum ersten Mal eine Frau aussucht und danach.

Aber an dem Tag, an dem eine Frau zum erstenmal die Liebe genießt, schneidet sie das in zwei Teile. Sie wird an diesem Tag ein anderes Wesen. Der Mann bleibt derselbe nach der ersten Liebe. Die Frau ist von diesem Tag an eine andere. Das setzt sich durch ihr ganzes Leben fort. Der Mann verbringt eine Nacht mit einer Frau und geht fort. Sein Leben und sein Körper bleiben gleich. Die Frau empfängt. Als Mutter ist sie eine andere Person als die Frau ohne Kind. Sie trägt den Abdruck dieser Nacht neun Monate lang in ihrem Körper. Etwas wächst. Etwas tritt in ihr Leben, das sich nie mehr von ihr trennt. Sie ist eine Mutter. Sie ist und bleibt eine Mutter, selbst wenn ihr Kind sterben sollte. Denn einmal hat sie dieses Kind unter ihrem Herzen getragen. Und es verläßt ihr Herz nie mehr. Selbst dann nicht, wenn es tot ist. Und dies weiß der Mann nicht. Er kennt nicht den Unterschied vor und nach der Liebe, vor der Mutterschaft und danach. Er kann das nicht wissen. Nur eine Frau weiß das und vermag darüber zu sprechen. Und deswegen wollen wir uns von unseren Ehemännern nicht sagen lassen, was wir zu tun haben. Eine Frau kann nur eines tun: sich selbst respektieren. Sie kann anständig bleiben. Aber sie muß immer so sein, wie es ihrer Natur entspricht. Sie muß immer ein Mädchen sein und immer eine Mutter. Jedesmal, ehe sie liebt, ist sie ein Mädchen, und danach ist sie eine Mutter. Daran kann man sehen, ob sie eine gute Frau ist oder nicht."[56]

Mythologisch und historisch, so erinnert uns Campbell, sei das Motiv des Bruder-Schwester- oder Vater-Tochter-Inzests mit der Vorstellung einer übernatürlichen Begabung verbunden. Die von Ramses II. bevorzugte und gerühmte Ehefrau war seine Tochter; und die Ehefrau des großen ägyptischen Gottes Osiris war Isis, seine Zwillingsschwester, mit der er Horus, den Erretter, zeugte.

In gleicher Weise wird bei der Tochter, die aus einer heiligen Verbindung hervorgegangen ist, das instinktive Verlangen, den toten Vater zu entdecken und mit ihm in Verbindung zu treten, für ihr Schicksal bestimmend.

Und die Muster ihres Schicksals, die für die Tochter durch diesen Vater vorgezeichnet sind, dessen Tod zur zeitlichen Voraussetzung ihrer Zeugung und Geburt wird, entsprechen genau dem, was Campbell in *Der Heros in tausend Gestalten* als die fundamentale „Monomythe" (der Begriff stammt von James Joyce), die bei allen Völkern der Erde besteht, umrissen hat. In ihr werde die Queste (Suchfahrt) und das Erlangen einer persönlichen Erfahrung metaphorisch formuliert. Das Muster sei eine Erweiterung der Sequenz, die weltweit in allen *„rites of passage"* (Arnold von Genneps Begriff, auf deutsch: Übergangsriten) erscheine: Trennung – Initiation – Rückkehr.

Da die folgende Passage einen Interpretationsschlüssel für viele Mythen und Märchen bietet, soll sie hier wörtlich wiedergegeben werden:

„Der mythologische Held (oder hier die Heldin) bricht von seinem oder ihrem gewohnten Wohnort auf, schreitet fort bis zu einer Schwelle des Abenteuers (in dieser Geschichte der Fluß, der überschritten werden muß); jenseits davon liegt das Unbekannte. Dann ist eine Region zu durchschreiten, in der geheimnisvolle Proben zu bestehen sind (die Abenteuer auf der Reise zum Bräutigam). Hier kommt der oder die Reisende nur mit spiritueller Hilfe voran (in diesem Fall die Anweisungen des toten Vaters). Am Ort der Erfüllung (die Hütte des geheimnisvollen Häuptlings) sind weitere Proben von zunehmender Härte zu durchstehen (das Verspritzen des heißen Breis, die rauhen Zungen der Hunde und Sklaven), bis die Erfüllung symbolisch bestätigt wird, in diesem Fall eine mystische Hochzeit mit dem Herrn des Baumes der Weltachse, wonach sich der in einer Monomythe unumgängliche Akt der ‚Rückkehr' mit Geschenken oder Gaben vollzieht. Es zeichnen sich in dieser außergewöhnlichen und anspruchsvollen Offenbarungsgeschichte zwei Höhepunkte ab. Zunächst einmal die Rückkehr der Frau in ihr heimatliches Himmelsdorf, wobei sie einen auf wunderbare Weise mit Fleisch gefüllten Korb trägt und die Nachricht bringt, daß in der Nacht ein geheimnisvoller Regen von Mais niedergehen wird. Zum anderen dann ihr Niedersteigen als ein Avatar (Gottheit) aus der Himmelswelt zur Erde, bei dem sie in ihrem Leib das Geschenk der menschlichen Wesen bei sich trägt, vom Himmel dazu bestimmt, sich mit gegenseitiger Achtung in die schon vorhandene Schöpfung der hilfreichen Tiere einzufügen."[57]

An ihrem Verhalten erweist sich einmal mehr die balancierend-ausgleichende Haltung, die das kosmische Bewußtsein in der Natur tätig sieht.

Feste, Visionen und Masken

Der Jahresablauf der Irokesen, der hier stellvertretend für die Vorstellungen in der östlichen Waldregion dargestellt wird, gliedert sich durch eine Reihe von sechs Festen, die wiederum die enge spirituelle Bezogenheit zu den Phänomenen der Natur belegen.

Das Jahr begann mit dem Ahornfest und dem Fest der Maisaussaat. Wenn wenig Regen gefallen war, wurde noch ein Donnerfest eingeschoben, bei dem man den Donnergott Heno durch Tänze günstig zu stimmen suchte. Es folgte das Erdbeerfest, das Maisreife- und Grünkornfest. Am Mittwinter- oder Neujahrstag wurden begangene Vergehen öffentlich gebeichtet und die Häuser danach gereinigt. Ein weißer Hund übernahm die Rolle des Sündenbocks. Er wurde öffentlich erdrosselt – und mit ihm alle Verfehlungen der Menschen.

Es scheint, daß dieses Ritual aus der sibirischen Urheimat der Indianer ins Waldland an der Atlantikküste gelangt ist.

Träume und Visionen waren auch für die Irokesen von großer Wichtigkeit. An ihnen erwies sich, ob ein Mensch spirituelle Kraft besaß oder nicht. Wir haben die dabei angewendeten radikalen Praktiken schon bei dem Bericht über das Fest der Traumdämonen kennengelernt.

Nach Wachen und Fasten fiel dem um eine Vision Bemühten unter Umständen auch ein Lied ein. Mit der Melodie und den Worten, die er dazu erfand, konnte er dann immer wieder erneut mit dem Bereich des Übernatürlichen in Beziehung treten.

Nach der Vorstellung der Irokesen setzte sich der Mensch aus drei Bestandteilen zusammen. Neben dem Körper besaß er das, was man in der Sprache der Weißen

Seele nennt. Die Seele entschwand nach dem Tod in das „Nachleben". Der dritte Teil, das „Geistwesen", blieb an den Begräbnisort gebunden und beeinflußte von dort das Leben der Nachkommen.

Die berühmten Masken der Irokesen, die sogenannten „Falschgesichter", sind Darstellungen von Wesen, die die Indianer aus Visionen oder aus ihren heiligen Geschichten kennen: Waldleute, die gewöhnlich am unzugänglichen Rand der Welt hausen und magische Kraft besitzen. Diese Kraft kann nach dem Glauben der Irokesen derjenige, der eine Maske trägt, in sich aufnehmen und sie dann an einen Kranken zu dessen Heilung weitergeben. Entsprechend gab es in den Dörfern der Irokesen Geheimgesellschaften, in denen sich die visionär begabten Personen zusammenfanden. Ihre soziale Aufgabe bestand darin, Stammesangehörige, die eine Krankheit oder ein psychisches Leiden hatten, zu besuchen und sie zu erschrecken. Der Schock und schamanische Praktiken sollten eine Heilung bewirken.

Campbell überliefert die folgenden drei Abenteuer:

„Ein Gruppe der Seneca reiste von ihrem Dorf aus nordwärts. Sie trafen ein Falschgesicht und ließen sich mit ihm in ein Gespräch ein. Seine Mundwinkel waren an dem einen Ende nach oben gebogen, an dem anderen Ende hingen sie herab. ‚*Haweniyo* hieß mich zur Stelle zu sein', sagte das Falschgesicht, ‚um euch zu helfen, aber wenn jemand von euch einen von uns verspottet, werden wir ihn verzaubern. Er wird krank werden. Wenn ihr jedoch hergeht und eine Maske schnitzt, die meinen verzerrten Gesichtszügen nachgebildet ist, und diese aufsetzt, werdet ihr jene heilen können, die wir bestraft haben. Auf diese Weise werdet ihr meinen Platz einnehmen.'"

Die zweite und dritte Geschichte kennzeichnen den Tanz der Maskenträger und die ambivalente Wirkung von Angst und Schrecken, zugleich verstörend und heilend, als magische Hilfsmittel:

„In Kanada lebte vor etwa hundert Jahren (nämlich 1884 auf der kanadischen Seite des Niagara-Flusses) ein Mann, der sich häufig bei den Indianerstämmen aufhielt und manchmal auch Falschgesichtern begegnete. Eines Tages traf er eines, das ihn anhielt und um Tabak bat. Der Mann gab ihm etwas Tabak. Als er nun seine Geschäfte erledigt hatte und sich auf dem Rückweg befand, sah er nahe der Stelle der ersten Begegnung wiederum ein Falschgesicht. Diesmal stand es mit dem Rücken zu ihm, und er ging, ohne mit ihm zu sprechen, vorbei. Kurz darauf aber traf er jenes Falschgesicht, dem er schon auf dem Hinweg begegnet war, wieder und schenkte ihm abermals etwas Tabak, worauf das Falschgesicht ihn fragte, ob er nicht mit ihm kommen und sich anschauen wolle, wo es lebe. ‚Gern‘, sagte der Mann. Er wurde darauf in eine Höhle geführt. Sein Führer händigte den Tabak dem Ältesten aus, und der sagte: ‚Du hättest besser jedem von uns etwas gegeben!‘ Also wurde das Stück Tabak in viele kleine Stücke zerschnitten. Da sprach der Alte: ‚Dankt dem Tabak. Tanzt nun alle!‘ Da tanzten sie. Sie forderten auch ihren Gast auf zu tanzen, und er tanzte mit. Als er dann fortging, sagte der Älteste zu ihm: ‚Ich möchte, daß du dich unser erinnerst. Wenn dich der Weg auf deinen Reisen hier vorbeiführt, schau immer bei uns herein!‘“

„Ein paar Jahre vor 1884 brachen zwei junge Seneca-Indianer zu einem Falschgesichttanz auf. Sie hatten ihre hölzernen Masken und ein Bündel dabei. Unterwegs hielten sie am Haus einer weißen Frau an, und diese fragte sie: ‚Was habt ihr da in dem Bündel?‘ Sie antworteten: ‚Wir gehen zu einem Falschgesichttanz.‘ ‚Wenn ihr mich die Masken sehen laßt, gebe ich euch zwei Quart Cidre‘, sagte die Frau zu ihnen. Also gingen sie nach draußen und kamen mit den Masken vor dem Gesicht wieder ins Haus zurück. Die Frau hatte ein Kind, einen Jungen von sechs oder sieben Jahren. Der Junge bekam beim Anblick der Maskierten solche Angst, daß er fast den Verstand verlor. Er konnte nicht mehr reden. Die Mutter schickte nach einem Arzt in Perrysburg. Er kam, konnte aber dem Kind nicht helfen. Die Mutter wandte sich an einen Schamanen der Seneca, und der hieß sie, nach der Gesellschaft der Schiefgesichter zu schicken. Die Maskenträger kamen, sie tanzten und rieben den Jungen mit Asche ein. Sie bliesen ihm auch etwas Asche ins Gesicht. Bald ging es ihm besser.

Wie es der Medizinmann verlangt hatte, bereitete die Mutter für die Falschgesichter ein Gericht aus Mais und gekochtem Speck und würzte dieses mit Ahornsirup.“

Die Vorstellung der Heilung durch Erschrecken, für die sich auch in diesen Texten keine rechte Erklärung findet, könnte sehr frühe Wurzeln in der Menschheitsgeschichte haben. So schildert der italienische Philosoph Giovanni Battista Vico (1668–1744) in seiner Völkerpsychologie das Erschrecken der frühesten Menschen durch den Donner in der Höhe über einem Wald, der so dicht war, daß man den Himmel nicht sehen konnte, als eine Art „Urszene“. Die Menschen leiteten daraus die Vermutung von unsichtbaren Göttern in der Höhe ab, die von ihnen auf diese Weise die Einsetzung ordnungsstiftender Institutionen forderten.

Man mag diese Erklärung reichlich verwegen finden. Sie verweist jedenfalls aber auf die Achtung gebietende

Wirkung der Naturphänomene, von denen Angst und Schrecken ausgehen, und auch auf die Wahrnehmung einer den Menschen übersteigenden Kraft, die freilich auch Heilung und Erlösung zu bringen vermag (magisches Weltbild).

Kapitel 4:
Religion und Spiritualität der Prärieindianer

Ich bin es, der in den Winden wandert.
Ich bin es, der in der Binse flüstert.
Ich schüttele die Bäume,
Ich schüttele die Erde,
Ich wühle allenthalben die Wasser auf.[58]

Gesang der Ottawa -Indianer

Ihr habt bemerkt, daß ein Indianer in allem, was er unternimmt, die Kreisform berücksichtigt, weil die Kraft der Welt sich stets in Kreisen auswirkt und jedes Ding danach strebt, rund zu sein. In den alten Tagen, als wir ein starkes und glückliches Volk waren, strömte allen die Kraft aus dem heiligen Ring des Volkes zu. Solange der Ring nicht zerbrochen war, gedieh das Volk . . . Alles, was die Kraft der Welt tut, vollzieht sich in einem Kreis. Der Himmel ist rund, und ich habe gehört, daß die Erde rund wie eine Kugel ist, und so sind alle Sterne. Der Wind, wenn er seine höchste Macht entfaltet, bildet Wirbel. Vögel bauen sich runde Nester, denn ihre Religion ist gleich wie die unsrige. Die Sonne kommt hervor und geht wieder in einem Kreis nieder. Der Mond tut dasselbe. Selbst die Jahreszeiten bilden ihren wechselnden Gang in einem Kreis und kehren immer dorthin zurück, von wo sie gekommen. Eines Menschen Leben ist ein Kreis von Kindheit zu Kindheit, und so verhält es sich mit allem, darin Kraft sich regt.[59]

Schwarzer Hirsch

Die Schöpfungsgeschichte der Osage

Vor langer Zeit lebte ein Teil der Osage im Himmel. Da verlangte es sie danach, etwas über ihren Ursprung zu erfahren, über die Quelle ihrer Existenz. Sie gingen zur Sonne. Der Sonnenmann sagte ihnen, sie seien seine Kinder. Dann wanderten sie noch weiter und kamen zum Mond. Die Mondfrau sagte ihnen, sie habe sie geboren und der Sonnenmann habe sie gezeugt. Sie sagte ihnen auch, daß sie ihre gegenwärtige Heimat verlassen müßten und hinabsteigen sollten auf die Erde. Sie kamen auf die Erde und fanden sie mit Wasser bedeckt. Nach dort, woher sie gekommen waren, konnten sie nicht zurück, also weinten sie, aber es ward ihnen keine Antwort. Sie trieben in der Luft umher und suchten nach allen Himmelsrichtungen, ob da nicht einer ihnen helfe. Es fand sich aber keiner. Die Tiere waren mit ihnen, und von allen war der Elch das schönste und stattlichste Tier, also baten sie den Elch um Hilfe. Er stürzte sich ins Wasser und begann zu versinken. Da riefen sie die Winde, und diese kamen aus allen Himmelsrichtungen herbei und fingen an zu blasen, bis sich alles Wasser in Nebel auflöste.

Zuerst traten nur Felsen hervor, und die Leute zogen durch das Felsenland, auf dem keine Pflanzen wuchsen und es nichts zu essen gab. Dann sank das Wasser weiter, und die Erde kam zum Vorschein. Da sahen sie den Elch, der sich auf der weichen Erde wälzte, und seine Haare blieben am Boden kleben. Die Haare wurden länger und länger, und Bohnen wuchsen daran, Mais, Kartoffeln und wilde Rüben und später auch Gras, Büsche und Bäume. So also ist diese Welt entstanden.[60]

Das Bild der Landschaft

Die Großen Ebenen werden stimmig als das Land der Sonne und des Grases bezeichnet. Als Faustskizze mag man sich den Bereich zwischen dem Mississippi im Osten und den Rockie Mountains im Westen vorstellen.

Genauer betrachtet, umfaßt das Gebiet der Nordwestlichen Ebenen, um das es hier hauptsächlich geht, Teile der Bundesstaaten Dakota, Wyoming und Montana und reicht an die 150 Meilen nach Kanada hinein.

Dort, wo nahe dem Tal des Mississippi im Jahr rund 50 Zentimeter Niederschläge fallen, wächst auf den Schwarzerdeböden neben Kräutern und Stauden langes Gras. Diese Gegend bezeichnet man als die eigentlichen Prärien.

Weiter nach Westen nimmt die jährliche Niederschlagsmenge ab. Der Graswuchs ist hier kürzer, es wachsen Zwergsträucher und im äußersten Westen Kakteen. Im flachen Grasland kommen Bäume – Weiden und Pappeln – zumeist nur in kleinen Gruppen entlang der zahlreichen Flüsse vor, die in den Mississippi und den Missouri münden. Aus der Ebene ragen Höhenzüge und Berge wie zerklüftete Inseln hervor. Diese Gebirge, Hügel und Hochebenen sind häufig mit Kiefern bestanden. Das typische Bild dieser Landschaft ist aber das eines Meeres aus Gras, das sich vor dem Eindringen der Weißen über Tausende von Kilometern hin erstreckte.

Die Schönheit dieser Naturlandschaft wird von einem alten Omaha-Indianer im Gespräch mit dem Ethnologen Gilmore beschworen:

„In meinen jungen Jahren war das Land schön. In den Flußauen wuchs Wald: Pappeln, Ahorne, Ulmen, Eichen, Hickorys, Walnüsse und viele Arten mehr. Da wuchsen im Unterholz Reben und Büsche und noch eine Stufe tiefer gediehen viele gute Kräuter und Blumen. Wald und Prärie waren durchzogen von Wildpfaden, und überall sangen die Vögel. Wo ich auch ging, erblickte ich mannigfache Formen des Lebens, von *Wakon*da an ihren Ort gesetzt. Die Tiere gingen, flogen und sprangen, liefen und spielten herum. Aber nun ist das Gesicht des Landes verwandelt und voller Trauer. Die lebenden Wesen sind dahin. Ich sehe das Land verwüstet, und mich bedrückt unsägliche Trauer. Manchmal wache ich nachts auf, und dann meine ich ersticken zu müssen unter dem Druck dieses fürchterlichen Gefühls der Einsamkeit."[61]

Auch der Saukhäuptling Kenekuk verleiht wie viele andere der Ureinwohner diesem traumatischen Erlebnis um 1840 Ausdruck. Gegenüber einem weißen Reisenden erklärt er:

„Die Weißen verderben unser Land, sie machen die ganze Natur seufzen. Sie schneiden die Kräuter mit langen Messern, sie verderben die Kräuter, die Kräuter weinen. Sie töten die Bäume mit mörderischem Eisen, sie tun den Bäumen unrecht, und die Bäume weinen. Sie reißen die Eingeweide der Erde auf, sie tun der Erde weh, und die Erde weint. Sie vergiften das Wasser unserer klaren Flüsse und machen es trübe, die Fische sterben und die Flüsse weinen. Seht ihr: Die Fische und Flüsse weinen, die Bäume weinen, die Erde weint, die Wiesenkräuter weinen. Oh, die Undankbaren! Auch sie wird Strafe ereilen."[62]

Das Lied vom Mais

Inmitten der Erde erneuert sich das Grünen.
Inmitten des aufsteigenden Rauches entdecke ich
die Fußspuren
meines Großvaters.
Während ich von Ort zu Ort wandere,
sehe ich
inmitten aller Formen des Sichtbaren den
aufsteigenden Rauch.
Ihn sehe ich.
Inmitten alles Sichtbaren sehe ich die kleinen Hügel in
Reihen.
Dies sehe ich, wenn ich von Ort zu Ort wandere.
Inmitten aller sichtbaren Formen sehe ich die
sich entfaltenden Blätter.
Dies sehe ich, wenn ich von Ort zu Ort wandere.
Inmitten all der Formen des Sichtbaren sehe ich
das Licht, während ich von Ort zu Ort wandere.[63]

In diesem Lied sprechen die Geister der Toten. Sie sind
es, die erste Anzeichen für das Erwachen der Natur nach
einem langen Winter wahrnehmen. Im Rauch, der am
frühen Morgen von den Feldern aufsteigt, auf denen die
Frauen Mais pflanzen, erspüren die Geister den Vorgang
des Wachsens und Reifens und das Wirken einer göttli-
chen Kraft. Die geheimnisvollen Fußspuren in dem weichen Boden verweisen auf den Pfad des Großen Geheimnisvollen, der über die Felder hinschreitet, um das
Wachsen der Pflanzen zu fördern.

Die Nationen und Stämme der Prärieindianer

Nicht immer waren die Großen Ebenen von jenen Indianerstämmen bewohnt, die wir heute nahezu automatisch mit jenem Landstrich in Verbindung bringen. Die Indianer der Frühzeit dürften wegen einer Dürreperiode das Gebiet im 13. Jahrhundert geräumt haben. Später kamen die Pawnee, Arikara und Wichita, die Mandanen und Hidatsa als Ackerbau treibende Stämme in das Tal des Mississippi. Vor 1500 scheint es nur zwei Stämme gegeben zu haben, die keinen Ackerbau trieben, nämlich die zur Sprachfamilie der Algonkin gehörenden Blackfeet und die zur aztekischen Sprachfamilie zählenden Comanche.

Zwischen 1600 und 1700 wanderte die Mehrzahl der Stämme, die uns als Prärieindianer bekannt sind, in diese Gegend ein: die Arapaho, die Cheyenne, Gros ventre, Plains Cree und Plains Ojibwa, die Kiowa, die Apachen und Sarcee, die Tonkawa, die Assiniboin, Crow, Iowa, Omaha, Osage, Ponca und Sioux.

Die Stämme der Ebenen gliederten sich sozial in Gruppen (*bands*) miteinander verwandter Familien. Zu jeder Gruppe gehörten mehrere hundert Menschen. Die verschiedenen Familien lebten verstreut, trafen sich aber zu heiligen Handlungen und zur gemeinsamen Büffeljagd.

Die Welt der Tiere

Das wichtigste Nahrungsmittel der einst hier lebenden Stämme – von denen nur kleine Gruppen, in Reservationen eingesperrt, übriggeblieben sind – war der Büffel, und dieses imposante Tier spielte auch in den spirituellen Vorstellungen der Prärieindianer eine wichtige Rolle.

Der amerikanische Bison oder Büffel hat ausgewachsen eine Länge von 3 Metern und eine Schulterhöhe von 1,90 Meter und wiegt bis zu 1000 Kilogramm.

Natürlich wurden auch andere Tiere gejagt. Wildpflanzen und Beeren ergänzten die Ernährung. An Wildgemüse waren das *service berries* (Speierling), *choke berries*, wilder Rhabarber, wilde Kartoffeln, Zwiebeln, Bitterwurzeln, Kamas und wilde Rüben. An zu jagenden Tieren kamen Antilopen, Rehe, Wölfe, Kojoten, Füchse und Kaninchen vor. Schwarze Bären und Grizzlybären waren ebenso vertreten wie kleinere Pelztiere, als da sind Biber, Otter und Waschbären. Die Ströme enthielten reichlich Fische. Auch Wildgänse, Enten, Rebhühner und Präriehühner wurden von den Indianern erlegt.

Dennoch kann man sagen, daß für alle Bereiche des alltäglichen Lebens der Büffel von größter Bedeutung war und nicht nur als Hauptnahrungsmittel. Das beste Fleischstück war der Höcker des Tieres. Büffelfleisch konnte man zum Verzehr unterwegs zubereiten. Vermischt mit Fett und Beeren, trocknete man es in der Sonne, das ergab das Pemmikan.

Darüber hinaus lieferte der Büffel das Material für die verschiedensten Gebrauchsgegenstände wie Kleidungsstücke, Zeltbahnen, Schilde, Satteltaschen, Trinkgefäße, Spanten für den Bootsbau, Rasseln und andere

Utensilien für heilige Handlungen. Büffeldung war das wichtigste Brennmaterial.

Das andere Tier, das die Kultur der Prärieindianer wesentlich prägte, war das Pferd. Die eingeborene Pferderasse war schon in prähistorischer Zeit ausgestorben. Ab dem 16. Jahrhundert brachten die Europäer, vor allem die Spanier, Pferde in die „Neue Welt".

Als die Indianer erstmals Pferde sahen, muß sie Furcht und Staunen überkommen haben. Mit der Zeit jedoch lernten sie, die Tiere zu benutzen und auch zu züchten. Bei den Indianern der Großen Ebenen dauerte es bis zur Mitte des 18. Jahrhunderts, ehe sie über Pferde verfügten. 1775 besaßen auch die nördlichsten Stämme der Ebenen aber schon größere Pferdeherden. Noch zwischen 1760 und 1770 war das wichtigste Fortbewegungsmittel der östlichen Cheyenne das Kanu. Bis zum Jahr 1796 hatten sie dieses Fahrzeug dann fast völlig aufgegeben und sich auf Pferde umgestellt, mit denen sich nun die Büffeljagd und der Umzug der Dörfer mit den Tipis viel leichter gestaltete als vorher, wo als Zugtier für die sogenannten Schleppschlitten nur der Hund verfügbar war. Die Ära zwischen 1790 und 1890 (Massaker bei Wounded Knee) war die Blütezeit der Prärieindianer.

Siyáká ist der Name eines einzelnen Stammesangehörigen, der hier zunächst über seine religiösen Empfindungen Auskunft gibt. Traumlieder sind der kostbarste Besitz des einzelnen Menschen. Man erfährt sie als eine Vision suchender Jugendlicher nach vielen Leiden in der Einsamkeit. Die Verpflichtung, die sich aus einem Traum ergab, so erklärt die Sammlerin, Frances Densmore, war so bindend wie die Erfüllung eines beschworenen Versprechens. Die Art seines Traumes verband den Betreffenden mit anderen Menschen, die einen ähnlichen Traum gehabt hatten.

Siyáká' spricht:[64]
Alle Menschen wissen, daß, wenn menschliche Kraft versagt, man sich zur Erfüllung der Wünsche an eine höhere Macht wenden muß. Es gibt viele Arten, auf die solche Bitten um Hilfe vorgebracht werden können. Das hängt von der Person ab. Manche tun es in der Stille, andere wieder wollen, daß es alle sehen und hören. Manche ziehen es vor, allein zu sein, die Menge zu meiden und über viele Dinge nachzudenken. Um der Erfüllung seiner Wünsche sicher zu sein, muß der Mensch, der da bittet, sich auf diesen Vorgang vorbereitet haben. Ohne Vorbereitung keine Erfüllung. Also bereitet sich ein Mensch, der *Wakan Tanka* um etwas bitten will, entsprechend vor. Es ist nicht richtig, wenn einer so einfach hingeht und seine Bitte ausspricht. Wenn man die Augen schließt, hat man davon Gewinn. Dann tritt der Bittende in seinen Geist ein, und die Dinge werden klar. Ließe er die Augen offen, so würden die Dinge der Wirklichkeit ihn nur ablenken. . . . So sucht er die Abgeschiedenheit auf einem Hügel oder anderswo in der Höhe. Niemand kann im Leben allein aus sich selbst Erfolg haben, und oft bekommt er die Hilfe, die er von anderen Menschen erbittet, nicht. Deswegen sucht er die Hilfe durch den Geist eines Vogels oder Tieres, das *Wakan Tanka* ihm als Beistand sendet.

Zwei Traumlieder der Teton Sioux

In der Nacht streife ich umher.
Gegen den Wind ankämpfend, streife ich umher.
In der Nacht streife ich umher,
Wenn die Eule ruft.

In der Morgendämmerung streife ich umher.
Gegen den Wind kämpfe ich an.
In der Morgendämmerung streife ich umher.
Wenn die Krähe ruft,
Streife ich umher.

★ ★ ★

Wo der Wind fest weht,
Wo der Wind heult,
Stehe ich.
Westwärts bläst der Wind,
Er heult.
Ich stehe unverrückt.

Die vierfältige Ordnung des Kosmos

Bereits im ersten Kapitel ist erwähnt worden, daß unter den Stämmen der Prärieindianer die religiöse Vorstellung von einem höheren Wesen, das mit dem Wort *Wakan* bezeichnet wurde, verbreitet war. Ursula Mildner hat in einem Katalog zu einer Ausstellung über die Lakota, die 1992 anläßlich des Kolumbus-Jubiläums gezeigt wurde, an Hand der ethnographischen Forschung eine Ordnung in die sich weit verzweigenden *Wakan*-Vorstellungen zu bringen versucht. Dabei wird der Animismus, der hinter diesem System steckt, besonders deutlich. Die Naturphänomene werden in ihm zur Welt der Götter und spirituellen Wesen.[65]

Die universale Ordnung, der Makrokosmos, geht aus vom vierfach unterteilten Kreis. Dieser wird im Lagerring und im Zelt selbst wiederholt. Nach Walker ist „*Wakan Tanka* . . . Eines, doch es besteht aus Vielen, die da sind; nämlich aus jenen *Wakan Tanka Watsche*, den Wohlwollenden, *und Wakan Tanka Sica*, den Übelwollenden."[66] Walker erklärt dann, daß sich die wohlwollenden Mächte nach dem Vierersystem ordnen, während die übelwollenden ein wirres Durcheinander bilden. Bei Bancroft-Hunt[67] wird *Wakan Tanka* als die Urmacht oder die hinter allem stehende Große Medizin verstanden, die sich über die Schöpfung in vier unterschiedlichen Mächten oder Göttern zu je vier Arten ausbreitet. Zu den vier höheren Mächten *Wakan Ankantu* kommen jeweils vier beigeordnete Mächte, die *Wakan Kuya*, und vier geistige Mächte, die *Wakan Lapi*. Zu den höheren Mächten zählen *Wi*, die Sonne, der Häuptling, der *Wakan*, Verteidiger von Tapferkeit, Standhaftigkeit, Großzügigkeit und Treue; *Skan*, der Himmel, der große

Geist, die Quelle aller Stärke und Macht, Richter über alle Mächte und alle Seelen; *Maka*, die Erde, die Allmutter, Mutter alles Lebendigen, Beschützerin des Haushaltes; und *Inyan*, der Felsen, der Allvater, der Ahnherr aller Mächte und aller Dinge, Fürsprecher der Autorität und Schutzherr der Künste. Ihnen beigeordnet sind die Mächte *Hanwi*, der Mond, von manchem auch als Frau der Sonne angesehen; *Tato (auch Tate)*, der Wind, Verbündeter des Himmels; *Whope*, Tochter von Sonne und Mond – bekannt auch als „Die Schöne" –, Verbündete der Erde, die große Vermittlerin und Patronin der Harmonie und Freude; und schließlich *Wakinyan*, der Geflügelte, Verbündeter des Felsens, der die Stimme des Donners besaß und über den Blitz gebot, der Patron der Harmonie und Freude.

Zu den vier Untergeordneten oder verwandten Mächten gehören *Tatanka*, der Büffel, *Hunonpa*, der Bär, *Tatetob*, die vier Winde, und *Yumni*, der Wirbelwind. *Tatanka*, der Büffel, war der Patron von Großzügigkeit, Fleiß und Fruchtbarkeit; er stand den Zeremonien vor und war der besondere Beschützer der erfolgreichen Jäger.

Hunonpa, dem Bären, unterstanden Weisheit und Medizin, und *Tatetob*, die vier Winde, enthüllten sich als die vier Himmelsrichtungen und waren die Lenker des Wetters. *Yumni*, der Wirbelwind, der von *Whope* in allen Spielen unterrichtet worden war, galt als Patron der Spiele und der Brautschau.

Die geistigen Mächte, die in allen Dingen hausen, sind *Nagi*, die Seele, *Niya*, der Geist oder Totengeist, *Nagiya*, das Seelengleiche, und *Sicun*, die übernatürliche Potenz oder Kraft.

Von Royal Hassrick[68] stammt die Vermutung, daß die Sechzehngliederung der *Wakan*-Mächte in gleicher

Weise einer kosmischen Gliederung angepaßt worden sei wie die Zwölferzahl der Apostel. In Wirklichkeit sei diese Struktur so grenzenlos groß „wie die Welt der Eindrücke".

Diesen im Stil „weißer Wissenschaft" gehaltenen Definitionen sollen nun, um die Unterschiede in der Denkweise von Weißen und Indianern besser hervortreten zu lassen, Originaltexte der *Wicasa Wakan*, der heiligen Männer, der Medizinmänner bzw. der Schamanen dieser Stämme, gegenübergestellt werden.

Die Kosmologie der Sioux

J. R. Walker, der die nachstehenden Texte aufzeichnete, lebte Anfang unseres Jahrhunderts als Arzt viele Jahre bei den Oglala, einem Stamm der Teton Sioux. Er freundete sich mit Schwert, Finger, Tyon und anderen Medizinmännern und Schamanen an, die ihn in ihre Praktiken einweihten und ihm von ihren Glaubensvorstellungen Mitteilung machten.

So erklärte „Schwert" *Wakan* wie folgt: *Wakan* bedeutet sehr viele Dinge. Die Lakota begreifen seine Bedeutung durch die Dinge, die als *Wakan* betrachtet werden, doch manchmal müssen auch sie die Bedeutung erklärt bekommen. Es ist etwas, was schwer zu begreifen ist. So bedeutet *wasica wakan* ein weißer Medizinmann, aber ein Lakota-Medizinmann wird *pejuta wacasa* genannt. *Wicasa wakan* ist die Bezeichnung für einen Priester der alten Religion. Die Weißen nennen unseren *wicasa wakan* Medizinmann. Das ist falsch. Dann sagen sie auch, ein *wicasa wakan* mache Medizin, wenn er Zeremonien ausführt. Das ist auch falsch. Die Lakota nennen etwas nur Medizin, wenn es dazu benutzt wird, einen Kranken oder Verwundeten zu heilen.

Wenn nun ein Priester einen Gegenstand bei einer Zeremonie benutzt, wird der Gegenstand mit einem Geist erfüllt. Es ist nicht genau ein Geist, sondern etwas, was die Priester *tonwan* oder *ton* nennen. Nicht alles, was *ton* hat, ist *wakan*, denn es ist die Kraft des Geistes, dessen Qualität, die darin steckt. Ein *wicasa wakan* hat die Kraft der *wakan*-Wesen.

Die Wurzeln bestimmter Pflanzen sind *wakan*, weil sie giftig sind. Genauso sind bestimmte Reptilien *wakan*, denn wenn sie beißen, töten sie. Dann sind die Vögel *wakan*, denn sie tun sehr merkwürdige Dinge, und einige Tiere sind *wakan*, weil die *wakan*-Wesen sie schufen. Mit anderen Worten: Alles kann *wakan* werden, wenn ein *wakan*-Geist hineinfährt. Auch ein Verrückter ist *wakan*, weil in ihm ein böser Geist sitzt.

Dann, wenn jemand sich nicht verständlich machen kann, ist das auch *wakan*. Getränke, die einen betrunken machen, sind *wakan*, weil man davon verrückt wird.

Jedes Ding auf der Welt hat einen Geist, und dieser Geist ist *wakan*. So ist auch der Geist der Bäume, obwohl er anders ist als der Geist der Menschen, *wakan*.

Wakan kommt von den *wakan*-Wesen. Sie sind den Menschen auf die Art überlegen, wie es die Menschen den Tieren gegenüber sind. Sie wurden nie geboren und sterben nie. Sie können vieles, was die Menschen nicht können. Die Menschen können zu den *wakan*-Wesen beten. Es gibt viele solcher Wesen, aber jedes gehört einer der vier Arten an. Das Wort *wakan tanka* bezieht sich auf alle *wakan*-Wesen, weil sie alle wie eines sind. *Wakan tanka kin* meint den Häuptling oder das oberste *wakan*-Wesen, und das ist die Sonne. Das mächtigste *wakan*-Wesen jedoch ist *Nagi Tanka*, der Große Geist, der auch *Taku Skanskan* genannt wird; das bedeutet „das Blau", mit anderen Worten, den „Himmel". *Iya* ist ein *Wakan Tanka*, aber er ist ein böser *Wakan Tanka*. Die Menschen können zu den *Wakan*-Wesen beten. *Wakan tanka* mag Musik. Er mag die Trommeln und Rasseln. Wenn die *Wakan*-Wesen die Trommeln und Rasseln hören, merken sie auf. *Wakan Tanka* mag auch den Rauch von Süßgras, und der böse *Wakan* fürchtet sich vor dem Rauch von Salbei. Alle *Wakan*, die guten und die bösen, haben den Rauch der Tabakpfeife gern. Die

Wicasa Wakan oder Priester sprechen für alle *Wakan*-Wesen. *Wakan Tanka* gibt ihnen die Kraft, die sie *Wakan* macht und wodurch er auf alles *ton* übertragen kann. Das heißt man *Wasicun*. Ein *Wasicun* ist eines der *Wakan*-Wesen. Es ist das geringste unter ihnen, aber wenn sein *ton* von einem machtvollen Wesen stammt, kann es dennoch anderen *Wakan*-Wesen überlegen sein. *Wasicun* sind die Gegenstände, die die Priester bei ihrer Arbeit benutzen, aber die Weißen nennen das den Medizinbeutel, das ist wieder falsch, denn darin ist keine Medizin. Ein Medizinbeutel ist ein Beutel, in dem der Arzt seine Medikamente verwahrt. Wenn ein Mann ein *Wasicun* hat, kann er zu ihm beten, denn es gleicht dem *Wakan*-Wesen, dessen Geist es enthält.

Die Erde und der Fels und das Gebirge gehören dem großen *Wakan*. Wir sehen nicht die wirkliche Erde, den wirklichen Fels, sondern nur deren *tonwanpi*.

Wenn ein Lakota zu *Wakan Tanka* betet, betet er zur Erde und zu all den anderen guten *Wakan*-Wesen. Wenn ein Mensch Böses tun will, betet er zu dem bösen *Wakan*.

Der Begriff „*Wakan*",
erklärt durch den Medizinmann „Schwert"[69]

Wenn W*akan Tanka* der Menschheit etwas mitteilen will, geschieht dies durch eine Vision oder durch einen Schamanen.

Der Schamane redete *Wanka Tanka* als *Tobtob in* an. Das ist ein Wort aus der geheimen Sprache der Schamanen . . . *Tobtob Kin* sind viermal vier Götter, während *Tob Kin* nur die vier Winde bezeichnet. Die vier Winde sind ein Gott, und sie sind die *akacita*, die Boten all der anderen Götter. Diese viermal vier heißen: *Wikan* und *Hanwikan; Taku Shanskan* und *Tatekan* und *Tob Kin* und *Yumnikan; Makakan* und *Wohpe; Inyankan* und *Wakinyan; Tatankakan; Hunonpakan; Wanagi; Waniya, Nagila* und *Wasicunpi.*

Dies sind die Namen der guten Götter, wie sie dem Volk bekannt sind.

Wakan Tanka ist wie sechzehn verschiedene Wesen, aber jedes Wesen ist *kan*. Deswegen sind alle wieder eins . . . alle Ausprägungen Gottes haben *ton; ton* ist die Kraft der übernatürlichen Dinge.

Die Hälfte der guten Götter sind *ton ton* (sie besitzen physische Dinge), die andere Hälfte sind *ton ton sni* und haben keinen solchen Besitz. Die Hälfte von ihnen ist sichtbar, und die andere Hälfte ist unsichtbar. Alle anderen Götter können es sich aussuchen, ob sie sichtbar oder unsichtbar sein wollen. Die unsichtbaren Götter erscheinen nie in der Vision eines Schamanen . . . außer beim Sonnentanz unterscheiden sich die Zeremonien für die sichtbaren und unsichtbaren Götter . . .

Der Begriff *„Skan"*,
erklärt durch den Medizinmann „Finger"

– Ich hörte dich schreien, als ein Meteor fiel, und ich hörte dich die Leute unmittelbar danach ansprechen. Dann sah ich, wie du Süßgras verbrannt hast. Würdest du mir erklären, warum?

– Du bist ein weißer Medizinmann und willst die Geheimnisse der Lakota wissen. Warum interessierst du dich dafür?

– Die alten Indianer, die diese Dinge wissen, werden bald alle tot sein, und die jüngeren Leute wissen nicht, was damit verloren geht. Ich will es aufschreiben, damit es erhalten bleibt und die Leute es in späterer Zeit nachlesen können. Wirst du es mir erzählen?

– Mein Vater war ein Schamane, und er lehrte mich die Geheimnisse der Schamanen. Ich werde sie dir sagen. Was war es noch, was du wissen wolltest?

– Als der Meteor fiel, hast du mit lauter Stimme gerufen: *Wohpa, wohpe-e-e-e.* Warum?

– Weil das *wakan* ist.

– Was bedeutet wohpa?

– Es ist das, was du sahst. Es war einer der fallenden Sterne.

– Was bewirkte, daß der Stern fiel?

– *Taku Skanskan.*

– Und warum macht *Taku Skanskan*, daß die Sterne fallen?

– Weil er alles, was fällt, fallen macht, und alles bewegt, was sich bewegt.

– Was macht, daß du dich bewegst?

– *Skan.*

113

- Und wenn ein Pfeil von einem Bogen abgeschossen wird und sich durch die Luft bewegt?
- *Skan.*
- Und wenn ein Stein, den du fallen läßt, zu Boden fällt?
- *Skan.*
- Und wenn du einen Stein vom Boden aufhebst?
- Auch *Skan*. Er gibt dir diese Kraft, sie bewirkt alle Bewegungen.
- Hat denn der Bogen nicht mit der Bewegung des Pfeils zu tun, von dem er abgeschossen wurde?
- *Taku Skanskan* verleiht dem Bogen einen Geist, und der sorgt dafür, daß der Pfeil fortfliegt.
- Und was läßt den Rauch aufsteigen?
- *Taku Skanskan.*
- Was macht, daß die Flüsse fließen?
- *Skan.*
- Und daß die Wolken über der Erde hinziehen?
- *Skan.*
- Sind *Taku Skan* und *Skan* ein und dasselbe?
- Ja. Wenn die Leute zu ihm reden, sagen sie *Taku Skanskan*. Wenn ein Schamane mit ihm spricht, sagt er *Skan*. *Skan* gehört zu der *wakan*-Rede, wie sie die Schamanen benutzen.
- Ist *Skan* dann *Wakan Tanka*?
- Ja.
- Ist er *Wakan Tanka Kin*?
- Nein, das ist *Wi*, die Sonne.
- Sind *Wi* und *Skan* dasselbe?
- Nein, *Wi* ist *Wakan Tanka Kin* und *Skan* ist *Nagi Tanka*, der Große Geist.
- Sind sie beide *Wakan Tanka*?
- Ja.
- Gibt es noch andere *Wakan* außer *Wakan Tanka*?

- Ja, *Inyan*, den Felsen, und *Maka*, die Erde.
- Noch mehr?
- Ja. *Wi han*, den Mond; *Tate*, den Wind; *Wakinyan*, den Geflügelten, und *Wohpe*[70], die Schöne Frau.
- Und gibt es noch irgendwen, der *Wakan Tanka* ist?
- Nein.
- Dann gibt es also acht *Wakan Tanka*-Wesen?
- Nein, es ist nur eines.
- Du hast aber acht aufgezählt? Wie kommt das denn?
- Das stimmt schon. Es gibt vier: *Wi, Skan, Inyan* und *Maka*. Dies sind *Wakan Tanka*.
- Und die vier anderen: der Mond, der Wind, der Geflügelte und die Schöne Frau. Du hast gesagt, die seien auch *Wakan Tanka*, oder?
- Ja. Aber diese vier sind dasselbe wie *Wakan Tanka*. Die Sonne und der Mond sind dasselbe, *Skan* und der Wind sind dasselbe, der Fels und der Geflügelte sind dasselbe, und die Erde und die Schöne Frau sind dasselbe. Diese acht sind eins. Die Schamanen wissen das, aber die Leute nicht. Es ist ein Geheimnis.
- Gab es *Wakan Tanka* immer?
- Ja, der Fels ist am ältesten. Er ist der Großvater aller Dinge.
- Und der Nächstälteste?
- Die Erde. Sie ist die Großmutter aller Dinge.
- Und dann?
- *Skan*. Er gibt allen Dingen Leben und macht, daß sie sich bewegen.
- Und weiter?
- Die Sonne. Sie steht über allen Dingen und über allen *Wakan Tanka*.
- Die Lakota haben mir gesagt, die Sonne und *Taku*

115

Skanskan seien ein und dasselbe. Stimmt das?

– Nein. Viele Leute glauben das, aber die Schamanen wissen, daß dem nicht so ist. Die Sonne ist nur die Hälfte der Zeit im Himmel, *Skan* ist immer dort.

– Die Lakota haben mir gesagt, *Skan* sei der Himmel. Ist dem so?

– Ja, *Skan* ist ein Geist, aber alles, was die Menschen von ihm sehen, ist das Blau des Himmels. Er ist überall.

– Betest du zu *Wakan Tanka*?

– Ja, sehr oft.

– Zu welchem seiner acht Gestalten betest du?

– Wenn ich bete, rauche ich die Pfeife und verbrenne Süßgras, und *Wohpe* trägt meine Gebete zu *Wakan Tanka*. Wenn mein Gebet etwas sehr Wichtiges betrifft, wird es zur Sonne getragen, wenn es meine Gesundheit und meine Stärke betrifft, geht es an *Skan*, geht es um Gerät, so ist *Inyan* dafür zuständig, handelt es sich um Essen und Kleidung, wende ich mich an die Erde.

– Gibt es auch Gebete, die zum Mond, zum Wind, zum Geflügelten und zu *Wohpe* getragen werden?

– Sie können zum Mond und zum Wind getragen werden, aber das ist dasselbe, als würden sie zur Sonne oder an *Skan* gelangen. Die Lakota beten nicht zu dem Geflügelten. Sie verachten ihn. Sie beten auch nicht zu *Wohpe*, denn sie trägt ja die Gebete. Die Lakota können zu jedem *Wakan* beten, aber wenn es ein *Wakan* ist, der schwächer ist als *Wakan Tanka*, dann muß man seinen Namen im Gebet erwähnen.

– Du hast gesagt, *Wohpe* sei ein fallender Stern. Ist *Wohpe* irgendwie mit einem fallenden Stern verwandt?

– Sie kam zuerst als fallender Stern.

- Und wo kam sie her?
- Von den Sternen.
- Was sind die Sterne?
- Waniya.
- Und was sind *Waniya*?
- Sie sind Geister. *Skan* nimmt von den Sternen einen Geist und gibt ihn jedem Kind, wenn es geboren wird, und wenn das Kind stirbt, kehrt der Geist wieder zu dem Stern zurück.
- Ist *Wohpe* ein Geist?
- Sie ist *Wakan Tanka*. Ein Geist ist *Wakan*, aber nicht *Wakan Tanka*.
- Hat je ein Lakota *Wohpe* gesehen?
- Oh ja. Sie gab den Lakota die Pfeife und war eine Zeit in ihrem Lager.
- Wie sah sie damals aus?
- Wie eine sehr schöne junge Frau. Deswegen heißt sie ja auch bei den Leuten: die Schöne Frau. Die Leute sprechen von ihr nicht als *Wohpe*. Das tun nur die Schamanen.
- Die Lakota haben mir gesagt, daß ihr Geist in der Pfeife ist und im Rauch des Süßgrases. Stimmt das?
- Es war ein Schamane, der dir das erzählt hat. Wenn die Leute *ton* sagen, meinen sie etwas, das von einem lebendigen Wesen stammt, etwas, das geboren wird, das aus einer Wunde austritt oder aus einem Saatkorn wächst. Nur Schamanen sprechen vom *ton* des *wakan*. Die Leute haben Angst, von dem Geist, der *wakan* ist, zu reden. Die Leute rauchen die Pfeife und verbrennen das Gras, weil *Wohpe* ihnen keinen Schaden zufügt.
- Du hast gesagt, der Fels sei der Großvater aller Dinge und die Erde die Großmutter. Sind der Fels und die

117

Erde so etwas wie Mann und Frau?

– Manche Schamanen meinen das, andere sagen nein.

– Wer sind der Vater und die Mutter aller Dinge?

– Die *Wakan* haben keinen Vater und keine Mutter. Alles, was geboren ist, hat auch einen Tod. Die *Wakan* sind nicht geboren, also sterben sie auch nicht.

– Ist alles, was einen Lakota umgibt, *wakan*?

– Ja, der Geist, die Gespenster und die *Sicun*.

– Sterben sie?

– Nein. Sie sind ja *wakan*.

– Was wird denn aus ihnen, wenn der Körper stirbt?

– Der Geist geht in die Geist-Welt, das Gespenst geht, wohin *Skan* will, und der *sicun* kehrt zu dem *Wakan* zurück, zu dem er gehört.

– Was ist *Sicun*?

– Es ist der Geist eines *Wakan*, *Skan* gibt ihn ihm bei der Geburt.

– Und seine Funktionen?

– Er bleibt bei dem Körper, solange dieser lebt; er schützt ihn vor Gefahr und verhilft ihm zu *wakan*-Wesenheit.

– Wie kommt der Geist, wenn der Körper tot ist, in die Geist-Welt?

– Auf dem Pfad des Geistes.

– Und wo ist der?

– Man kann ihn nicht sehen. Er ist eine weiße Spur am Himmel.

– Besteht er aus Sternen?

– Nein. Er ist wie die Wolken, nichts außer *Wakan* kann darauf reisen.
Niemand weiß, wo er anfängt und wo er endet. Das weiß nur der Wind.
Er bewegt sich. Mal ist er in der Richtung, dann wie-

der in einer anderen.

– Wie kommt ein Gespenst zu der Stelle, an die *Skan* es ruft?
– Ein Gespenst ist wie Rauch, es steigt auf, bis es die Sterne erreicht.
– Und was wird aus seinem Körper, wenn er stirbt?
– Er vergeht, nichts wird daraus.

Gebet der Winnebago[71]

Hör mich an, o Erdenschöpfer, unser Vater. Ich will dir Tabak opfern. Mein Vorfahr richtete seine Gedanken auf dich, und um das, womit du ihn segnetest, bitte ich dich jetzt. Ich bitte dich um die geringe Zeit an Leben, die du ihm gewährt hast, aber viermal so viel Segen, wie du auf ihn ausgeschüttet hast. Möge mir nie Kummer in meinem Leben widerfahren.

O Großvater, Häuptling der Donnervögel, der du im Westen lebst: Hier ist eine Handvoll Tabak. Schick mir das Reh, mit dem du meinen Vorfahren gesegnet hast. Ich bitte dich, nimm diesen Tabak von mir an.

Möge mir nie Leid im Leben widerfahren.

O Großväter, Geister der Nacht, die ihr im Dunkeln geht, euch opfere ich Tabak und bitte euch um eine Feuerstelle wie die, welche ihr meinem Vorfahren schenktet. Wenn ihr diesen Tabak raucht, sorgt dafür, daß ich nie ein Schwächling werde.

Und dir, der du im Süden wohnst, der du wie ein Mensch aussiehst, der du unverletzbar bist, der du von einer Seite Leben austeilst und von der anderen Tod, du, den man den Verursacher der Krankheiten nennt, dir opfere ich Tabak.

Am hellichten Tag segnetest du meinen Vorfahren. Mit Nahrung segnetest du ihn, du sagtest ihm, er würde nie scheitern bei seinen Unternehmungen, du versprachst ihm, sein Haus zu meiden, du stelltest Tiere vor ihn hin, so daß es ihm leicht wurde, sie zu erlegen. Dir opfere ich Tabak, damit du etwas zu rauchen hast und damit Kummer meinem Leben fernbleibt.

Reinigung und Erneuerung von Welt und Menschen

Die Heiligen Pfeifen bei den Stämmen der Großen Ebenen verkörpern auf umfassende Weise alles, was dem Stamm heilig ist. Die Pfeifen werden bei allen Ritualen und wichtigen Ereignissen benutzt. Eine Übereinkunft oder eine Beziehung, die mit dem gemeinsamen Rauchen der Pfeife besiegelt worden ist, gilt als unaufhebbar. Die Pfeifen, die aus langen Holzstielen und Steinköpfen bestehen, verkörpern eine Achse, die für die Verbindung und den Weg zwischen Himmel und Erde steht. Mikrokosmisch wird die Pfeife mit einem menschlichen Wesen gleichgesetzt. Der Stiel stellt den Atemweg dar, der zum Pfeifenkopf, dem spirituellen Zentrum, ins Herz, führt. Unter Gebeten wird der Tabak in die Pfeife getan. Dabei werden die verschiedenen Aspekte der Schöpfung erwähnt, so daß die gefüllte Pfeife die Gesamtheit von Zeit, Raum und Kosmos einschließlich der Menschheit verkörpert. Mit dem Anzünden des Tabaks und den Atemzügen stellt sich eine Identität des Rauchenden mit der Schöpfung und dem Feuer her, in dem das Große Geheimnis präsent ist. Oft schließt das Rauchritual mit der Formel „Wir sind alle verwandt". Joseph Epes Brown, der als Religionswissenschaftler bei den Sioux Oglala gelebt hat, schreibt mit Bezug auf die Gegenwart:

„Heute haben manche christlichen Priester die profunde Bedeutung der Pfeife erkannt und versuchen, die mit ihr zusammenhängenden Rituale in den Kontext der Heiligen Kommunion zu integrieren. Jedoch stößt man auch auf viele der jüngeren traditionalistisch denkenden Indianer, die solchen Praktiken mit gemischten Gefühlen gegenüberstehen."[72]

Die heilige Pfeife kam zu den Sioux vor langer Zeit. Es war die Büffelkalbfrau, durch die sie zu den Prärieindianern gelangte.

Zwei Männer einer kleinen Gruppe des Sioux-Stammes, der San Arc, waren auf Jagd gegangen, als sie etwas aus der Ferne näherkommen sahen. Als die Gestalt vor ihnen stand, erkannten sie, daß es ein schönes Mädchen war; gekleidet in weißen Buckskins, trug sie ein Bündel in der Hand, das in eine Büffelhaut eingeschlagen war.

Seht her.
Seht her.
Denn auf heilige Art
Komme ich gegangen.

So sang sie, während sie näher trat. Einen der beiden Männer überkamen lüsterne Gedanken, er sprang die Frau an, warf sie zu Boden und wollte sie vergewaltigen. Der andere Jäger versuchte, ihn zurückzuhalten, aber der Lüsterne stieß ihn zur Seite. Eine Wolke senkte sich herab und hüllte den Lüsternen ein. Als sie sich verzog, war er ein Skelett geworden, auf dem die Würmer herumkrochen.

Der andere Jäger war auf die Knie gesunken, als die schöne Frau sich näherte. Sie sprach mit ihm und sagte ihm, er solle keine Furcht haben und zu seinen Leuten gehen und ihre Ankunft ankündigen. Während eines Tages umkreiste sie das Lager des Stammes. Sie hielt den Menschen das Bündel hin und sprach:

Dies ist ein heiliges Geschenk.
Und ihr müßt es mit Ehrfurcht behandeln.
In diesem Bündel befindet sich die Heilige Pfeife,
die kein unreines Wesen zu Gesicht bekommen soll.

Mit der Heiligen Pfeife
wird eure Stimme aufsteigen zu *wakan tanka*,
dem Großen Geist, dem Schöpfer des Alls,
dem Vater und Großvater.

Dann unterwies die Büffelkalbfrau das Volk in den Ritualen, und der Stamm sandte Läufer zu allen Stämmen der Sioux-Nation, und deren Häuptlinge kamen, mit ihnen die Medizinleute, die heiligen Männer und Frauen.

Als sich alle versammelt hatten, unterwies die Frau sie in den heiligen Zeremonien. Sie lehrte sie das erste Ritual: das Bewahren der Seele. Sie unterwies sie in den anderen sechs Ritualen, deren Einzelheiten sie in Visionen kennenlernen würden. Und als sie sich anschickte zu gehen, sagte sie:

Erinnert euch immer daran, wie heilig die Pfeife ist,
und bewahrt sie in würdiger Weise.
Immer wird sie mit euch sein.
Erinnert euch, daß in mir vier Lebensalter sind.

Jetzt werde ich euch verlassen.
Aber ich werde euch im Auge behalten für alle Zeit.
Und wenn die Zeit endet,
werde ich wiederkommen.

Die Sioux baten sie, doch zu bleiben. Sie versprachen,
ihr eine schöne Hütte zu errichten und ihr einen Mann
zu geben, aber sie lehnte ab und sprach:

Nein, der Schöpfer dort oben,
der Große Geist
ist glücklich über euch.
Ihr seid seine Enkelkinder.
Ihr habt gehört, was ich gelehrt habe.
Jetzt muß ich zurückkehren in die Welt des
Großen Geistes.

Sie entfernte sich ein Stück, und dann setzte sie sich.
Als sie sich erhob, war sie ein weißes Büffelkalb gewor-
den. Sie ging weiter und verneigte sich gegen die vier
Viertel des Universums, und dann verschwand sie. Ihr
Heiliges Bündel blieb bei den Menschen zurück. Und
seit diesem Tag bewahrt eine bestimmte Familie der
Sioux ihr Geschenk auf und hütet es.[73]

Die Büffelmutter

Ein der Weißen Büffelkalbfrau verwandtes Wesen – vielleicht sogar einst mit ihr identisch – ist *Ehyoph'sta*, die „Gelbhaarige Jungfrau" bei den Cheyenne.

Die mit ihr verbundene Legende beginnt mit der Darstellung einer Hungersnot, denn Hunger litten die Prärieindianer häufig, und zwar immer dann, wenn die Büffel plötzlich ausblieben. Diese Schreckenssituation spiegelt sich auch in vielen ihrer Märchen. So ist einleuchtend, daß für eine reale Notsituation eine spirituelle Erklärung gegeben und eine Gestalt erfunden werden mußte, die man anrufen und um Beseitigung des Unheils bitten konnte:

„Das Volk hatte nichts zu essen", heißt es in der entsprechenden Legende, „und es schickte zwei junge Männer aus, die nach Norden zogen. Nach zwei Tagen sahen sie einen hohen Berg vor sich, neben dem ein blaues Gewässer glitzerte. In einer Höhle am Gipfel des steilen Berges trafen sie auf eine alte Frau, die Herrin der Bisons, und ihren Gatten, Coyote-Mann. Die beiden gaben einem der jungen Männer ihre Tochter zur Frau. Ihr Name war *Ehyoph'sta*, gelbhaarige Jungfrau. Nach der Hochzeit verließen die zwei Cheyenne mit *Ehyoph'sta* die Höhle, gefolgt von einer Herde Büffel, und so kehrten sie zu ihrem Volk zurück.

Die Eltern hatten aber der jungen Frau eine Auflage mit auf den Weg gegeben: Wenn sie jemals ein bei der Jagd geschossenes Tier bemitleiden sollte, dann müsse sie und mit ihr die Büffel die Cheyenne verlassen. Und so geschah es auch. Nachdem *Ehyoph'sta* einige Zeit bei den Menschen gelebt hatte, tat ihr ein von den Jägern verletztes Büffelkälbchen leid. Darauf nahm sie für immer Abschied von den Cheyenne, und mit ihr verschwanden die Büffelherden, die erst viel später wieder zurückkehrten, nämlich als die zwei Jünglinge in das Gewässer der Alten Frau tauchten."[74]

Hans Peter Duerr interpretiert den tieferen Sinn der Legende so:

„Die Formulierung dieser Geschichte muß in der Pflanzer-Zeit der Cheyenne erfolgt sein, denn die Mutter der *Ehyoph'sta* ist niemand anderes als die Erdmutter *Escheman*, die Herrin des Büffels und des Maises. Ihr Inhalt jedoch weist in graue Vorzeit zurück: gelbhaarige Jungfrau, die Büffelfärse, ist die Herrin der Tiere der Cheyenne, als diese noch Jäger und Sammlerinnen irgendwo im Norden, im heutigen Kanada waren, und ihre Hochzeit mit einem der jungen Männer ist der Beischlaf des archaischen Schamanen mit der Tierherrin zur Regenerierung der Tiere."[75]

In der Wissenschaft der Folklore nennt man eine Gestalt wie die der Herrin der Büffel oder die Weiße Büffelkalbfrau, die Überbringerin der Heiligen Pfeile, kulturgutbringende Heldinnen und Helden. Sie stehen zumeist mit dem wichtigsten Nahrungsmittel oder Kulturgut des betreffenden Stammes in Zusammenhang. Legenden und Zeremonien sollen die Erinnerung an die Bedeutung ihres Tuns und ihrer Gaben wachhalten. Sieben traditionelle Riten oder Rituale hängen mit der Heiligen Pfeife, die die Büffelkalbfrau brachte, zusammen.[76]

Die Rituale der Sioux

Das Bewahren der Seele

Mit dieser Zeremonie wird die Seele eines geliebten Menschen, der gestorben ist, gereinigt, damit er wieder zum Großen Geist zurückkehren kann. Ein anderer Teil des Rituals ist das „Zurückgeben", um die Seele für ihre Reise zu entbinden. Am ersten Todestag wird weitgehend aller Besitz des Toten fortgegeben. Innerhalb eines Jahres müssen der Witwer oder die Witwe entscheiden, was fortgegeben werden soll und an wen. Die Übergabe selbst findet bei einem Mahl statt. Der Sinn des Rituals besteht darin, den Sinn für den nur zeitweiligen Wert materieller Güter zu entwickeln und Dinge wieder einem erneuten Gebrauch zuzuführen.

Inipi: Die Schwitzhaus-Zeremonie
oder das Ritual der Reinigung

Dies ist eine Säuberungs- und Vorbereitungszeremonie. Sie soll wirken wie eine spirituelle Sauna, man soll sich danach wie neugeboren, jedenfalls aber gestärkt fühlen und bereit, den eigenen Lebenssaft (Schweiß) mit dem des Planeten zu vermischen. Das in der Schwitzhütte benutzte Wasser wird in die vier Himmelsrichtungen geschüttet. Die Hütte selbst wird mit der Mutter Erde in Zusammenhang gebracht.

Lied eines Mannes, der eine Vision hatte /
Teton Sioux[77]

Freunde, vernehmt!
Heilig bin ich geworden.
Freunde, vernehmt!
Auf heilige Weise
hat es mich überkommen.
Von den sich sammelnden Wolken,
Freunde, vernehmt es,
bin ich heilig geworden.

Hanblecheyapi: Die Visionssuche

Sinn der Visionssuche ist es, einen Schutzgeist zu erlangen. Bei der von einem einzelnen ausgeführten Zeremonie begibt sich der Betreffende häufig auf einen Berggipfel. Bei den Waldland-Indianern errichtet man manchmal eine Plattform hoch in den Bäumen und unterzieht sich dort einer Meditation. Fasten und der Verzicht auf Wasser sollen einen Zustand schaffen, in dem man für die Vision empfänglich ist.

Wegen ihrer besonderen Bedeutung wird von diesem Ritual noch einmal, im Kontext der Originaltexte, die im einzelnen über die Erfahrungen der Visionssucher berichten, zu reden sein.

Eröffnungsgebet des Sonnentanzes[78]

Großvater!
Meine Stimme erhebe ich, höre mich.
Über das ganze Universum hin
schicke ich meine Stimme aus.

Höre mich,
Großvater.
Ich will leben.
Das ist gemeint.

Gebet, gesprochen während des Sonnentanzes[79]

Wakan Tanka
Wenn ich zu ihm bete,
erhört er mich.
Was immer für mich gut ist,
wird er mir gewähren.

Wiwanyag wachipi: Die Sonnentanz-Zeremonie

Die Sioux verehren nicht die Sonne, aber sie erkennen an, daß sie vom Großen Geist ins Universum gerückt wurde, damit die Menschen leben können. Leben entsteht aus Feuer, aus Wärme, aus der Sonne. Auch diese Bedeutung wohnt dem Sonnentanz inne, aber vor allem ist es das jährliche Dankesfest des Stammes an die kosmische Kraft.

Durch die außergewöhnliche Belastung, der die Teilnehmer ausgesetzt waren, leistete der Tanz auch Visionserlebnissen Vorschub. So wird die Sonnentanz-Zeremonie auch als eine Visionssuche beschrieben, die die persönliche Beziehung zu den Mächten des *Wakan* überschreitet und eine „nationale Angelegenheit zwischen dem Volk und dem Universum geworden war". Einmal während des Sommers, im Monat, der fett macht (Juni), oder im Monat der roten Kirschen trafen sich zur Zeit des Vollmondes alle Volksgruppen der Lakota zum großen Lagerkreis. „Das Wachsen und

Schwinden des Mondes erinnert uns an die Unwissenheit, die kommt und geht; doch wenn der Mond voll ist, dann ist es, als breite sich das ewige Licht des Großen Geistes über die ganze Welt."[80]

Im Sonnentanz kam für die Oglala die höchste Verehrung *Wakan Tanka*s zum Ausdruck. Er deutete auf die Erneuerung aller Dinge und bildete so eine Quelle des Wachsens und Gedeihens. Die Zeremonie selbst dauerte vier Tage. Sie begann mit der rituellen Reinigung und der Zurichtung des runden Tanzplatzes mit dem heiligen Baum in der Mitte. Zunächst erhoben sich die Tänzer auf die Zehenspitzen, senkten den Fuß dann wieder ab und starrten in die Sonne oder zum heiligen Baum. Am dritten Tag begann der Tanz, der ohne Unterbrechung bis zu zwei Tagen und Nächten dauern konnte und erst dann zu Ende war, wenn die Tänzer vor Erschöpfung zusammenbrachen. Man nahm weder Nahrung noch Wasser zu sich. Man spielte auf Pfeifen aus Adlerknochen, die an den Donnervogel erinnern und deren Töne als Ruf nach Regen und Fruchtbarkeit aufgefaßt wurden. Am vierten Tag erfolgten die Torturen derjenigen, die ein Versprechen abgelegt hatten. Durch Schnitte in der Brust- und Rückenhaut wurden hölzerne Spieße getrieben, an denen die Tänzer an den Baum gebunden wurden; andere schleppten Bisonschädel hinter sich her. Das Grundmuster aller Handlungen und Begebenheiten war auch bei diesem Ritual die heilige Zahl Vier im umschreibenden Kreis.

Der Sonnentanz ist aber auch ein soziales Ereignis. Die Familien geben, während er stattfindet, den Kindern ihre Namen oder lassen ihre Ohrläppchen durchstoßen. Heiraten werden arrangiert. Die jungen Männer und jungen Mädchen machen sich miteinander bekannt. Für

129

die älteren Frauen bedeutet die Zeremonie endloses Kochen und Auftragen für die anwesenden Verwandten und Freunde.

Die Regierung der USA ließ den Sonnentanz in der Zeit zwischen den letzten Kriegen auf den Großen Ebenen am Ende des 19. Jahrhunderts und 1935 als „destruktiv" verbieten. Das hinderte die Sioux nicht, ihn dennoch an abgelegenen Plätzen der Reservation durchzuführen.

Obwohl Muskeln durchschnitten und häufig Tänzer von der Anstrengung ohnmächtig werden, ist die Schädigung nicht von Dauer. Ruth M. Underhill schreibt: „Sie waren wahrscheinlich nicht schlimmer als die Torturen, denen sich Mönche im Mittelalter freiwillig unterzogen."[81]

Hunka: Verwandtschaftmachen

Der Zweck des Hunka-Rituals liegt darin, zwischen zwei Menschen eine Verbindung zu stiften, die stärker ist als die Bande der leiblichen Verwandtschaft. Manchmal treffen wir im Leben Freunde, die großzügig sind, die mit uns Freud und Leid teilen, die uns bei Schicksalsschlägen unterstützen, die uns lieben. Dieses Ritual begründet und bekräftigt also eine besonders enge Freundschaft.

Drei Ideale des Friedens bilden die Grundlage für dieses Ritual.

Friede kommt durch die Seelen jener, die sich dem Universum und damit dem Großen Geist verbunden fühlen. Dieser Mittelpunkt ist für jeden und überall gleich. Friede zwischen Menschen erkennt die Gemeinsamkeit aller Menschen gegenüber dem Gebot der

Menschlichkeit an. Friede zwischen den Nationen erinnert an den Gedanken, daß alle Menschen, trotz der Abgrenzung in verschiedene Völker, Verwandte sind; sie sind alle die Kinder des Großen Geistes.

Das Ritual, das sich über ein ganzes Jahr hinzog, spiegelte die spirituelle Beziehung zwischen der Menschheit und *Wakan Tanka*. Bei diesem Ritual wurden Geschenke ausgetauscht, eine Friedenspfeife, ein Kristall, ein *wotai*, ein glatter Stein, der die Beziehung zwischen den so zu Verwandten gewordenen symbolisiert. Praktiziert wurde es auch als Adoptionsverhältnis zwischen einem älteren wohlhabenden Mann und einem jüngeren, weniger wohlhabenden; manchmal galt es auch einem der eigenen Kinder, das damit besonders hervorgehoben werden sollte.

Ishnata awichalowan oder das Mädchen wird zur Bisonfrau

Dieses Ritual wurde nach der erste Periode bei einem Mädchen durchgeführt. Der Wechsel zur Frau wurde als etwas Heiliges begriffen, da das Mädchen von nun an wie Mutter Erde imstande sein würde, Kinder zu tragen. „Sie muß auch wissen, daß sie jeden Monat, wenn ihre Regel beginnt, einen Einfluß hat, mit dem sie vorsichtig umgehen muß, denn die Anwesenheit einer Frau in diesem Zustand kann die Macht eines heiligen Mannes zerstören."[82]

Je älter bei den Sioux eine Frau wird, um so mächtiger ist sie. Man hört auf ihre Lebenserfahrung und achtet sie. Sie nimmt den Ehrenplatz ein und hält die heilige Pfeife, denn es ist ja die Bisonfrau, der die Sioux die heilige Pfeife und die sieben Zeremonien verdanken.

Es ist eine Frau, die den ersten Schnitt in die Rinde des Sonnentanz-Baumes tut, ehe er gefällt und auf den Tanzplatz gebracht wird, wo er zur Weltachse wird.

Tapa Wankanl Yap[83]: *das Werfen des Balles*

Dieses Ritual hat sich über die Zeit hin zu einem Spiel entwickelt. Ursprünglich aber war es eine Zeremonie, bei der jeder Teilnehmer einen Ball bei sich hatte. Der Ball war das Symbol für *Wakan Tanka* und das Universum.

Bei dieser Zeremonie steht ein kleines Mädchen in der Mitte eines Kreises und wirft den Ball aus der Mitte gegen die vier Viertel des Universums. Das bedeutet, *Wakan Tanka* ist überall, und wie sich der Ball herabsenkt, so auch die Kraft des Großen Geistes. Das kleine Kind verkörpert wie *Wakan Tanka* ewige Jugend und Reinheit. Das Ritual stellt die Verbindung zwischen den Menschen und dem Universum dar. Es soll daran erinnern, daß *Wakan Tanka* überall ist.

Soziale Bedeutung und Verlauf
der Visionssuche

In allen Kulturen und zu allen Zeiten betrachteten Menschen ihre Träume und Visionen als eine Verbindung mit der Welt der Geister und sahen darin eine Vorhersage von Zukünftigem. Doch bei den Lakota steht nach einer Äußerung von Black Elk die Visionssuche, *Hanblecheyapi* oder auf englisch *„crying for a vision"*, im Mittelpunkt der religiösen Erfahrung. Durch Säuberung des Körpers und Fasten in der Einsamkeit bereiten sie sich auf die Vision vor. Die Prärieindianer nennen diese Praktik auch die Suche nach einem Schutzgeist. Hat man eine Vision, so bedeutet das nicht nur einen individuellen Gewinn, sondern auch soziales Prestige. Zudem beziehen sich manche Visionen auch auf das gesamten Volk und können über sein Schicksal entscheiden.

Ein Ponka-Häuptling pflegte zu seinen jungen Leuten zu sagen:

„Oho. Strengt euch an. Trachtet danach, euch in den Besitz übernatürlicher Kraft zu setzen . . . mit Hilfe eines Tieres, das ihr beim Fasten seht."

Bei den Algonkin stand das Pubertätsfasten am Ende eines schon im zartesten Kindesalter beginnenden Trainings. Bereits mit fünf oder sechs Jahren veranlaßte man die Kinder zu gewissen Zeiten zur Einschränkung der Nahrungsaufnahme.

„Weil ich dich liebe", sagte ein Foxvater zu seinem Kind, „weil ich dich liebe, ist dies die einzige Möglichkeit. Wenn jemand wirklich über sich Bescheid wissen will, so kann er dies am besten durch Fasten tun." Die Väter pflegten Jungen und Mädchen Fastenstecken zu überreichen, die die Kinder zu Holzkohle verbrennen ließen, um sich damit die Gesichter zu schwärzen, zum Zeichen, daß sie sich in einem heiligen Zustand befanden. Je eher ein Kind seinen Fastenstecken benutzte, desto stolzer waren die Eltern. Mit fünf, sechs Jahren fastete ein Kind einen Tag lang. Das steigerte sich bis zum strengen Fasten mit zwölf oder dreizehn, bei dem die entscheidende Vision gefunden werden sollte.

Zur Vorbereitung auf das Fasten gehörte auch, daß Vater oder Großvater das Kind eingehend über das Erscheinen schlechter Geister unterrichteten, die den Fastenden narren wollen und abgewiesen werden müssen.

In diesem Fall wurde von der Zunge des Fastenden ein Abstrich gemacht, um so die Erinnerung zu tilgen.

Von den *Dunne-za* oder Biberindianern hören wir: „Der Tradition entsprechend, wurde jedes Kind allein in den Busch geschickt, um von einem der Medizintiere Kraft (*ma yine*) zu gewinnen. Zu jeder dieser Kräfte gehörte eine Geschichte, die erklärt, wie Saya, der wie Sonne und Mond die Erde umkreist, menschenfressenden Riesentieren ihre Gestalt verliehen hat. Jedes Medizintier kann demjenigen eine bestimmte Kraft verleihen, der ihm während seiner Visionssuche begegnet. Mit den Kräften waren auch verschiedene, auf die Ereignisse in der Geschichte über Saya und das Medizintier bezogene Tabus verbunden. Diese Tabus verboten anderen, in Gegenwart einer Person, deren Kraft bekannt war, bestimmte Dinge zu tun, wie es auch der Person selbst verboten war, bestimmte Speisen zu essen. In dem Maße, wie jemand in die Kräfte hineinwuchs, denen er bei seiner Visionssuche zum ersten Mal begegnet war, lebte er allmählich immer mehr im Rahmen eines rituell gestalteten Bereichs. Im Umfeld eines solchen Menschen waren die Geschichten von Ereignissen aus mythischer Zeit real und geläufig. Das nicht vermittelbare Moment der in der Visionssuche allein erfahrenen Verwandlung wurde durch die Entfaltung im Laufe des Lebens zu einer Botschaft für die anderen. Was einmal zu subjektiver Erfahrung verdichtet war, wurde intersubjektiv. Was erst dem Körper und Geist eines einzelnen in der unendlichen Weite des nördlichen Waldes geschah, wurde zum Wissen, aus dem alle schöpften."[84] Wie wir aus verschiedenen Aussagen von Indianern wissen, bedeutet Fasten ein „Mitleiderwecken bei den Geistern". Der durch Hunger und Durst herbeigeführte erbarmungswürdige Zustand soll die Geisterwelt beeindrucken und ihre Segnung herbeizwingen. Werner Müller hat darauf hingewiesen, daß die Träume in den verschiedenen Kulturprovinzen klar unterscheidbare Strukturen haben. Während beispielsweise bei den Algonkin der Träumende sehr häufig einen Baum ersteigt und sich träumend den Kosmos vergegenwärtigt, erscheinen in den Traumvisionen der Prärieindianer zumeist Einzelfiguren der Geisterwelt. Während bei den Prärieindianern die Visionssuche die zentrale individuelle spirituelle Erfahrung ist, kommt sie auch in anderen indianischen Kulturgebieten vor, wobei durch die Wanderbewegung der Indianer vor dem 19. Jahrhundert natürlich auch Übernahmen von Bildern und Gestalten stattgefunden haben.

Bei den Irokesen werden im Traum die Visionsmasken der Schiefgesichter lebendig. Kosmische Phantasien dagegen scheinen auf die Algonkin beschränkt. Sie scheinen sie aus ihrer Urheimat im Norden mitgebracht zu haben, in der sie sich aufhielten, ehe sie sich unter den maisanbauenden Völkern niederließen.

Fragt man nach Funktion und Sinn der visionären Praktiken, so scheinen sie, wie übrigens auch gewisse von Selbstverstümmelung begleitete Zeremonien der Prärievölker, auf die Auslöschung des Bewußtseins hinzuzielen. Man versucht, die alltäglichen geistigen Funktionen auszuschalten oder zu dämpfen und einen tranceartigen Dämmerzustand herzustellen, in dem jene Bilder hell werden, die das wache Tagesbewußtsein gewöhnlich aussperrt. Dieser Vorgang, der der Bestärkung, dem Sicherwerden, der Krisenfestigkeit des einzelnen dient, steht auch im Dienst der Bestätigung der Glaubwürdigkeit des Sakralen und seiner individuellen Erfahrung. „Es stünde weitab von der Wirklichkeit", schreibt Werner Müller, „wollte man die Überlieferung von Mythen und Riten auf den bloßen Akt der Weitergabe von Generation zu Generation einschränken, vielmehr bedarf auch die Tradition der Bestätigung, um ihre Glaubwürdigkeit nicht zu verlieren. Die wichtigste Handfeste dieser Glaubwürdigkeit ist der Traum: Er bestätigt, was man weiß, und begründet deshalb die fast totale Traumsteuerung des indianischen Daseins. Man übt mit den Kindern eine Art Traumtechnik; die Erwachsenen suchen bei wichtigen Entscheidungen Traumsignale, man unterscheidet sakrale Träume von alltäglichen, man bevorzugt besondere Stunden für einen Traumempfang, ja ganze Rituale verdanken ihre Geburt Traumbildern."[85]

Der Visionstraum des Schwarzen Hirsches

Beispielhaft ist in diesem Zusammenhang die Vision des Schwarzen Hirsches, eines Oglala-Schamanen, der sein ganzes Leben als den Vollzug eines ungeheuer langen Traumes auffaßte, bei dem er zwölf Tage wie tot dagelegen und dies gesehen hatte: „Eine Wolke hob ihn hoch, und zwei mit Feuerspeeren bewaffnete Boten führten ihn an einen überweltlichen Ort, wo sich riesige Wolken zu einer weiten, blauen Ebene zusammenschichteten. Auf dieser gewaltigen blauen Ebene erschien plötzlich aus unbekannter Tiefe ein rotbraunes Pferd und leitete ihn nacheinander zu den vier Kardinalpunkten, mit dem Sonnenuntergang beginnend. Der Träumer erblickte im Westen zwölf schwarze, im Norden zwölf weiße, im Osten zwölf rote, im Süden zwölf rehbraune Pferde, letztere mit Geweihen auf den Köpfen. Ihre Mähnen flatterten und zuckten wie Blitze und Morgenlicht.

Das rotbraune Leittier wieherte, und ein Sturm tanzender Pferde wogte von den vier Punkten heran und begann sich um den Träumer zu drehen. Der ganze Himmel dröhnte von Gewieher, der ganze Himmel war ein Meer von Pferden. Auf einmal verwandelte sich das kreisende Gewühl in Vierfüßler und Vögel und verlor sich in den vier Richtungen.

Jetzt türmte sich vor dem Jungen ein Wolkentipi mit sechs Männern darin, so alt wie Berge, so alt wie Sterne. Es waren die Großväter der vier Weltpunkte, des Oben und des Unten. Während über dem Zelt ein Regenbogen aufleuchtete, schenkten die Greise dem vor Furcht Bebenden für jede heilige Himmelsrichtung eine Gabe: für den Westen den Befehl über die Donnervögel; für den Norden den Flügel des weißen Riesen, den reinigenden Wind; für den Osten die Friedenspfeife mit dem gefleckten Adler, um Krankheiten zu heilen; für den Süden den Weltenbaum, den lebendigen roten Stab, der mächtig sproß und trieb, bis die Geschlechter der Menschen unter seinen Zweigen wohnen konnten.

An den Wurzeln des Baumes kreuzten sich die rote Straße von Norden nach Süden, der Weg des Guten und des Friedens, mit der schwarzen Straße von Osten nach Westen, dem Pfad der Wirrsal und des Krieges. ‚Die rote Straße soll dein Volk gehen‘, sagte der Großvater des Südens, ‚aber auch die schwarze Straße von Osten nach Westen, den Pfad des Wirrsals und des Krieges.‘ Von dem Greis, der das Oben vertrat, erhielt der Träumer den gefleckten Adler. (Hier wiederholt sich die Gabe des Ostens) mit der Verheißung: Alle geflügelten Tiere der Luft werden zu dir kommen, und die Winde und die Sterne werden deine Verwandten sein.

Danach ließ ihn der Großvater der Erde mit Pferden auf der schwarzen Straße reiten, unter bitterem Hagel und scharfem Regen bis zum Dorf seines Volkes, das widerhallte von Klagen um Tote. Hier stieß er den rot glänzenden Stab in die Mitte, die vier in vier Farben leuchtenden Pferdegruppen rings um sich geschart. Der Stab entfaltete sich zu einem raschelnden Baum, voller singender Vögel. Zugleich kam von Osten die heilige Pfeife mit Adlerflügeln geflogen und verbreitete tiefen Frieden.

Nun brach das Volk sein Lager ab und zog auf der roten Straße einher, und die Stimme des Südens sprach: Sieh‘, ein gutes Volk wandert auf heilige Weise durch ein gutes Land!

Vier Anhöhen lagen vor ihnen, die Geschlechter nämlich, die der Träumer in seinem Leben sehen sollte. Immer steiler und mühseliger wurden die Anstiege auf der schwarzen Straße (die Szenerie hat plötzlich gewechselt), während der Visionär als gefleckter Adler vorausflog. Auf der dritten Höhe zerbrach der Kreis des Volkes, der heilige Baum der Mitte starb, und die singenden Vögel zerstoben.

Den vierten finsteren und schrecklichen Hügel überwand das Volk nur, weil seine Kraft wiederholt gestärkt wurde. So brachte ein Büffel heiliges Kraut mit vier Blüten an einem einzigen Stengel, einer blauen, weißen, roten und gelben, und auf einmal stand wieder der blühende Baum in der Mitte des Stammkreises. Auch der Träumer holte aus den vier Kardinalpunkten Hilfe. Schwarze, weiße, fuchsrote und rehbraune Pferde eilten herbei unter Führung eines großen schwarzen Hengstes. Dazu traten aus den vier Hauptgegenden des Horizontes vier Jungfrauen. Eine hielt eine hölzerne Wasserschale, die zweite eine weiße Schwinge, die dritte die Pfeife, die vierte den Ring.

Der schwarze Hengst erhob seine Stimme und sang, und sein Gesang erfüllte die Welt so gewaltig, daß alles zu tanzen begann: die Pferde, die Jungfrauen, die Blätter an den Bäumen, die Gräser auf den Hügeln, die Wasser in den Schluchten, die Vögel in der Luft: Alles tanzte zum Gesang des Hengstes. Nun zogen die Pferde mit dem Träumer zum höchsten Berge. Er sah unter sich den Erdkreis, den heiligen Ring seines Volkes, in der Mitte den blühenden Baum. Die beiden Boten, die ihn von der Erde heraufgebracht hatten, reichten ihm das Morgensternkraut: Mit diesem wirst du auf Erden alles beginnen und ausführen. Er ließ es fallen, und sobald das Kraut die Erde berührte, wurzelte es und trieb vier Blüten, eine blaue, weiß, rote und gelbe. Leuchtende Strahlen schossen von diesen Blüten und vertrieben die Dunkelheit. Jetzt führten ihn die Boten zu den Großvätern zurück, zum Regenbogentipi. Als der Träumer das Regenbogentor durchschritt, drangen ihm von überall aus dem All her frohe Begrüßungen entgegen; die Großväter streckten die Arme nach ihm aus. Dann ließen sie ihn ziehen, mit Kraft begabt, Hunderte zu heilen, Hunderte in Flammen zu setzen. Das Tipi bedeckte sich mit Wolken, der Regenbogen wurde trübe, und über dem Davonschreitenden schwebte ein gefleckter Adler. Schwarzer Hirsch blickte zurück und sah an der Stelle des Tipis den großen Felsenberg in der Mitte der Welt. Immerfort wanderte der Träumer seinem heimatlichen Dorf entgegen, und wie er das elterliche Zelt betrat, hörte er jemanden sagen: Der Junge kommt wieder zu sich; es wäre gut, ihm etwas Wasser zu geben."[86] Der Visionstraum, der zwölf Tage gedauert hatte, überkam den neunjährigen Jungen 1872. Die USA befanden sich am Ende des Bürgerkriegs. Goldfunde in den Black Hills lockten weiße Abenteurer an, die Weißen brachen bestehende Verträge, und als sich die Sioux widersetzten, schickten sie ihre Armee. Custers Niederlage am Little Big Horn River schob die endgültige Zerstörung der traditionellen Welt der Prärieindianer nur um kurze Zeit hinaus. „Schwarzer Hirsch", schreibt Müller, „hat das alles mit erlitten oder um mit seinen Bildern zu reden, er hat sein Volk auf der schwarzen Straße wandern sehen. Ihm war es nicht vergönnt, seine Leute auf den roten Weg zu bringen, wie sein Traum verheißen hatte. Seine Kräfte versagten bei dieser Aufgabe, die jedes menschliche Vermögen überstieg."[87] Gewiß aber betrachtete dieser indianische Schamane sein Leben als den Vollzug jenes ungeheueren Traumgesichts.

Was geschieht bei einer Vision, was ist ihr Sinn?

Bei den Prärieindianern gibt es auch „Traumgenossenschaften", das heißt Zusammenschlüsse von Schamanen mit gleichen oder ähnlichen Visionsmustern. Müller macht klar, daß die Traumlandschaften eines indianischen Schamanen verschieden sind von der Vision des durchschnittlichen Indianerjungen, der um einen Schutzgeist fastet, und warnt andererseits vor einer Katalogisierung der Träume und Visionen nach bloßen Stichworten wie „denen der Büffel erschienen ist" oder „denen der Hirsch erschienen ist", bei der das Wichtigste, nämlich Duft, Farbe und Atmosphäre auf der Strecke blieben. Es sind Visionen bekannt, die sich durch den Verlauf des späteren Lebens des Betreffenden auf bestürzende Weise bewahrheiteten. In anderen aber tauchten auch Aufgaben für die Zukunft auf, die, rückwirkend betrachtet, jegliches menschliche Vermögen übersteigen mußten. Auch ist zu beachten, daß die dokumentierten Visionen manchmal bestimmte Personen ohne ihren Willen überkamen oder mit einem Willensakt gesucht wurden. Nicht nur Jugendliche und die für das Amt des Schamanen bestimmten Stammesmitglieder hatten Visionen. Bei den Kwakiutl auf der Vancouver-Insel gab es beispielsweise die sogenannte Kannibalen-Gesellschaft mit einer ausgewählten Mitgliedschaft, die erblich war. Ihre Mitglieder besaßen durch Erbschaft, Heirat oder einen Gewaltakt gegenüber dem Geist das Recht, den Visionär in sich aufzunehmen. War dies geschehen, so mußten die Betreffenden für ihre Familie und Freunde ein Fest geben. Unter den Kwakiutl hatten alle hochgestellten Personen Visionen. Dieser Stamm erwies seine große Achtung gegenüber diesem Aspekt des Lebens dadurch, daß die Sitzordnung der Gäste bei den Winterfesten nicht nach Familien- oder Clanzugehörigkeit festgelegt wurde, sondern sich aus der Wichtigkeit der Vision ergab, die der einzelne gehabt hatte.

Werner Müller hat festgestellt, daß es in der Vision bestimmte Ordnungsprinzipien gibt. „Diese Regeln", erklärt er, „entfließen nun keineswegs gedanklichen Überlegungen, sondern einer geschauten kosmischen Architektur, die ihrerseits aufs engste verschwistert ist mit dem Welthaus aller Sioux." Und als Quintessenz aus der Untersuchung verschiedener Schamanentexte: „Die Visionen werden gelenkt durch kosmische Vorstellungen. Zwischen dem, was man weiß, und dem, was man träumt, laufen zahlreiche Fäden. Sie machen die Traumphantasmen zu Urkunden der Siouxkosmologie."[88] Zusammenfassend könnte man sagen, daß sich bei Durchschnittsmenschen in den Visionen ein Balancieren des psychologischen Haushaltes vollzieht. Defizite werden ausgeglichen, für Ängste wird eine Vorstellung (das Tier oder der von dem Schutzgeist in der Vision gegebene Talisman) aufgefunden, die sie überwindet.

Was die einzelnen Regionen betrifft, so läßt sich sagen, daß im Mississippital und an den Großen Seen die Visionssuche vor allem eine spirituelle Übung für Jugendliche war. Auf den Großen Ebenen wurde sie von Männern während des ganzen Lebens praktiziert, und zwar immer dann, wenn sie einer besonderen Ermutigung bedurften. An der Pazifikküste hatte die Verfügungsgewalt über eine Vision Auswirkungen auf den sozialen Status des Visionärs.

Die folgende Erzählung über den Sinn der Vision und des Schutzgeistes wurde 1954 von Pat Grasshopper, einem sehr alten Sarcee-Indianer, mit Hilfe des Übersetzers Jim Simeons gegeben.

Die Suche nach einem Schutzgeist /
Sarcee, Große Ebenen, Kanada[89]

Meine Mutter erzählte mir von den Geistern. Es gibt Geister überall in der Natur. Ich hörte einen reden, und es klang wie Pfeifen. Geister sind es, die das Gras und die Pflanzen wachsen lassen. Geister machen, daß der Wind weht und die Wolken über den Himmel treiben. Jedes Tier und jeder Vogel hat einen Geist. Um etwas von der Geisterkraft der Natur in sich aufzunehmen und einen Geist zu finden, der ihn sein ganzes Leben über beschützen würde, ging ein Junge allein in die Wildnis. Erst badete er sich, bis er ganz sauber war, und dann blieb er drei oder vier oder fünf Tage allein und ohne Nahrung. Nachdem er gefastet hatte, hatte er manchmal eine Vision, und der Geist sprach zu ihm. Er lehrte ihn ein besonderes Lied und gab ihm eine besondere Kraft. Auch Erwachsene gingen manchmal auf eine solche Suche, dann nämlich, wenn ihnen ein Kind gestorben war.

Ein Junge, der die Kraft eines Bären haben wollte, was eine starke Geisterkraft ist, legte sich in eine Bärenhöhle. Seine Vision war dann die eines Bären, und mit der starken Energie, die er empfing, konnte er Kranke heilen. Ein anderer Junge wollte vielleicht ein großer Jäger werden oder in den alten Tagen vielleicht auch ein großer Krieger. Oder er war auf große Weisheit aus, um ein kluger Ratgeber seines Stammes sein zu können.

Nur ein sehr willensstarker Mensch hält es aus, allein in der Wildnis zu bleiben, bis die Vision ihn überkommt, denn oft erscheint sie zunächst in Gestalt eines gefährlichen Tieres. Das Tier prüft den Mut des Betreffenden. Wenn er nicht davonrennt, spricht etwas zu ihm, etwas, was man nicht sehen kann. Die Stimme sagt ihm, er solle noch eine Anzahl von Nächten bleiben. Und am Ende dieser Frist gibt der Geist dem Betreffenden Kraft und versichert ihm, daß er sein Beschützer sein werde.

Wenn jemand von einer solchen Zeit in der Einsamkeit zurückkommt, sagt er nichts darüber, worin seine Vision bestanden hat. Täte er das, würde sich seine Geisterkraft sofort wieder verlieren.

Viel später, oft erst nach Jahren, wird während der Schutzgeisttänze im Winter der Name des Schutzgeistes bekannt. Danach wird der Betreffende auch ein Zeichen tragen, das auf den Geist hinweist. Wenn der Schutzgeist ein Bär ist, so kann das eine Bärenklaue sein, bei einem Adler trägt er vielleicht etwas von dem Flaum unter den Schwingen. Und er wird dieses Symbol auch als Schmuckmuster benutzen, wenn er sein Zelt bemalt oder seine Pfeife schnitzt. Jedesmal, wenn er die Hilfe seines Schutzgeistes nötig hat, wird er das Lied singen, das dieser ihn gelehrt hat.

In den alten Tagen verließen sich die Männer im Krieg auf ihre Schutzgeister. Wer einen starken Schutzgeist hatte, war selbst gegen Gewehrkugeln gefeit. Deshalb war die Suche nach einem Schutzgeist früher noch wichtiger als heute.

Das Fasten des Jungen und das erste Rotkehlchen / Chippewa, nördliches Kanada

Als der einzige Sohn des alten Mannes in das Alter kam, in dem die Jungen lange fasten, wollte sein Vater ihm einen starken Schutzgeist verschaffen. Er wollte, daß der Junge bei seiner Vision einen Geist sehe, der ihn allen anderen Männern des Stammes überlegen sein ließ.

Also hieß er seinen Sohn, gewissenhaft die Vorbereitungen für seine Zeit des Fastens zu treffen und sich sorgfältig zu säubern, sogar seine Fingernägel. Der Vater hatte den Ehrgeiz, der Junge sollte länger fasten als irgendein anderer Mann des Stammes, Männer, die berühmt waren für ihre Weisheit oder ihre Tapferkeit.

Mehrmals ging der Junge in die Schwitzhütte und badete in dem nahe gelegenen Bach. Er rieb seinen Körper mit Fichtenzweigen ab, damit er ganz sauber sei für das lange Fasten. Unterdessen baute sein Vater eine kleine Hütte für ihn, die weit weg lag von dem Wohnort der Familie, und breitete dort für ihn auf dem Boden eine saubere Matte aus. „Nun leg dich ruhig auf die Matte", sagte der Vater, als der Junge aus der Schwitzhütte kam. „Ertrage dein Fasten wie ein Mann. Am Ende der zwölf Tage werde ich dir Essen bringen und dir meinen Segen geben." Der Junge beachtete sorgfältig alle Befehle seines Vaters. Er lag still, das Gesicht bedeckt, und wartete auf die Stimme des Geistes, der ihm eine Botschaft bringen werde.

Jeden Morgen besuchte ihn der Vater, ermutigte ihn, erinnerte ihn an seine Ehre und den Ruhm, den er erlangen werde, wenn er zwölf Tage faste. Acht Tage ant-

wortete der Junge nicht auf die Worte des Vaters. Er lag
reglos, ohne ein Zeichen der Unzufriedenheit. Aber am
Morgen des neunten Tages sprach er mit schwacher
Stimme: „Mein Vater, ich habe davon geträumt, daß mir
Schlimmes widerfahren wird. Könnte ich nicht jetzt
mein Fasten abbrechen und später wieder mit Fasten beginnen?" „Mein Sohn", antwortete der Vater, „weißt du,
worum du da bittest? Wenn du jetzt aufhörst, ist all dein
Ruhm dahin. Warte noch etwas länger. Nur noch drei
Tage, und deine Wünsche werden sich erfüllen. Du
weißt, es ist zu deinem Besten, jetzt noch Geduld zu beweisen. Ich bitte dich, halte noch so lange aus."

Der Sohn murmelte eine Antwort und bedeckte wieder sein Gesicht. Am Morgen des zehnten Tages, als der
Vater ihn besuchen kam, rührte er sich nicht, aber am
elften Tag wiederholte er seine Bitte, das Fasten abbrechen zu dürfen. Der Vater antwortete fast mit denselben
Worten wie zuvor und fügte nur das Versprechen hinzu:
„Morgen früh werde ich selbst dir eine Mahlzeit zubereiten und sie dir bringen."

Der Junge verharrte in Schweigen, regungslos wie ein
Toter lag er da.

Niemand hätte sagen können, ob er noch lebe.

Am nächsten Morgen bereitete der Vater freudig die
Mahlzeit für den Sohn und ging eilig zu der Hütte. Er
war sicher, daß der Sohn mit einer Vision gesegnet worden sei und ein Geist ihm den Weg zur Größe gewiesen
habe. Als er hinkam, hörte er zu seinem Erstaunen, daß
der Sohn redete. Er blieb stehen, schaute durch die kleine Öffnung und war erstaunt zu sehen, daß sich der
Sohn mit roter Farbe bestrich. Er hatte bereits seine
Brust bemalt und war nun gerade dabei, seine Schulter
damit zu bestreichen.

„Mein Vater hat meine Zukunft zerstört", sagte der Junge zu sich selbst. „Er wollte nicht auf meine Bitte hören. Jetzt wird er mich verlieren. Ich werde glücklich sein als ein Vogel, denn ich habe ihm gehorcht. Mein Vater wird leiden, denn mein Schutzgeist ist gerecht. Er hat mir nicht meinen Wunsch erfüllt, aber er hat auf andere Weise mit mir Mitleid gehabt. Er hat mir eine andere Gestalt verliehen. Jetzt muß ich fort." In diesem Augenblick rief der Vater voller Schrecken aus: „Mein Sohn, mein Sohn, bitte verlasse uns nicht. Ich bitte dich."

Aber mit der Schnelligkeit eines Vogels flog der Sohn auf das Dach der Hütte und setzte sich auf den höchsten Balken. Er hatte sich in ein Rotkehlchen verwandelt. Mitleidig sah er zum Vater herab und versuchte, ihn zu trösten.

„Sei nicht traurig, Vater. Bedauere nicht die Verwandlung. Ich werde als Vogel glücklicher sein denn als Mensch. Ich werde immer ein Freund der Menschen sein. Ich werde nahe ihrer Behausungen leben. Wenn ich auch nicht der große Krieger sein werde, den du dir gewünscht hast, oder ein weiser Ratgeber, so werde ich doch den Menschen tagtäglich eine Botschaft des Friedens und des Glückes bringen. Ich werde dich aufmuntern mit meinen Liedern, ich werde andere an der Leichtigkeit und der Freude teilhaben lassen, die ich selbst empfinde. Ich bin nun frei von Sorgen und Nöten des menschlichen Lebens. Meine Nahrung werde ich in den Wäldern und auf den Feldern finden, und meine Pfade werden durch die Luft verlaufen und die Strahlen der Sonne kreuzen." Dann streckte er sich, als freue er sich darüber, Flügel zu haben. Das erste Rotkehlchen sang sein Lied und flog in einen nahe gelegenen Wald davon.

Diese Geschichte dürfte ihren tieferen Sinn in der Warnung haben, das Fasten nicht zu übertreiben bzw. sich auf die Stimme des Unbewußten zu verlassen. Die Geschichte zielt gegen ein Phänomen, das wohl auf der ganzen Welt bekannt ist: allzu großer Ehrgeiz der Eltern in bezug auf die Karriere ihrer Kinder.

Die Geistertänzer und der Peyote-Kult

Zwei eigenständige religiöse Bewegungen haben die *Native Americans* während der letzten hundert Jahre hervorgebracht. Die der Geistertänzer steht ganz offensichtlich im Zusammenhang mit der Notsituation der Prärieindianer nach der Ausrottung des Büffels durch die weißen Kolonisten auf den Prärien im letzten Drittel des 19. Jahrhunderts. Die Prärieindianer waren damit weitgehend ihrer Existenzgrundlage beraubt. In Agenturen (den Vorläufern der Reservationen) bzw. Reservationen eingeschlossen, waren sie auf Gnade oder Ungnade den Behörden der US-Regierung ausgeliefert. Eine solche Situation stellte eine geradezu ideale Voraussetzung für das Aufkommen einer religiösen Erweckungsbewegung dar.

Gegen Ende des 19. Jahrhunderts, zunächst 1870, später wiederum 1890, kam der sogenannte Geistertanz in der Walker River Reservation in Nevada auf. Bei dieser religiösen Zeremonie handelt es sich um einen Kreistanz, bei dem die Ahnen beschworen wurden und bewirkt werden sollte, daß die bei den Stämmen herrschende Hungersnot gebannt werde.

Der Paiute-Indianer Wodziwob hatte gegen Ende der sechziger Jahre des 19. Jahrhunderts eine Vision, bei der er erfuhr, daß die Indianer ein neues Paradies schaffen könnten, wenn sie eine Reihe von Ritualen durchführten. Die Lehre der Geistertänzer breitete sich in Kalifornien und Oregon aus und lebte 1890 wieder neu auf, als der Paiute Wovoka in Trance seinerseits zu Kreistänzen und zur Einhaltung bestimmter moralischer Gebote aufrief. Wovokas Lehre wurde auch von Gruppen der Cheyenne, Arapahos, Sioux, Kiowa, Caddo und Paiute übernommen. Indirekt führte die Unterdrückung der Geistertänzer-Bewegung durch die US-Armee im Dezember 1890 zu dem Massaker bei Wounded Knee. Wovoka selbst blieb bis zu seinem Tod im September 1932 ein einflußreicher Prophet und Schamane. Bis in die sechziger Jahre unseres Jahrhunderts gab es Indianer, die seine Lehren befolgten.

Der zeremonielle Gebrauch des Peyote-Kaktus *(Lophophora williamsii)* durch die Indianer geht bis in die vorkolumbische Zeit zurück. Peyote ist ein kleiner rübenförmiger Kaktus ohne Stacheln, der auf dem Territorium der USA im unterem Tal des Rio Grande vorkommt. Er enthält neun alkaloide Substanzen, von denen vor allem das Meskalin halluzinatorisch wirkt. Die Reaktionen, die sie beim Menschen hervorrufen, scheinen davon abhängig zu sein, in welcher sozialen Situation die Droge – denn um eine solche handelt es sich – eingenommen wird. Peyote kann Brechreiz hervorrufen, führt unter Umständen aber auch zu Halluzinationen im Bereich des Sehens, Riechens und Hörens. Die jeweiligen Illusionen verschwinden nach vierundzwanzig Stunden. Schädigende Nebenwirkungen sind nicht bekannt.

Die Benutzung von Peyote bei Ritualen wurde von den Spaniern bei den Azteken beobachtet. Es wird heute noch bei den Stämmen Tarahumara, Huichol und Cora bei Wettläufen und bei Jagdexpeditionen, aber auch bei Heilungszeremonien benutzt. Es findet aber auch bei der Wettervorhersage und zur Wiederauffindung von verlorengegangenen Gegenständen – in der Peyote-Vision sieht man, wo sie liegen! – Verwendung.

Seit dem 19. Jahrhundert entwickelte sich der Kult vom nördlichen Mexiko herkommend, gefördert schließlich auch durch eine im 20. Jahrhundert einsetzende pan-indianische Bewegung bei den Stämmen der Lipan Apachen, Comanchen und Kiowa im Südwesten der USA, zur *Native American Church*, deren Lehre sich aus mystischem Wissen um einen Schöpfergott herleitet. In ihr stellt Peyote ein Sakrament dar. In manchen Gemeinden wird die Vorstellung eines Schöpfers mit dem christlichen Gottvater gleichgesetzt. Die Rituale sind von Stamm zu Stamm verschieden. Zunächst einmal war es der Comanche Quana Parker, der ein Ritual für die neue Religion entwickelte. Bis in die siebziger Jahre unseres Jahrhunderts umfaßte die *Native American Church* 200 000 Gemeindemitglieder. Die Priester der Kirche nennen sich *road man*, hinzu kommen die Feuerleute, die Trommler und andere. Zu den moralischen Prinzipien der *Native American Church* gehören das Verbot von Alkohol, das Bestehen auf Monogamie und die Aufforderung an die Gemeindemitglieder zu harter Arbeit. In der Vergangenheit gab es heftigen Widerstand seitens der Regierung und der christlichen Glaubensgemeinschaften gegen diesen Kult, dem unter anderem sexuelle Orgien nachgesagt wurden. Auch viele der älteren religiösen Führer der Stämme befehdeten die *Native American Church*; trotzdem breitete sie sich immer weiter aus.

In den fünfziger Jahren setzte diese religiöse Bewegung durch, daß ihr das texanische *Department of Public Safety* offiziell erlaubte, den Kaktus zu sammeln, der in den USA nur auf dem Staatsgebiet von Texas wächst.

1962 wurden zwei Navajo-Indianer wegen Verstoßes gegen die Rauschgiftgesetze, die auch die Verbreitung von Peyote verbieten, verhaftet. 1964 erkannte der Oberste Gerichtshof des Staates darauf, daß ihre Verurteilung eine Verletzung des Ersten *Amendments* der Verfassung der USA darstelle, welches die Bewahrung der Religionsfreiheit im Land sichert.

1978 wurde schließlich ein Gesetz für die Religionsfreiheit der *Native Americans* erlassen, das unter anderem den Besitz, die Verbreitung und die Benutzung von Peyote zu religiösen Zwecken gestattet.

Die Peyote-Zeremonie

Es gibt keine strikten Regeln, die bei einer Peyote-Zeremonie befolgt werden müssen. Ein „Treffen" wird gewöhnlich von einer Familie veranstaltet, die den *Road Chief* einlädt und die Lebensmittel für das Fest nach der Zeremonie und das Peyote besorgt. Die Zeremonie wird gewöhnlich an einem halbkreisförmigen Altar zelebriert, auf dem der *Fire Chief* ein Feuer entzündet. In die Mitte des Altars legt man den *Chief Peyote*, einen Kaktus von besonderer Größe. Eine Eröffnungszeremonie dient der Säuberung der heiligen Gegenstände, die man mit Zedernholz oder Salbei beräuchert. Von allen Anwesenden werden rituelle Zigaretten geraucht, jeweils vier Züge für den *Road Chief*, die Mutter Erde und die Teilnehmer. Dann werden die Peyote-*buttons* (die zum Verzehr bestimmten Früchte) herumgereicht und gegessen. Es folgen vier Eröffnungslieder und später Trommel-Passagen. Während des ganzen Abends wird das Feuer vom *Fire Chief* unterhalten. Später wird er um den Halbkreis mit der Asche des heruntergebrannten Feuers einen Adler malen.

Um Mitternacht werden abermals Lieder gesungen und Gebete gesprochen. Dann begibt sich der *Road Chief* ins Freie und bläst auf einer Flöte aus Adlerknochen, um so die Geister zu rufen.

Wenn es sich um eine Heilungszeremonie handelt, wird der *Road Chief* dem Patienten das Peyote geben und ihn durch Zufächeln von Zederholzrauch reinigen.

Gegen Morgen bringt *Water Woman* Wasser, und der *Road Chief* singt ein besonderes Morgenlied.

Nach Abschluß der Zeremonien und dem rituellen Verwahren der Zigarettenstummel und einem abschließenden Gebet versammeln sich die Teilnehmer zu einem weltlichen Fest.

Im Laufe einer Nacht werden von jedem Teilnehmer gewöhnlich vier *buttons* verzehrt. Der Gläubige sollte dann Visionen haben bzw. das Peyote sollte „zu ihm sprechen". Als Regel gilt, daß Peyote außerhalb der Zeremonie keine wohltätige Wirkung hat.

Kapitel 5
Religion und Spiritualität der Indianer des Südwestens

Sie haben kein Wissen über den Ursprung oder die Geschichte des Stammes . . . ihr Singen ist eine Folge von tierischen Lauten und alles andere als erträglich.

Jonathan Lethermann, 1885, in einem
Bericht an das Smithsonian Institute.
Der Verfasser verbrachte drei Jahre unter
den Navajo in Fort Defiance.

Überblick über die historische Entwicklung

Religiöse und spirituelle Vorstellungen bei den Stämmen des Südwestens der USA sind außerordentlich vielseitig. Seit prähistorischer Zeit haben die Stämme voneinander Glaubensinhalte übernommen, so daß sie sich heute vielfach überlappen und überlagern. Das gilt vor allem für die Zeremonien. Es geschah nicht selten, daß selbst von Feinden Rituale übernommen wurden, wenn man einmal Zeuge von deren Wirksamkeit geworden war. Der Gebrauch von Sandmalereien (Mandalas) und viele Handlungselemente in den Mythen der Navajo wurden von den Pueblo-Stämmen übernommen. Eine ganze Anzahl Kachina-Figuren der Hopi stammen von den Navajo. Zwischen den Schöpfungsgeschichten der Stämme des Südwestens (Aufstieg durch mehrere untere Welten) besteht zweifellos ein Zusammenhang. Kein Stamm aber betrachtete seine Religion als der des anderen Stammes überlegen oder versuchte gar, den eigenen Glauben mit Gewalt den anderen aufzuzwingen. Desto seltsamer muß es den Indianern erschienen sein, als die Spanier bei ihrem Eindringen in den heutigen Südwesten der USA die indianischen Glaubensvorstellungen auszurotten versuchten und den Stämmen das Christentum aufzwangen.

Die Spanier – und dies gilt für die zivilen wie für die kirchlichen Autoritäten – betrachteten die Indianer, auf die sie bei ihrer Suche nach Gold stießen, als Barbaren, ihre religiöse Überzeugung war für sie Götzendienst. Sie fühlten sich gedrängt, den Wilden die Segnungen der Zivilisation und des Christentums zu bringen. Die Devotionalien des indianischen Glaubens wurden systematisch vernichtet, die Rituale der *Native Americans* verboten. Der indianische Glaube ging im wahrsten Sinne des Wortes in den Untergrund. Die religiösen Führer der Dörfer und Stämme wurden zu Anführern der Rebellionen, die grausam unterdrückt wurden.

Schließlich kam ein Status quo zustande: Nach außen hin nahmen die Indianer die christliche Lehre als Lippenbekenntnis an, insgeheim praktizierten sie ihren alten Glauben. Auch mit der Invasion der USA nach dem Vertrag von Guadalupe Hidalgo änderte sich daran wenig. Die katholischen Missionen blieben erhalten, die Indianer fuhren fort, im geheimen ihren eigenen Glauben zu praktizieren.

In den siebziger und achtziger Jahren des 19. Jahrhunderts übertrug die US-Regierung die Aufgabe der Bildung und Zivilisierung der Indianer den Kirchen und christlichen Glaubensgemeinschaften.

Gleichzeitig unternahm die Indianerbehörde der Regierung, das *Bureau of Indian Affairs*, Versuche, die eingeborene Religion zu unterdrücken. Erstaunlich, wenn man bedenkt, daß schon die ersten Bürger der USA in dieses Land gekommen waren, um ihrerseits religiöser Intoleranz zu entgehen.

Was den Südwesten angeht, so wurde in den zwanziger Jahren unseres Jahrhunderts der *Code of Religious Offense (Gesetz über die Ausübung der Religion)* erlassen, der später dazu benutzt wurde, die Religionsausübung bei den Pueblo zu unterdrücken.

Dies betraf vor allem die Siedlung Taos und deren religiösen Führer, denen man vorwarf, bei ihren Zeremonien „halb tierisch" zu verfahren und eine „sadistische" und „obszöne" heidnische Religion auszuüben. Diese Politik änderte sich erst im Jahr 1934. Damals erließ der *Commissioner of Indian Affairs (der Regierungsbe-*

auftragte für Indianer-Angelegenheiten im US-Innen-ministerium), John Colliers, eine Verordnung, in der es hieß: „Keine Störung des religiösen Lebens der Indianer oder ihrer Zeremonien wird von nun an geduldet werden. Die kulturelle Freiheit der Indianer wird in jeder Hinsicht als gleich mit der jeder nicht-indianischen Gruppe betrachtet."[90] Damit waren freilich die inzwischen tief verwurzelten Vorurteile nicht aus der Welt geschafft. Im Grund führte erst die seit den fünfziger Jahren aufkommende ökologische Bewegung in den USA, die alte Vorstellungen der Indianer über die Natur aufgriff, zu einem Umdenken, zumindest in Teilen der weißen Bevölkerung. Es ist notwendig, aus der Vielzahl und dem Reichtum spiritueller Traditionen eine Auswahl zu treffen. Deswegen werde ich mich in diesem Kulturgebiet auf die Betrachtung von drei Volksgruppen des Südwestens – die Anasazi, Pueblo-Indianer, die Navajo – beschränken.

Die frühen Menschen (die Anasazi)[91]

Auf den Hochebenen im Südwesten der heutigen USA begegnen die Touristen voller Staunen den Überresten einer uralten Zivilisation, die sich entwickelte, aufblühte und unterging. Es handelt sich um die Ruinen ganzer Städte, die sich auf der Höhe eines Tafelberges zusammendrängen oder in der Steilwand einer Klippe in Höhlen eingelassen sind. Neben den Überresten von Bauten sind es vor allem Steinritzungen (Petroglyphen), die den heutigen Betrachter mit ehrfürchtigem Erstaunen erfüllen und Zeugnis von der ausschweifenden spirituellen Phantasie der frühen Menschen ablegen.

Wie das Volk, aus dem die Schöpfer jener Bauten und Steinritzungen stammen, sich selbst nannte, werden wir wahrscheinlich nie mehr erfahren. Die Hopi bezeichneten sie einst als *Hisatsinom*. Der Name *Anasazi*, der heute allgemein verwendet wird, wurde ihnen erst Jahrhunderte später von den Navajo gegeben und bedeutet soviel wie „der alte Feind". Die Archäologie schlägt für die damals weit verstreute Bevölkerung auf dem Colorado-Plateau die Bezeichnung „prähistorische Pueblos" vor. Die Gemeinsamkeiten zwischen den einzelnen Gruppen wird bezeugt durch ihre Architektur, die Muster ihrer Siedlungen, ihre materielle Kultur und ihre Begräbnissitten.

Umherschweifende Gruppen der paleo-indianischen Großtierjäger dürften die Schluchten des Puerco River und Little Colorado River vor mehr als 8000 Jahren, genauer in der Zeit zwischen 9500–6000 v. Chr. betreten haben. Aber erst Funde, die aus der Zeit 6000 v. Chr. stammen, zeugen von einer ständigen Besiedlung während der sogenannten „Archaischen Periode". Kleine Gruppen von Menschen, wahrscheinlich durch Verwandtschaftsbeziehung verbunden, folgten den Zügen der Tiere und dem jahreszeitlichen Wachstum der eßbaren Wildpflanzen. Bestimmt von diesen Faktoren und vom Wetter, spielte sich ihr Nomadenleben in und um Jagdlager ab. Während diese zunächst in größeren Zeitabständen immer wieder besucht wurden, entwickelten sich daraus mit der Zeit die Grubenhäuser der Basketmaker I (Korbflechter). Sie werden so genannt nach den wasserdichten Behältnissen, die sie aus den Fasern der Yukkapflanze herstellten.

Die Frühen Basketmaker (Zeitenwende bis 500 n. Chr.) waren gedrungene, braunhäutige Menschen mit dichtem schwarzen Haar. Ihre Lebenserwartung betrug 33-40 Jahre. Sie bewohnten das Gebiet an der Grenze zwischen Colorado und Utah, den Chaco Canyon in New Mexico und die Gegend um Kayenta in Arizona. Sie lebten in alkovenähnlichen Höhlen oder unter überhängenden Klippen. Sie waren Jäger und Sammler. Ihre wichtigste Waffe zum Erlegen von Großwild war das *atlatl*, ein zu harpunierender Speer, der über beträchtliche Entfernung mit guter Treffsicherheit geschleudert werden konnte. Menschen der Basketmaker-Periode begannen dann zwischen 46 und 330 n. Chr. damit, Grubenhäuser und oberirdische Schutzhütten aus Holzstämmen und Lehm zu errichten, von denen man Überreste bei Durango in Colorado gefunden hat.

An den Rändern des Territoriums der Anasazi überlebte eine andere prähistorische Kultur. Spuren der Mogollon (ausgesprochen „Magiohn") aus der Zeit zwischen 200 v. Chr. und 1200 n. Chr. fanden sich im südöstlichen Arizona und im zentralen New Mexico. Diese Indianer waren geschickte Töpfer, ein Handwerk, das sie wahrscheinlich von Völkern, die in Mexico lebten, gelernt hatten. Bis 700 n. Chr. waren die Mogollon soweit kulturell von den Anazasi beeinflußt worden, daß sich kaum mehr ein Unterschied erkennen ließ.

Etwa zu dieser Zeit entwickelte sich entlang des Gila und des Salt River in Arizona die Hohokam-Kultur. Die entscheidende Errungenschaft dieses Volkes war ein kunstvolles System von Bewässerungskanälen, das sich über 150 Meilen hinzog. In der Umgebung von Phoenix wurden manche dieser Kanäle im 20. Jahrhundert wiederhergestellt und benutzt.

Im Norden und Nordwesten der „Four Corners" – so genannt, weil hier die vier US-Bundesstaaten New Mexico, Colorado, Utah und Arizona zusammenstoßen – entstand im heutigen Utah die sogenannte Fremont-Kultur. Sie entwickelte sich nie zu solcher Höhe wie die der Anasazi, hinterließ jedoch eine Vielzahl eindrucksvoller Felszeichnungen.

Am Ende eines Zeitraums von fünfhundert Jahren lernten die Anasazi Mais anzubauen. Ihre landwirtschaftlichen Werkzeuge bestanden aus nicht viel mehr als aus scharfen Grabhölzern. Doch mit dem Maisanbau wurde langsam aus Nomaden ein seßhaftes Volk. Der längere Aufenthalt an einem Ort ließ den Hausbau immer wichtiger werden und führte zu Veränderungen in der Architektur.

Die Epoche zwischen 500 und 700 n. Chr. haben die Archäologen als die „Modifizierte Basketmaker-Periode" bezeichnet. Die Anasazi zogen von den Klippenwohnungen ins offene Land und bauten dort Ortschaften. Von einer solchen Siedlung haben sich auf einer Mesa im Chaco Canyon 18 Häuser erhalten.

Der Übergang von „baskets" zu Tongefäßen revolutionierte die Zubereitung der Nahrungsmittel. Die Hohokam und Mogollon verfertigten Gefäße, die mit einer sauerstoffreichen Flamme gebrannt wurden und damit eine gelbliche und rötliche Färbung erhielten. Die Anasazigefäße hingegen wurden mit weniger Sauerstoff gebrannt. Sie sind grau. In der Mesa-Verde-Siedlung aber wurden sie von Künstlern mit Pflanzensäften und Mineralpasten bemalt. In dieser Periode verdrängten Pfeil und Bogen allmählich den *atlatl*, Äxte kamen in Gebrauch. Die Herstellung von Sandalen wurde verfeinert, Baumwolle angebaut. Die Religion scheint zunehmend an Bedeutung gewonnen zu haben, denn immer größere Gebäude in den Ortschaften wurden für Zeremonien und Feste errichtet.

Um 700 n. Chr. führte dies auch zu einer neuen Entwicklung in der Architektur. Stein- und Adobekonstruktionen verdrängten zusehends das Grubenhaus. Zu Anfang waren diese Gebäude einstöckig. Später dann, um 900 n. Chr., begannen die Baumeister der Anasazi damit, mehrstöckige Häuser mit Plätzen in den angrenzenden Bereichen zu errichten. Die Grube blieb Teil der Konstruktion, doch wurde dieser Raum nur bei besonderen Ereignissen benutzt. Er wurde als *Kiva* bezeichnet. Er diente zu Zusammenkünften der Gemeinschaft und hatte in seiner Mitte eine Feuerstelle. Mit zunehmender Bedeutung der Religion wurde die *Kiva* ein Ort des Gebetes und der Meditation.

Das Töpferhandwerk erreichte in diesem Zeitabschnitt eine neue Blüte. Zwei Stile sind bezeichnend für sie: schwarz-weiße Muster und eine gefurchte Oberfläche, die mit eingepreßten Schnüren erreicht wurde. Mit der Periode der Klassischen Pueblo im Norden fällt das Goldene Zeitalter im südlichen Arizona zusammen. Es beginnt etwa um 1200. Andere Kulturen, besonders die der Anasazi, hatten unterdessen das Hohokam-Volk in Arizona beeinflußt. Um 1300 entwickelte sich dann dort die neue Kultur der Salado. Diese tauchten um 1100 zunächst am Little Colorado River auf und zogen dann südwärts in das Gebiet der Hohokam.

Die Ankömmlinge wurden freundlich aufgenommen. Obwohl sie wahrscheinlich dreimal soviel Menschen zählten wie die Hohokam, lebten sie mit diesen über 200 Jahre friedlich zusammen. Jede der beiden Kulturen lernte von der anderen. Die Salado hatten vor allem Erfahrungen im Kanalbau zu bieten. Beide Kulturen brachten hochwertige Keramik hervor. Die der Salado hatte polychrome Muster in Rot, Schwarz und Weiß.

In der Architektur vollzogen sich die größten Veränderungen im 12. und 13. Jahrhundert. Die Hohokam errichteten nun dickere und widerstandsfähigere Wände in ihren Bauten. Das erlaubte ihnen, mehrstöckig zu bauen. Das Casa Grande National Monument in Arizona ist ein gutes Beispiel für die Bauweise der Hohokam.

Ein entscheidender Unterschied zwischen den beiden Kulturen bestand in der Beisetzung der Toten. Die Salado benutzten die Hauptplätze der Ortschaften häufig als Friedhöfe; die Hohokam verbrannten ihre Toten auf einem Holzrost und stellten die Urnen in der Nähe ihrer Abfallgruben ab.

Um 1400 verließen die Salado das Gebiet um den Gila River, möglicherweise um den nun eindringenden Apachen nach Osten auszuweichen.

Der Exodus[92]: Naturkatastrophen
oder eine neue Religion?

Um 1400 hatten die Siedlungen der Anazasi inzwischen beträchtliche Ausmaße angenommen. Mesa Verde mit dem Cliff Palace, dem Long House und dem Spruce Tree House umfaßte mehrere hundert Gebäude. Sie waren häufig über Baumleitern zu erreichen. Warum Mesa Verde und andere ähnliche Ortschaften, die schon kleinen Städten gleichkamen, plötzlich aufgegeben wurden, gibt, auch nach fast einem Jahrhundert an Forschungsarbeit, immer noch Rätsel auf. Für lange Zeit schien die Erklärung durch Umweltfaktoren (Dürre, Abholzung, Hungersnot, Krankheit) am überzeugendsten. Auch das Eindringen aggressiver Nomadenstämme wurde als möglicher Grund in Erwägung gezogen. In den letzten Jahren aber sind die Fachleute geneigt, entweder kriegerische Auseinandersetzungen oder eine kulturelle Veränderung als Ursache des Exodus anzunehmen. Um das Jahr 1300 scheint sich im Südwesten eine neue Religion ausgebreitet zu haben, die so attraktiv war, daß sie Zehntausende von Anasazi veranlaßte, ihre Heimat, in der sie über Jahrtausende gelebt hatten, aufzugeben.

Jene Entwicklung, die das Chaco-Phänomen genannt wird, führte dazu, daß die Anasazi aus Ortschaften wie Mesa Verde und der im Chaco in eine Reihe von damals schon bestehenden Siedlungen wie Acoma, Laguna und Zuñi in New Mexico und Hopi in Arizona abwanderten. Im allgemeinen verliefen diese Wanderungen in Richtung Süden und Osten. Unter Umständen waren die großen Häuser mit rechteckigen Blöcken, die fünf Stockwerke hoch und um eine Plaza gruppiert gewesen sind und die heute noch im Chaco-Canyon als impo-

sante Ruinen besichtigt werden können, Mittelpunkte
einer religiös bestimmten Kultur. Insgesamt scheint es
an die 150 solcher Siedlungen gegeben zu haben. Handelswege führten von ihnen bis nach Mexiko, zu den
Türkisminen bei Albuquerque und bis an den Golf von
Kalifornien. Den geheimnisvollsten Aspekt des sogenannten Chaco-Phänomens stellt ein System von befe-
stigten Wegen dar, das sich über 200 Meilen bis ins süd-
östliche Utah und in den Südwesten des heutigen Bundesstaates Colorado ausdehnt. Diese Straßen verlaufen
kerzengerade, auch über natürliche Hindernisse hinweg, und werfen die Frage auf, wozu ein Volk, das keine
Wagen und keine Lasttiere besaß, solche Verkehrswege
brauchte. Fachleute haben errechnet, daß für die Haus-
balken der in der letzten Phase der Anasazi-Kultur errichteten großen Häuser um die 200 000 Stämme der
Ponderosa-Kiefer gefällt wurden und über 80 Meilen
transportiert werden mußten. Das legt die Vermutung
nahe, es müsse sich um Transportwege gehandelt haben. Andere Vermutungen gehen dahin, die Routen sei-
en Pilgerstraßen gewesen.

Gesichert scheint, daß es sich bei den Einwohnern
der östlichen Pueblo-Dörfer im Tal des Rio Grande und
den weiter gegen Westen hin gelegenen Siedlungen um
Nachfahren der Anasazi handelt.

Die Pueblo-Indianer

Entwicklung und Religion der Pueblostämme[93]

Wenn nun auch über die Ursprünge und die Vorläufer der Kachina-Religion Unklarheit herrscht, ist man sich doch über die Gründe für ihre rasche Assimilierung durch die Pueblo-Gesellschaft weitgehend einig. Die Zuwanderer in die östlichen Pueblo-Siedlungen am Rio Grande Tal um die heutige Stadt Santa Fe und zu den westlichen Pueblos am mittleren und oberen Kleinen Colorado wurden bereitwillig aufgenommen. Dabei muß die Religion eine entscheidende Rolle gespielt haben. Die Kachina-Zeremonien scheinen sich von Osten nach Westen zu verändern, entsprechend der Art und Weise, wie sie in die jeweiligen sozialen Gegebenheiten paßten. Kontrolliert wurden sie offenbar durch die Clane. Da sich diese Organisationen in der historisch übersehbaren Zeit kaum änderten, nimmt man an, daß sie auch in prähistorischer Zeit funktionierten.

Die Kachina-Religion hat trotz verschiedener Riten bei allen Pueblos so etwas wie einen gemeinsamen Nenner. Sie hat sich früh dem Bedürfnis nach Harmonie in der Gemeinschaft und den Wünschen der Menschen angepaßt. Die Rituale wurden von bestimmten Bedürfnissen wie Heilung von Krankheiten, die Durchsetzung von bestimmten Sitten, Erfolg bei Jagd und Krieg, Bestrafung von Schuldigen, sozialer Ausgleich durch Rückverteilung von Gütern oder die Notwendigkeit von Regen geprägt. In den Trockengebieten der westlichen Pueblos ist die wichtigste Voraussetzung für das allgemeine Wohlergehen Regen. In den östlichen Pueblos, die in der Nähe des Rio Grande und seiner Nebenflüsse liegen, bestehen andere Präferenzen, nämlich Jagd, Krieg und Heilerfolge.

Das äußere Kennzeichen von Gemeinsamkeit der nach Ende der Wanderbewegung im Rio Grande Tal in der Zeit vor dem Eindringen der Spanier (ab 1540 durch die Expedition des Coronado und mit dauernden Siedlungen ab 1598) anwachsenden indianischen Dörfer (Pueblos) ist die *Kiva*, ein kirchenähnliches, unterirdisches Gebäude, das sich aus dem Grubenhaus der Anasazi entwickelt hat. Jedes Pueblo besitzt eine oder mehrere *Kivas*, entweder rund oder viereckig, in die man über eine Leiter, die in den unterirdischen Raum führt, gelangt. Die Passage erinnert an den in vielen Mythen beschriebenen Aufstieg aus früheren Welten. Innen finden sich eine Herdstelle und ein stehender Altar, während sich den Wänden entlang Bänke hinziehen, die *fog seat* genannt werden und die schwellende Wolken verkörpern. Eine getrennte Entwicklung führte zu dem unterschiedlichen Stil der Kammern, die von der Priesterschaft benutzt wurden, welche in den Dörfern eine Art theokratische Herrschaft ausübte.

Das Lied vom himmlischen Webrahmen[94] / Tewa Pueblos

Die Tewa-Indianer wohnen in den sogenannten östlichen Pueblos, den Dörfern: Nambé, San Ildefonso, San Juan, Santa Clara und Tesuque (alle in New Mexico) und in dem Dorf Hano im nordöstlichen Arizona. Der himmlische Webstuhl ist eine Metapher für den kleinen Wüstenregen, der für diese Landschaft charakteristisch ist. Tatsächlich wirken die Regenwolken am Himmel wie ein vom Wind bewegtes Gewebe.

O Mutter Erde, o Vater Himmel,
wir sind deine Kinder und mit ermüdetem Rücken.
Bringen wir dir die Geschenke, die dir gefallen,
so web uns ein Kleid aus Helligkeit.
Möge die Kette das heilige Licht des Morgens sein.
Möge der Schuß das rote Licht des Abends sein.
Mögen die Fransen der fallende Regen sein.
Mag der Rand der sich spannende Regenbogen sein.
So webe für uns ein Gewand aus Helligkeit,
auf das wir angemessen dort gehen,
wo die Vögel singen
und wo das Gras grün ist.
O Erde, du unsere Mutter, o Himmel, du unser Vater!

Die Kachinas der Hopi und Zuñi[95]

Das Schlüsselsymbol der Spiritualität der Hopi und
Zuñi, wie sie sich in Zeremonien ausdrückt, ist die Kachina. Kachina ist eine der englischen Sprache angepaß-
te Schreibweise des Hopi-Wortes *katsina*. Nach Malotki ist der Begriff letztlich unübersetzbar und nicht aus
der Hopi-Kultur abstammend, vielmehr scheint er seinen Ursprung in den Keres-sprechenden Dörfern in
New Mexiko zu haben. In der ethnographischen Literatur über die Hopi wird er meist mit „wohlwollende
übernatürliche Wesen", „Geistwesen" oder „Götter"
übersetzt. Alle drei Begriffe geben den Sinn nur
annähernd wieder. Die Kachina ist ein Geist, ein
Mensch, ein Kult, eine Lebensart und eine visuelle Sprache. Die Legende erzählt von der Entstehung der Kachinas: Vor langer Zeit, als die Zuñi einen Fluß über-
querten auf der Suche nach der heiligen Mitte der Welt,
glitten einige Kinder den Müttern vom Rücken und

wurden in Wasserwesen verwandelt. Sie trieben stromabwärts zum Zusammenfluß des Zuñi River und des Kleinen Colorado, etwa 80 Meilen von den heutigen Zuñi-Dörfern entfernt.

Hier, unter der Wasseroberfläche des Sees der Flüsternden Wasser, wurden sie zu Kachinas und gründeten eine Kachina-Stadt. Bei Gebeten kamen sie zu den Menschen zurück, um vor ihnen zu tanzen und Regen und Fruchtbarkeit für die Ernten zu bringen. Aber nach diesem Besuch folgten ihnen viele der Mütter. Da erklärten die Kachinas den Menschen, sie würden hinfort nicht mehr selbst zu ihnen kommen. Statt dessen werde ihr Geist in die Masken und Kostüme jener fahren, die sie bei der Zeremonie darstellten. Jenen Männern, die die Kachinas verkörperten, mußten Gebetsstöcke als Geschenke gegeben werden. Die Masken wurden mit heiligem Mehl genährt, sonst waren Krankheit und Dürre die Folge.

Die Kachinas sind Boten und Vermittler zwischen den Menschen und den Göttern. Die Rasseln und Gebetsstöcke, die viele von ihnen in den Händen tragen, sind Ausdruck dessen, daß die Kachinas die Gebete der Hopi wie auf Flügeln mit sich nehmen sollen. Auf den übereinandergeschichteten Brettchen bei den Masken des Pallik Man, der Hemis Kachina und der Schmetterlingstänzer entdeckt man abstrakte Darstellungen von Regen, Wolken und Blitzen, Samen und Mais. Tatsächlich tragen die Kachinas die Welt auf dem Leib, sie sind Personifizierungen des Kosmos. Die Ikonographie der Kachina vergegenwärtigt den Kosmos. „Es werden sechs verschiedene Farben, die die sechs heiligen Richtungen bezeichnen, verwendet . . . Durch die Färbung ihrer Kostüme und anderer religiöser Gegenstände würdigen die

Hopi das Wetter und die Ressourcen, die mit diesen Richtungen in Verbindung gesetzt werden. So haben z.B. auf den *Kiva*-Altären die in den heiligen Richtungen ausgelegten Maiskolben Körner in den entsprechenden Farben. Die Halskrause des Tänzers ist grün, die Schärpen sind rot, grün, schwarz oder weiß, Röcke und Schals sind an ihren Rändern oft mit mehrfarbigen Mustern verziert, in denen alle Richtungsfarben vorkommen. Typische Darstellungen wie sich auftürmende Regenwolken, Schmetterlinge und Kachina-Gesichter sind in Schwarz, Grün, Gelb und Rot auf weißem Hintergrund gehalten."[96] Über die Bedeutung der Tänze und Zeremonien schreibt Dorothy Washburn: „Der Schöpfungsmythos wird in jeder Zeremonie von neuem nachgelebt. Die Überlieferung, wonach die Hopi mittels eines Schilfrohres in ihre Welt aufgestiegen sind, wird durch das *sipapu* symbolisiert.

Wörtlich bedeutet *sipapu* ein Loch im Boden der *Kiva* in unmittelbarer Nähe der zentralen Feuerstellen oder eine Nische in der Wand, im übertragenen Sinn jedoch stellte es das Loch dar, durch welches die Hopi bei der Geburt in die Welt kommen und mit ihrem Tode wieder zurückkehren werden. Daß die *Kiva* unterirdische Räume sind, die nur über ein Loch in der Decke verlassen und betreten werden können, mag als Gleichnis für ihr früheres Leben in der Unterwelt und ihren Aufstieg in die jetzige Welt verstanden werden."[97]

Freilich erschöpft sich der Sinn der Kachina-Tänze nicht mit der Vergegenwärtigung von Anfang und Ende. Sie dienen auch dazu, die Fruchtbarkeit zu gewährleisten.

Zwischen beiden Bereichen besteht aber ein Zusammenhang, der sich gewissermaßen in zwei Kreisläufen ausdrückt: Wie der Stamm aus dem *sipapu* aufgetaucht ist und wie der einzelne nach dem Tod in den Schoß der Erde zurückkehrt, so wird die Seele des Toten zu den Wolken zurückgetragen und fällt als Regen auf die Erde zurück.

Diese Doppelwertigkeit wohnt auch den Kachinas selbst inne: „Sie werden alle mit der Welt der Geister und Toten assoziiert; wenn sie tanzen, bereiten sie den Menschen Freude, und als Wesen, die das Reich der Wolken bewohnen, bringen sie den Regen. In der Tat", erklärt uns Alice Schlegel, „sind sie die eigentliche Verkörperung des Regens: Es heißt, daß ein Tropfen ihrer Körperflüssigkeit *(paala)* die Feldfrüchte zum Wachsen bringt."[98] Die Kachina-Tänzer kommen zum *soyal*-Fest, also zur Wintersonnenwende, ins Dorf, um die *Kiva* für das beginnende Jahr zu weihen. Sieben Monate später kehren sie in ihre Heimat, das San-Francisco-Gebirge, zurück, wo sie ausruhen und schlafen.

Die *soyal*-Zeremonie im Dezember spielt sich wie folgt ab: Der *soyal*-Häuptling beobachtet auf einer bestimmten Mesa (Tafelberg) den Fall der Schatten, und wenn eine bestimmte Marke erreicht wird, weiß er, daß nach einer Anzahl von Tagen die Sonnenwende kommt.

Sechzehn Tage vor der Sonnenwende zieht er sich in die *Kiva* zurück, und allmählich schließen sich ihm die übrigen Männer an. Die Männer achten darauf, daß sie weder Fleisch, Fett oder Salz zu sich nehmen, und enthalten sich des sexuellen Umgangs mit ihren Frauen. Sie tragen nur Lendentücher, haben nackte Füße, lassen das frisch gewaschene Haar unfrisiert hängen. Sie sollen sich ganz auf die heiligen Dinge konzentrieren, und es besteht die Vorstellung, daß durch die Kraft ihrer Gedanken das Leben des Dorfes erneuert wird.

Am letzten Tag des *soyal* sind die Frauen und Kinder in der *Kiva* zugelassen. Jetzt nämlich tanzt dort *Muyingwa*, der Vegetationsgott. Auf seinen Körper sind viele weiße Punkte gemalt, die die Sterne symbolisieren. In der Hand hält er ein Sonnensymbol; damit verleiht er diesem Gestirn die Kraft, zu seiner Sommerreise aufzubrechen. Wenn man durch die Dachöffnung am Himmel die Sterne sieht, werden die in der Vorbereitungszeit angefertigten Gebetsstöcke an den Sonnenvater, den Herrscher der Unterwelt und an die Bewohner eines jeden Hauses im Dorf verteilt.

Im Februar dann erscheinen die Kachinas, also Männer, die durch Masken und Bemalung die Heiligen Wesen verkörpern. Da die Felder zu diesem Zeitpunkt noch kahl sind, bringen sie junge Bohnenpflanzen mit, die zuvor in den *Kivas* vorgetrieben, gewässert und besprochen worden sind. An diesem Tag der *powamu*-Zeremonie besuchen die Tänzer die kleinen Kinder. Von den Mädchen verlangen sie, daß sie Mehl mahlen, von den Jungen, daß sie Mäuse fangen. Sie kehren nach einiger Zeit zurück und überzeugen sich davon, daß die Kinder etwas zustande gebracht haben. Wenn das nicht der Fall ist, drohen sie mit der Entführung des Kindes. Als Belohnung, wenn sie zufrieden sind, geben sie den Mädchen eine Kachina-Puppe *(tihu, ti* = Kind), den Jungen einen Bogen.

Im übrigen kommt die Kachina-Puppe tatsächlich vom Vater des Mädchens oder von irgendeinem Mann aus dem Clan des Vaters, der als Vater *(na'a)* bezeichnet wird, auch wenn sie dem Kind von einem Kachina-Tänzer überreicht wird. Der Vater macht dieses Geschenk als Beschützer seiner Tochter und Behüter ihrer Fruchtbarkeit.

Der Stimulierung von Fruchtbarkeit kommt im ganzen Lebenslauf eines Hopi zentrale Bedeutung zu. Das beginnt bei der Namensgebung, wenn die Frauen des Vaterclans das Neugeborene ohne Ansehen seines Geschlechts an ihren bloßen Schenkeln reiben, um so die Fruchtbarkeit des Kindes im späteren Leben sicherzustellen.

Tiita bedeutet für den Hopi gebären, aber auch vermehren. Es ist eine Eigenschaft, die mit den Kachinas, unter den Menschen vor allem mit der Frau in Verbindung gebracht wird. Die Erde und die Maispflanzen sind weiblich, Sonne, Regen, Blitze männlich. Diese Kräfte können zwar das Leben erwecken, es aktivieren, aber auch den Tod bringen.

Mädchen werden in der Hopi-Gesellschaft gegenüber Jungen bevorzugt. Ein neugeborenes Mädchen garantiert die Fortsetzung des matrilinearen[99] Clans. Die Tochter und deren Mann sind für die Versorgung der Eltern im Alter zuständig. Die Puppe und der Bogen sind die Spielzeuge, die Töchter und Söhne an ihre Aufgaben als Erwachsene erinnern sollen. Der kleine Bogen erinnert an die Jagd und die Kriegsführung, die Kachina-Puppe an die Mutterschaft.

Dabei haben die Hopi, deren Ideal Friedfertigkeit ist, Kämpfen als notwendiges Übel zur Bewahrung des Lebens verstanden. Nicht zufällig sind dann auch die Reinigungszeremonien eines Kriegers und die einer Frau nach der Geburt identisch. Im späteren Leben wird man einer jungen Frau, die schwanger werden möchte, bei *powamu* eine Kachina-Puppe schenken, die dann zumeist der Mann selbst geschnitzt hat.

Aus solchen Zusammenhängen wird deutlich, wie stark sich Heiliges und Alltägliches bei den Hopi durchdringen. Das heißt nun wiederum nicht, daß es zwischen beiden Bereichen keine Unterschiede gäbe.

Dorothy Washburn hat in ihrem Aufsatz „Kachina - Einblick in die Welt der Hopi" auf das merkwürdige asymmetrische Verhältnis zwischen den Festen und dem, was durch sie bezweckt werden soll, hingewiesen: „Obwohl zum Beispiel das Pflanzen und Keimen nicht vor Mai oder Juni stattfindet, beginnen die Hopi bereits Ende Februar im Hinblick auf dieses Ereignis die *powamu*-Zeremonie abzuhalten. Dabei kommt dem künstlich herbeigeführten Keimen der Bohnen in der überhitzten *Kiva* eine symbolische Schlüsselbedeutung zu. So wächst in den *Kivas* bereits neues Leben, während draußen auf den schneebedeckten, windigen Mesas die Natur noch schläft und es so kalt ist, daß die meisten Zeremonien in den Häusern stattfinden müssen."[100]

Es geht auch hier nicht nur darum, auf den Zusammenhang zwischen dem Sichtbar-Realen und dem Unsichtbaren hinzuweisen, das Unsichtbare zu verlebendigen und zu veranschaulichen, sondern Leben und Vermehrung durch zeremonielle Nachahmung als Kraft zu erhalten und zu unterstützen.

Eine weitere wichtige Frühlingszeremonie im März steht mit *Palülukong*, der Großen Schlange, in Zusammenhang. Schlangen werden von den meisten Stämmen des amerikanischen Südwestens verehrt, aber dieses Wesen kommt aus dem Süden und bringt von dort die Fruchtbarkeit, nicht nur für Pflanzen, sondern auch für die Menschen. Es verweist auf den ethnischen und kulturell-religiösen Zusammenhang zwischen diesen Stämmen und den Indianern in Mexiko. Das Geschenk der Fruchtbarkeit wird den Menschen dramatisch vor Augen geführt. Die Ankunft des *Palülukong* spielt sich bei Nacht in der überfüllten *Kiva* ab. Eine Augenzeugin schildert sie wie folgt: „Man hört das Singen und Aufstampfen der Kachina-Tänzer und von Zeit zu Zeit ein mark- und beinerschütterndes Geschrei. Die Stimme der Schlange wird mit einer Kürbistrompete nachgeahmt. Dann wird es völlig dunkel. Die Dachöffnung ist abgedeckt worden, und die Feuer sind gelöscht. Plötzlich flammt das Feuer wieder auf, und man sieht, daß an einem Ende der *Kiva* eine mit Baumwolltuch überspannte Wand errichtet worden ist, auf die man Blumen und Sonnensymbole gemalt hat. Vor ihr steht eine Reihe junger Maispflanzen, die man, ähnlich wie die Bohnen, in einem warmen Raum vorgetrieben hat. Plötzlich entsteht ein Riß in der Wand, und durch ihn schieben sich die Köpfe der Schlangen. Die Körper, die man aus Weidenreifen, mit Baumwolltuch bespannt, gebastelt hat, werden bewegt durch den darin steckenden Arm eines Mannes. Nun segnet die Mutter der Kachinas die Schlangen mit Maismehl und gibt ihnen die Brust: Eine Geste, die die enge Verbundenheit des Übernatürlichen mit der Fruchtbarkeit verdeutlichen soll. Dann stoßen die Schlangen die Reihe der Maispflanzen um, was für das Ernten der Maisfelder steht. Wieder wird es dunkel, und die Puppenspieler benutzen diese Pause, um zur nächsten *Kiva* zu gehen. Die vorgetriebenen Maispflanzen werden als Geschenke der Heiligen Wesen an die Zuschauer verteilt."[101]

Zu Mittsommer, nachdem sie sieben Monate in den Dörfern anwesend gewesen sind, verlassen die Kachinas die Menschen. Sie kehren in die Randgebirge des Plateaus zurück, auf dem die Hopi, inmitten der Navajo, wohnen. Schon erwähnt wurde die Vorstellung, daß sie dort schlafen und sich ausruhen, aber man hört auch, daß sie um diese Zeit die Toten besuchen, die nun Wintersonnenwende haben. Um diese Zeit hat die Maisernte und die Ernte aller lebenswichtigen Früchte schon begonnen.

Zum Abschied tanzen die Kachinas nicht in der abgedunkelten Kiva, sondern im grellen Sonnenlicht und nehmen den Dank der Menschen entgegen.

Der Tod und die Welt der Toten bei den Pueblo

Die Vorstellungen vom Tod sind in den östlichen und westlichen Pueblo-Dörfern unterschiedlich. In den Pueblos am Rio Grande glaubt man, daß bei seiner Geburt jeder Mensch eine Seele und einen Schutzgeist von *Iariko* oder *Iatik*, der Mutter des Alls, erhält. Beim Tod verlassen Seele und Schutzgeist den Körper, bleiben aber vier Tage in dessen Haus, ehe sie sich auf die Reise nach *shipap*, dem Eingang zur Unterwelt, machen. Der Schutzgeist trägt einen Gebetsstock, der gebraucht wird, um in die Unterwelt eingelassen zu werden. Je nach dem Verhalten des Toten zu Lebzeiten wird seine Seele in eine der vier Unterwelten geschickt. Jene, deren Verhalten als gut beurteilt wird, gelangen bis in die innerste Unterwelt und werden dort *shiwana* (Regenmacher). Als Wolken kehren sie in ihr Dorf zurück.

Der Tod wird als ein natürliches und notwendiges Phänomen angesehen, denn „wenn niemand stürbe, wäre bald kein Platz mehr auf der Welt".

In den westlichen Pueblo-Dörfern (Zuñi) wird der Tote zunächst mit einem Sud aus Yucca abgerieben und mit Maismehl bestreut, ehe man ihn beisetzt. Da man meint, daß die Seele des Toten vier Tage (vier ist die heilige Zahl der *Native Americans)* noch im Dorf umherstreiche, läßt man während dieser Zeit die Tür seines Hauses angelehnt, damit sie noch hereinkommen kann, wenn ihr danach verlangt.

Am Morgen des fünften Tages reist der Geist zum Rat der Götter in das Dorf der *kothluwalawa*, das unter dem Wasser der Lauschenden Quelle liegt. Wenn es sich bei dem Verstorbenen um einen *uwannami*, ein Mitglied der Bogen-Priesterschaft, gehandelt hat, wird er ein „Blitzmacher" und bringt Wasser von den „sechs großen Gewässern der Welt", die sich als Regen durch die Wolken ausschütten, denn diese sind *uwannami*, die sich maskiert haben.

Der Ursprung des Todes[102]

Die Einstellung der Mutter, die am *shipap* (Platz des Aufstiegs und des Eingangs zur Unterwelt) wohnt und im folgenden Text den aufsteigenden Menschen einen guten Rat gibt, ist ganz im Sinn der Pueblo-Philosophie: Exzessives Trauern ist schädlich und beeinträchtigt nicht nur das Wohlergehen der Lebenden, sondern auch das der Toten. So kann nach Vorstellung der Pueblo ein Kind keine Ruhe finden, weil die Mutter nicht aufhört zu weinen. Also schickte der Oberpriester von *shipap* zwei Boten zur Mutter und befahl ihr, ihrer Tochter nicht länger zu gedenken, denn nur dann werde das Kind in die Unterwelt aufgenommen werden.

Als das Volk aus einer unteren Welt aufstieg, wurde eines der Kinder sehr krank, und sie wußten nicht, was mit ihm geschah. Sie hatten in der unteren Welt noch nie erlebt, daß jemand erkrankte. Also sprachen sie zum *shkoyo* (dem Heilungshäuptling): „Vielleicht wird Unsere Mutter uns helfen. Kehr um und bitte sie, den Kummer von uns zu nehmen." Er tat, wie ihm geheißen, aber Unsere Mutter sagte zu ihm: „Das Kind ist tot. Wenn deine Leute nicht sterben würden, hätte es bald keinen Platz mehr für euch alle. Wenn einer von euch stirbt, kommt er zurück nach *shipap* und wohnt dann wieder bei mir. Reist nur weiter, und kümmert euch nicht darum, wenn die Leute sterben."

Er kehrte zu seinen Leuten zurück und richtete ihnen aus, was die Mutter ihm aufgetragen hatte. In jenen Tagen behandelten sie einander alle wie Brüder. Sie pflanzten Mais mit Grabstöcken und wurden niemals müde. Sie gruben Gräben, um das Land zu bewässern. Der Mais reifte innerhalb eines Tages. Als sie nach Frijoles (im heutigen Bundesstaat Arizona) kamen, trennten sie sich, und die verschiedenen Pueblos gingen ihrer Wege.

Ein Kachina-Lied der Zuñi[103]

Der Kachina-Zeremonie liegt der Wunsch zugrunde, die Erde fruchtbar werden zu lassen und Regen herbeizuzaubern. *Itawana* ist das Totenreich.

Im Westen auf dem Flower Mountain
sitzt ein Regenpriester.
Sein Haupt hat als Federschmuck Kumuluswolken.
Seine Worte sind das Gewölk über Itawana.
„Komm, stehen wir jetzt auf!"
Dies sagen die Regenmacher zueinander,
die an den Küsten des sie umschließenden Meeres
sitzen.
Aha ehe.
Aha ehe.

Im Süden auf dem Salt Lake Mountain
sitzt ein Regenpriester.
Sein Kopfschmuck ist Regen. Seine Worte bedecken
Itawana mit Regen.
„Komm, laßt uns jetzt fließen",
so hörte man's aus allen Quellen,
und die Regenmacher sagen zueinander:
Aha ehe.
Aha ehe.
„Die schöne Welt wächst auf.
Die Sonne, die gelbe Morgendämmerung sprießt."
Das sagen die Maispflanzen zueinander.
Auf ihnen liegt Tau.
Sie bringen ihre Triebe hervor.
Aha ehe.
Aha ehe.

Gebet an den Sonnengott, gesprochen bei der
Vorstellung eines Kindes[104]

Am Morgen des zehnten Tages nach der Geburt wird
das Kind aus seinem Sandbett aufgenommen, die Großmutter väterlicherseits nimmt es auf ihren linken Arm
und trägt es zum ersten Mal hinaus in die aufgehende
Sonne. An die Brust des Kindes wird ein Maiskolben
gepreßt, der seit der Geburt des Kindes neben ihm gelegen hat.

Neben der Großmutter schreitet die Mutter des Kindes. Auch sie hält einen Maiskolben in der Hand, der die
ganze Zeit neben ihr gelegen hat. Beide Frauen streuen
mit heiligem Mehl eine Spur, die das Kind verfolgen
soll, wenn es vor den Göttern Gnade finden will. Also
ist das erste übernatürliche Wesen, dem das Kind im

Morgengrauen seiner Existenz begegnet, die Sonne. Das
Gebet an sie spricht für das Kind die Großmutter.

Dies ist nun der Tag.
Du unser Kind wirst im Tageslicht dastehen.
Dich auf diesen Tag vorzubereiten,
haben wir unsere Zeit verbracht.
Die Zeit ist um.
Acht Tage sind vergangen.
Unser Vater, die Sonne, hat auf seinem heiligen Sitz
Platz genommen.
Unsere Nachtväter haben ihre heiligen Plätze
eingenommen.
Nun heute
sind unsere Väter, die Priester der Morgen-
dämmerung, gekommen
und stehen an ihrem heiligen Platz.
Unser Sonnenvater steht an seinem heiligen Platz.
Kind, dies ist dein Tag.
Das Fleisch des weißen Maises, Gebetsmehl,
unserem Sonnenvater
bringen wir es als Opfer dar.
Möge sich dein Weg erfüllen,
mögest du die Straße zu unserem Sonnenvater
finden.
Wenn du den Weg gegangen bist,
möge es sein,
daß wir in deinen Gedanken leben.
Uns sollen deine Gedanken einschließen.
An diesem Tag opfern wir darum
Gebetsmehl der Sonne mit diesem Zweck.
Möge er uns allen helfen,
unseren Weg bis zum Ende zu gehen.

Die Gestalt des Kokopelli, seine Entstehung und seine Bedeutung[105]

Verstreut über den Südwesten finden sich als eindrucksvolle Hinterlassenschaft der Anasazi und der vor und gleichzeitig mit ihnen in dieser Region lebenden Völker an die 7000 Felsgravuren, in der Fachbezeichnung „Petroglyphen" genannt. Die meisten davon sind in Klippenwände oder freistehende Felsen eingeritzt und im Laufe der Zeit mit einem Überzug aus Wüstenstaub „patiniert" worden. Dieser Staub stellt eine dünne Schicht braunen oder bläulichen Materials dar und enthält tote Bakterien, die ihrerseits aus dem Gestein Eisen- und Mangansalze aufgenommen haben. Die Bedeutung der jeweils dargestellten Zeichen – Vögel, Schlangen, Kreise, Menschen, Hände, Blitze – ist ungeklärt. Es könnte sich um Jagdzauber oder um Fruchtbarkeitssymbole handeln. Teilweise bilden die Petroglyphen auch Zusammenkünfte der Indianer oder ihre Rituale ab. Da höchst phantasievolle Szenen vorkommen, ist Spekulationen Tür und Tor geöffnet, ohne daß es über die Bedeutung der Darstellungen eine letzte Gewißheit gäbe.

Ich greife hier eine der häufig dargestellten Gestalten, den *Kokopelli*, heraus und gebe die Vermutungen wieder, die Anthropologen und Ethnologen über sie angestellt haben. Die Bezeichnung Kokopelli leitet sich von den Worten *hoko* = Holz und *pilau* = Höcker oder Buckel her. Die Gestalt wird sitzend, stehend, kniend, tanzend, von anderen getragen und beim sexuellen Akt dargestellt. Manchmal jagt der Kokopelli ein Bighornschaf, ein anderes Mal ist eine Schlange oder eine Eidechse bei ihm. Insgesamt hat man bisher vierhundert Darstellungsarten an etwa 80 Steinen gefunden. Es gibt

Kokopelli mit und ohne Flöte, dennoch scheint dieses Instrument der für eine Deutung entscheidende Gegenstand.

Die Flöte wird in vielen indianischen Kulturen sowohl zu heiligen Ritualen wie auch bei der Brautwerbung benutzt und spielte offenbar in der Kultur der Anasazi eine wichtige Rolle. Flöten aus Holz oder Knochen sind auch von den Archäologen gefunden worden. Die Flöten werden in den Berichten der Coronado-Expedition 1540 erwähnt. Dort ist davon die Rede, daß sie zu Festlichkeiten gespielt und von Gesang begleitet werden, die Männer bliesen sie aber auch, um die Frauen bei der Arbeit zu unterhalten. Man nimmt an, daß die Flöten auch als Signalinstrument dienten. Man hat den Kokopelli auch als Regenpriester interpretiert, der mit seinem Flötenspiel die Wolken herbeiruft und den Schnee schmelzen läßt. Die Flöten-Gesellschaften der Hopi blasen noch heute dieses Instrument, um die Regenwolken anzulocken. An den Flöten der Hopi sind oft Kürbisflaschen befestigt, ähnliches sieht man auf den Steinritzungen. Zudem sind Eidechsen und Insekten, die den Kokopelli begleiten, Tiere, die die Feuchtigkeit lieben. Die Zuñi sehen darin eine magische Praktik, um Feuchtigkeit herbeizuzwingen. Er wird auch mit der Felsengebirgsheuschrecke in Zusammenhang gebracht, der Schutzpatronin der Hopi-Flötengesellschaft, und mit der grauen Wüstenräuberfliege, die für ihre enthusiastisch vollzogene Begattung bekannt ist.

Gewisse Tiere in Begleitung des Flötenspielers sind erkennbar. Das gehörnte Gebirgsschaf ist auf der Mauer einer Kiva im Feuertempel auf der Mesa Verde abgebildet. Das hat dazu geführt, den Flötenspieler sich als Jagdpriester vorzustellen. Vielleicht hat die Gestalt einen Fruchtbarkeitszauber praktiziert oder die zu erlegenden Tiere anzulocken versucht. Eine Zeichnung im unteren Canyon des Santa Fe River zeigt eine Gruppe von zwanzig Flötenspielern. Man hat dies als die Darstellung einer Jagdzeremonie gedeutet, weil ein Dutzend der Männer statt Flöten Bogen bei sich tragen. Wiederum auf anderen Bildern scheint der Kokopelli umgeben von mehreren Helfern in Gestalt von Tieren und Geistwesen, was die Vermutung nahelegt, wir könnten mit dem Kokopelli einen Schamanen vor uns haben.

All dieses weist darauf hin, daß der Kokopelli ein Zauberer oder Vermittler zwischen der Realität und dem Übernatürlichen gewesen ist. Ein zusätzliches Rätsel gibt der Rückenhöcker auf, mit dem der Kokopelli auf fast allen Zeichnungen dargestellt wird. Es könnte sich dabei um einen Korb handeln, wie er im nördlichen Mexiko und bei den Hopi benutzt wird, der am Hinterkopf aufliegt und durch ein Stirnband am Kopf gesichert wird. Träger von Lastkörben werden auf der frühen Keramik dieser Gegend häufig abgebildet. Weiter könnte der Höcker eine Warenlast darstellen. Auch an einen Köcher, an einen Zeremonie-Tablett, eine andere Person oder ein Tier ist gedacht worden. In dem Tewa-Dorf Hano ist der Rückenhöcker der Kokopelli-Kachina mit Buckskins und Mokassins gefüllt, dazu bestimmt, diese gegen Bräute einzutauschen. Die Navajo-Gottheit *Ghanaskidi* hat einen Rückenhöcker, der aus Regenbogen besteht und zudem Nebel und Saatgut für verschiedene Pflanzenarten enthält. Im Pueblo Acoma (New Mexico) und bei den östlichen Apachen kennt man die Geschichte von zwei Brüdern, von denen der eine blind, der andere ein Krüppel ist. Der blinde Bruder trägt den Krüppel auf dem Rücken, als beide versuchen, zusammen auf die Jagd zu gehen. Getötetes Wild wird von mehreren Kachinas bei den Hopi, in Acoma und bei den Zuñi auf dem Rücken getragen.

Die Wanderung des Kokopelli[106]

Die Figur des Kokopelli belegt den Zusammenhang zwischen den Anasazi und den Pueblo, zwischen den spirituellen Vorstellungen der Anasazi und der späteren Pueblo-Religion, die um die Kachinas kreist.

Der Anthropologe Jesse Walter Fekes hat herausgefunden, daß sich in den Wanderungsberichten der Hopi/ Tewa ein Hinweis findet, dem zufolge die Kokopelli-Kachinas vom Asa-Clan, der zunächst vom oberen Rio Grande zu den Zuñi wanderte und sich gegen Ende des 17. Jahrhunderts bei den Hopi niederließ, mitgebracht wurde. Neuere Petroglyphenfunde aber deuten an, daß der Flötenspieler schon viel früher bei den Hopi auftauchte. Der Asa-Clan lebte während der Zeit einer Dürre auch im Canyon de Chelly, wo sich zahlreiche Darstellungen des Kokopelli fanden.

Andere Deutungen sehen in ihm den Schutzpatron des Flötenclans, identifizieren ihn mit dem Spinnen-, dem Wasser- und dem Meisen-Clan.

„Dieser (Asa-) Clan wanderte mit seiner Religion nach Norden und versuchte die Erde zu erwärmen. Aber selbst das Flötenspielen half nichts, und als sie nach Oraibi kamen, setzten sie dort ihre Religion ein. Diese Leute kannten eine Menge Lieder, um die Erde zu erwärmen. Der Wasser-Clan und der Meisen-Clan haben Flöten . . . auch der Spinnen-Clan kam aus dem Norden."[107]

Außer als Clan-Symbol wird der Flötenspieler mit

dem Höcker auf dem Rücken auch als wandernder, musizierender Händler mit einem Packen Waren auf dem Rücken abgebildet. Die prähistorische Maya-Gottheit Ek Chuah könnte das Urbild des Kokopelli gewesen sein. Auch er trägt etwas auf dem Rücken, hat einen Stab, ist Schutzpatron der Jäger, der wandernden Kaufleute und Bienenzüchter. Daß ein Netz von Handelsstraßen zwischen den Azteken Mittelamerikas und dem alten Pueblo-Volk des Südwestens bestanden hat, ist belegbar.

Viele religiöse Vorstellungen und zivilisatorische Errungenschaften Mittelamerikas erreichten den Südwesten über diese Handelswege. Man nimmt an, daß die frühen mittelamerikanischen Händler im 11. und 12. Jahrhundert bis ins Becken des San Juan River und bis zum Chaco Canyon gezogen sind. Sie tauschten Papageien und Keilschwanzsittiche gegen Türkise. Vielleicht stellt also der Rückenhöcker nicht einen Buckel, sondern einen Vogelkäfig dar, zumal Darstellungen des Kokopelli an vielen Stellen von Vögeln umgeben sind.

Die Navajo-Indianer

Abstammung und Einwanderung in den Südwesten[108]

Daß die Sprache der Navajo zu der Sprachfamilie der südlichen Athapasken gehört, gilt den Linguisten für sicher. Zur selben Gruppe gehört die Sprache der Apachen, bei denen wiederum zwischen Jicarillas, Mescaleros und White Mountains Apachen unterschieden wird.

Das südliche Athapaskische ist eine Untergruppe einer umfassenderen Sprachfamilie, die als *Na-Dene* bekannt und im nördlichen und südlichen Kanada verbreitet ist. Von daher nimmt man an, daß die Navajo auf einer langen Wanderung in den Südwesten der heutigen USA gelangten.

Die Bezeichnung „Navajo" ist ein abgewandeltes Tewa-Pueblo-Wort und bedeutet „kultivierte Felder". Die Spanier nannten den Stamm Apaches de Navajó, die amerikanische Aussprache wäre dann Navaho; die Navajos selbst bezeichnen sich als Dineh, das Volk.

Aus der Zeit, zu der das Volk im Südwesten ankam, gibt es keine Hinweise auf seine spirituellen Überzeugungen. Die Funde aus der sogenannten Dinétah-Periode (1375–1650) deuten auf eine Gesellschaft von Sammlern und Jägern hin, die das Clansystem noch nicht kannte und nichts vom Anbau von Mais oder dem Squash-Kürbis wußte. Ihre Keramik war unbeholfen, hatte keine Muster oder Strukturen. Die Aschenhaufen, die man gefunden hat, zeigen, daß die frühen Unterstände, in denen das Volk lebte, Ausgänge in alle vier Himmelsrichtungen hatten. Versuche, Häuser im Baustil der Pueblo zu errichten, scheinen zunächst fehlgeschlagen zu sein.

Sprachliche Bildungen aber zeigen, daß die Dineh bemüht waren, aus den Erfahrungen in ihrer neuen Umgebung zu lernen. Ihre Bezeichnung für Mais bedeutet wörtlich „Nahrung der Feinde (Fremden)".

Während der sogenannten Gobernador (Gouverneurs-) Periode (zirka 1650–1775) wuchs das Volk und verwandelte sich von einer Gesellschaft der Jäger und Sammler in eine Volksgruppe, die Ackerbau und Viehzucht betrieb und Zeremonien durchführte. Das ergab sich durch die Berührung mit den Pueblo-Völkern. Von ihnen übernahmen die Navajo nicht nur fortschrittlichere Techniken der Landwirtschaft, sondern auch Rituale, Gebete, Lieder und Mythen. Bestimmte Zeremonien dürften von den Priestern übermittelt worden sein, die vor den Missionierungs- und Unterdrückungsversuchen der Spanier aus den Pueblo-Dörfern zu den Navajo flohen.

Später, als die Dineh durch den Besitz von Schafen und Pferden wohlhabender wurden, erfanden sie ihre eigenen Zeremonien, in denen es Gebete für das Wohlergehen der Tiere gab. Mit dem Schaf kam die Wolle, aus der man Decken und Teppiche wob, in deren Gewebe, wie im Einleitungskapitel schon dargestellt, auch spirituelle Vorstellungen, eingingen. Durch den Handel mit den Spaniern lernten die Navajo ihre heute so geschätzten Silberschmiedearbeiten. Die Erbfeindschaft der Mexikaner aber zogen sie sich durch Raubzüge zu, bei denen sie deren Viehherden wegtrieben.

Pferde und Rinder waren für die Dineh wichtige Nahrungsquellen und ließen sie Halbnomaden bleiben.

In der Canyon des Chelly-Phase (zirka 1775–1863) verlagerte sich ihr Stammesgebiet in die heutigen Four Corners und in den Canyon des Chelly. Sofern nur irgend möglich, wichen die Navajo bei Konflikten zurück, statt zu kämpfen. 1824 bezeichnet sie ein Bericht als den Indianern der Großen Ebenen kulturell überlegen und erwähnt ihre modischen Kleider, ihren kunstvollen Schmuck, ihren großen Viehbestand und das von ihnen kultivierte Land.

Zwischen 1846 und 1863, als die Weißen die mit ihnen geschlossenen Verträge brachen, folgte eine Zeit der Kämpfe und Konflikte mit den neuen Herren, den Nordamerikanern. Traumatisch wirkt heute noch der „Lange Marsch" (Beginn 6. März 1864 in Fort Defiance), die Deportation von 8500 Männern, Frauen und Kindern in ein Straflager im östlichen New Mexico bei Bosque Redondo nach. Erst nach vier Jahren erlaubte man dem Volk, in sein „heiliges Land" zurückzukehren, wo die US-Armee inzwischen die Schafherden vernichtet, die Obstplantagen abgeholzt und die Brunnen zugeschüttet hatte.

Verwandtschaftsbeziehungen und die Clane

Als Teil der spirituellen Kultur der Navajo muß auch ihr Verwandtschaftssystem *K'é* betrachtet werden. Es stellt ein besonders starkes Zusammengehörigkeitsgefühl her. Die Gesellschaft der Navajo ist matrilinear und matrilokal organisiert. Zum besseren Verständnis dessen, was das bedeutet, muß hier zunächst erklärt werden, was ein Clan ist.

Im Jahr 1949 wurde von George Murdock eine neue Definition für diesen Begriff eingeführt. Ein Clan besteht aus Personen eines Geschlechts, die demselben Verwandtschaftsverband angehören, und den Ehepartnern der verheirateten Angehörigen. Ein „Matriclan" besteht also aus Frauen der Verwandtschaft mütterlicherseits, ihren unverheirateten Söhnen und ihren

Ehemännern, ein „Patriclan" aus den Verwandten väterlicherseits, ihren unverheirateten Töchtern und ihren Frauen. In beiden Fällen gilt die wirkliche oder metaphorische Verwandtschaft für alle Clansmitglieder, und diese können untereinander nicht heiraten. Wenn ein Angehöriger des Wolfsclans auf Reisen ist, wird er in jedem Haushalt eines Wolfsclans herzlich willkommen sein, selbst wenn es sich um den eines anderen Stammes handelt. Zwischen Clansangehörigen besteht automatisch ein Band der gegenseitigen Fürsorge und Unterstützung.

Nun zurück zu den Navajo. Jedes Stammesmitglied gehört vier verschiedenen, miteinander nicht verwandten Clans an. Er/sie gehört zum Clan der Mutter. Er/sie wird geboren „für" seinen/ihren Clan oder für den Clan seines/ihres Vaters. Er/sie hat einen mütterlichen und einen väterlichen Großelternclan. Innerhalb des Mutter- und Vater-Clans besteht ein Eheverbot.

K'é erstreckt sich auch auf die Natur und die Gottheiten.

Somit sind Dineh immer unter Verwandten. Konkret stellt dies das folgende Beispiel dar: Ein Navajo trifft einen anderen Stammesangehörigen aus einem weit entfernten Teil der Reservation. Bei der Begegnung werden sich die beiden zunächst danach erkundigen, welchem Clan der andere angehört, und herausfinden, daß sie miteinander verwandt sind. Sie stellen fest, daß sie beide demselben Clan angehören und je nach ihrem Alter und Geschlecht Brüder, Schwestern, Mütter und Töchter, Großväter oder Großmütter sind. Ein kurioses Beispiel, was für merkwürdige Situationen dabei entstehen können, gibt Rex Lee Jim, ein Navajo-Lehrer aus Chinle: „Wenn ein älterer Mann ein Kind trifft und sich herausstellen sollte, daß das Kind zu dem Vaterclan des älteren Mannes gehört, gelangt das Kind automatisch in den Status eines Vaters. Der ältere Mann wird nun das Kind nicht länger als Kind behandeln, sondern es als Vater ansehen."[109]

Die Schöpfungsgeschichte der Navajo[110]

Die Schöpfungsgeschichte der Navajo erzählt von der Frühzeit des Volkes als Aufstieg durch mehrere Welten, als langsame Evolution der Tiere zu Menschen. Ganz offensichtlich spiegeln sich darin auch die Erfahrungen der Dineh auf ihrer langen Wanderung:

Alk'idáá' jini. Es geschah vor langer Zeit, so sagen sie. Im Anfang war nur Dunkelheit mit dem Himmel darüber und dem Wasser darunter. Und dann kamen durch geheimnisvolle und heilige Mittel Himmel und Wasser zusammen. Sie berührten einander, da begann alles. Das war die Erste Welt, die wie eine Insel in einem Meer aus Nebel schwamm. Dort lebten die ersten Wesen, die lebendig waren. Wenngleich man von diesen Wesen als von Leuten sprach, so waren es doch nicht eigentlich Menschen, sondern Insekten-Lebewesen. Von ihnen gab es zwölf an der Zahl: Die Wasserjungfern, die Roten Ameisen, die Schwarzen Ameisen, die Roten Käfer, die Schwarzen Käfer, die Käfer mit dem Weißen Gesicht, die Gelben Käfer, die Harten Käfer, die Mistkäfer, die Fledermäuse, die Baumgrillen und die Weißen Grillen.

Diese Insektenleute wohnten an den Ufern von drei Strömen in der Mitte der Ersten Welt, und die Ströme entsprangen alle an einem zentralen Ort. Zwei flossen nach Süden und einer floß nach Norden.

In der Ersten Welt war die Erde rot. Weiß erhob sich im Osten, und die Insektenleute wußten, daß es tagte. Blau erhob sich im Süden. Jetzt war es endgültig Tag. Wenn sich das Gelb im Westen erhob, wußten sie, daß der Abend gekommen war, dann kam im Norden das Schwarz auf, und die Insektenleute legten sich nieder, um zu schlafen.

In den Meeren, die diese Erste Welt umgaben, wohnten die vier Häuptlinge (Götter) der Insektenleute. Es waren dies das Wasserungeheuer, das im Osten wohnte, der Blaue Kranich, der im Süden lebte, der Frosch im Westen und der Weiße Gebirgsdonner im nördlichen Ozean. Die vier Häuptlinge ärgerten sich über das Volk, denn die Insektenleute begingen Ehebruch. Daraus erwuchs Streit.

Das Wasserungeheuer betrachtete die Leute nachdenklich und sprach bei sich: „Was sollen wir mit ihnen machen? Sie mögen das Land nicht, in dem sie wohnen." Im Süden warnte sie der Frosch vor den Folgen ihres Verhaltens, wie das auch die anderen Häuptlinge taten, aber die Insektenleute kümmerten sich nicht darum, bis es vor lauter Streit dahin kam, daß keiner der Häuptlinge mehr mit ihnen redete. So ging das immer fort, bis der Frosch endlich die Geduld verlor und rief: „Schert euch woandershin. Verschwindet von hier!" Auch das nützte nichts. Endlich trafen sich die Häuptlinge bei Nacht und berieten sich. Und im Morgengrauen redete das Wasserungeheuer die Insekten leute so an: „Ihr kümmert euch nicht darum, was wir euch sagen. Ihr gehorcht uns nicht. Deswegen müßt ihr irgendwo anders hin. In dieser Welt könnt ihr nicht bleiben."

Über vier Nächte hin besprachen die Frauen der Insektenleute, was die Häuptlinge ihnen verkündet hatten, aber da sie keinen anderen Ort wußten, wohin sie hätten auswandern können, kamen sie zu keinem Ergebnis. Nach der vierten Nacht brach der Morgen an. Da sahen die Leute im Osten etwas Weißes auftauchen. Dann erschien es im Süden, im Westen und Norden. Es sah aus wie eine weiße Mauer, wie ein hohes Gebirge, und nirgends gab es einen Durchlaß. Es kam immer näher, und bald sahen sie, was es war. Es war Wasser, undurchquerbar und unübersteigbar, so floß es um sie.

Den Insektenleuten blieb keine andere Wahl, als die Erste Erde zu verlassen. Sie flogen in Kreisen in die Höhe, bis sie den Himmel erreichten.

Als sie hinabsahen, erkannten sie, daß die Erste Welt ganz und gar unter Wasser stand.

Während sie noch umherflogen und sich fragten, wohin sie sich wenden sollten, steckte ein Wesen seinen blauen Kopf aus dem Himmel und rief ihnen zu: „Hier im Osten ist ein Loch." Sie krochen durch das Loch und kamen in die Zweite Welt, deren Oberfläche blau war.

Das Blaue Wesen, das sie dorthin gebracht hatte, war der Mauersegler und gehörte zu den Schwalbenleuten, die diese Zweite Welt bewohnten.

Über diese Welt hin waren ihre Häuser verteilt, die grob und plump aussahen und den Eingang oben hatten. Eine große Menge der Schwalbenleute versammelte sich bei der Ankunft der Fremden. Sie sprachen aber nichts.

Die Insektenleute wunderten sich, in was für eine merkwürdige Zweite Welt sie geraten waren. Sie schickten Läufer aus, die Baumgrille und die Weiße Grille, um die Zweite Welt erforschen zu lassen. Nach zwei Tagen waren sie zurück und berichteten dies: Nach einer Tagesreise nach Osten seien sie auf die Höhe einer steilen

Klippe gekommen. Das sei der Rand der Welt. Die Abgrund unter der Klippe sei so tief, daß sie den Boden nicht hätten sehen können. Sie seien keinen Wesen begegnet, die ihnen ähnlich sähen, überall sei nur flacher, nackter Boden.

Dann wurden die beiden Späher nach Süden, Westen und Norden geschickt. Und immer wieder waren sie am Ende des zweiten Tages zurück und wußten zu berichten, daß sie bis zum Rand der Welt gekommen seien. Also wußten die Insektenleute, daß sie sich in der Mitte eines weiten unfruchtbaren Landes befanden, in dem es keine Nahrung und keine ihnen verwandten Wesen gab.

Es war nach der Rückkehr der Läufer, daß die Schwalbenleute ins Lager der Insektenleute kamen und sie fragten, warum sie diese Späher denn ausgesandt hätten. „Weil wir wissen wollten, was dies für ein Land ist", antworteten sie, „und erfahren, ob in ihm Leute leben, die sind wie wir."

„Und was haben eure Kundschafter euch gesagt?" fragten die Schwalbenleute. „Sie sind viermal bis an den Rand der Welt gelangt, aber Pflanzen oder andere Lebewesen haben sie keine zu Gesicht bekommen." „Sie haben die Wahrheit gesprochen", sagten die Schwalbenleute, „wenn ihr uns gefragt hättet, hättet ihr euch diese Mühe sparen können. Bis ihr kamt, hat niemand in diesem Land gelebt außer uns."

Das sprachen die Insektenleute zu den Schwalbenleuten:

„Ihr versteht unsere Sprache. Ihr seid ein wenig wie wir. Ihr habt Beine, Füße, Körper, Köpfe und Flügel wie wir auch. Warum können unsere beiden Völker nicht Freunde sein?" „Möge es sein, wie ihr es wünscht", erwiderten die Schwalbenleute, und die Leute beider Völker fingen an, einander so zu behandeln, als kämen sie aus einem Stamm. Sie vermischten sich miteinander und redeten voneinander als Verwandte. Die Insektenleute und die Schwalbenleute lebten in der Zweiten Welt fünfundzwanzig Tage lang in Harmonie. Aber in der letzten Nacht verführte ein Mann der Insektenleute die Frau des Häuptlings der Schwalbenleute. Als ihr Mann das am anderen Morgen herausfand, sprach er zu den Fremden: „Wir haben euch wie Freunde behandelt, aber wie habt ihr uns das heimgezahlt! Wahrscheinlich seid ihr wegen solchen Verhaltens auch schon aus der Welt unter uns vertrieben worden. Dies ist unser Land, und wir dulden euch hier nicht länger. Außerdem ist es ein schlechtes Land, unfruchtbar und wüst. Selbst wenn wir euch hier dulden würden, könntet ihr auf die Dauer hier nicht leben."

Auf ähnliche Weise werden die Insektenleute immer wieder dazu veranlaßt, die nächste Welt zu verlassen und in eine andere auszuwandern, bis es dann in der Vierten Welt nach Erscheinen der Götter zur Erschaffung des Ersten Mannes und der Ersten Frau kommt. Die Menschen vermehren sich, aber es kommt zu einem Streit zwischen Männern und Frauen, der sich so zuspitzt, daß sich die Geschlechter trennen. Männer und Frauen leben auf verschiedenen Seiten eines Flusses. Der Coyote nützt die Einsamkeit der Frauen aus und begattet sich mit einigen von ihnen. Als Männer wie Frauen einsehen, daß die Geschlechter beide ohne das andere nicht auskommen, sind schon die Monster in der Welt, die nun das Menschengeschlecht zu vernichten drohen. Zu diesem Zeitpunkt setzt die Geschichte der beiden Frauen und ihrer Zwillingssöhne ein. Wenn die beiden Söhne der zwei Frauen als Zwillinge bezeichnet werden, die sie ja eigentlich gar nicht sind, so hat das damit zu tun, daß Zwillinge in besonderem Maße als heilig angesehen wurden.

Die Reise der Zwillinge zu ihrem Vater, dem Sonnenmann[111]

Die Menschen lebten inzwischen weit verstreut, weil die Ungeheuer das Volk verfolgt und viele Menschen verschlungen hatten. Aus der Gruppe von Menschen, die einst am Stehenden Weißen Felsen gelebt hatte, waren nur noch vier übriggeblieben. Diese Leute fanden ein paar Tage, nachdem sie in diese Gegend gekommen waren, ein kleines Abbild einer Frau aus Türkis, das sie aufbewahrten. Eines Tages nun erschien *hasteyalti*, der Sprechende Gott, vor diesen Leuten: einem alten Mann, einer alten Frau und ihren zwei Kindern. Er hieß sie, nachdem zwölf Nächte vergangen seien, auf die Spitze des heiligen Gebirges zu steigen und das Türkisbild der Frau mitzubringen.

Am Morgen des festgelegten Tages taten sie, wie ihnen geheißen worden war. Sie erstiegen das Gebirge auf einem heiligen Pfad. An einer flachen Stelle nahe dem Gipfel trafen sie auf eine Gruppe von Wesen, die sie schon erwarteten. Es waren dies die Götter *hasteyalti*, *hastehogan*, Weißer Körper (jener, der aus der unteren Welt mit dem Volk heraufgekommen war), die elf Brüder der Bärenfrau, die Bildsteinleute, die Tageslichtleute, die im Osten wohnten, die Blauer-Himmel-Leute aus dem Süden und die Dunkelheits-Leute aus dem Norden. Weißer Körper stand im Osten unter den Tageslichtleuten und hielt ein kleines Ebenbild der Frau, gemacht aus weißer Muschel, in der Hand. Es hatte dieselbe Größe

und ein ähnliches Aussehen wie das blaugrüne Ebenbild, das die Leute vom Stehenden Weißen Felsen mitgebracht hatten.

Hasteyalti legte eine heilige Rehhaut mit dem Kopf
gegen Westen hin aus. Die Bildsteinleute legten die
zwei kleinen Figuren aus Türkis und weißem Muschelkalk auf die Haut und gaben einen Kolben vom weißen
und einen vom gelben Mais hinzu. Dann deckte *hasteyalti* diese Dinge mit einer weiteren heiligen Rehhaut
ab, deren Kopfteil nach Osten wies, und darunter tat er
nilch'i, den Wind. Dann bildeten die Götter und die
Menschen einen Kreis. Sie ließen im Osten eine Öffnung. Durch die traten *hasteyalti* und *hastehogan* ein
und aus und sangen ein heiliges Lied dabei. Viermal kamen und gingen die Götter und hoben die Abdeckung
auf. Und als sie dies viermal getan hatten, sah man, daß
sich die Abbilder und die Maiskolben in lebendige Wesen verwandelt hatten. Aus dem Türkis-Abbild war
estsanatlehi, die Frau der Veränderung, geworden, und
aus dem weißen Abbild aus Muschelkalk war *yolkai
estsan* entstanden, die weiße Muschelfrau.

Vier Nächte blieben die beiden Frauen an diesem Ort,
und am vierten Morgen sagte die Frau der Veränderung:
„Jüngere Schwester, was haben wir hier verloren?
Laß uns noch etwas höher hinaufsteigen und uns um-
schauen."

Also erstiegen sie den höchsten Punkt des Gebirges.
Und als sie mehrere Tage dort gewesen waren, sprach
die Frau der Veränderung: „Es ist einsam hier. Wir können mit niemandem sprechen außer untereinander. Wir
sehen nichts außer dem, was über unseren Köpfen da-
hinzieht – *tsohanoai*, der Träger des Sonnengestirns –
und was unter uns tropft – einen kleinen, tröpfelnden

Wasserfall. Ich überlege mir, wie daraus Menschen werden können. Ich werde hier bleiben und warten, bis sich morgen die Sonne wieder zeigt. Steig du hinab und suche die wenigen Menschen, die auf der Welt noch übrig sind."

Am Morgen legte sich die Frau der Veränderung mit den Füßen nach Osten auf einen nackten, flachen Felsen, und die aufgehende Sonne schien auf sie herab. Die Weiße Muschelfrau aber stieg hinab zu dem tropfenden Wasser und ließ es über ihren Leib rinnen. Zu Mittag trafen sich beide Frauen auf der Höhe des Gebirges wieder, und die Frau der Veränderung sprach zu ihrer Schwester: „Es ist traurig, so einsam zu sein. Was wollen wir nur machen, damit es mehr Leute gibt, die uns gleichen?"

Die Weiße Muschelfrau antwortete: „Denke nach, ältere Schwester, und vielleicht wirst du in ein paar Tagen herausgefunden haben, was sich da tun läßt."

Vier Tage nach dieser Unterhaltung sagte die Weiße Muschelfrau: „Ältere Schwester, ich fühle, daß sich etwas in meinem Leib bewegt. Was kann das sein?"

Die Frau der Veränderung antwortete: „Es ist ein Kind. Du hast es empfangen, als du das Wasser über deinen Leib rinnen ließest. Auch ich spüre die Bewegungen eines Kindes in mir. Ich habe es von der Sonne empfangen."

Bald darauf hörte man die Stimme des Sprechenden Gottes, und nach dem vierten Ausruf zeigten sich der Wasserversprüher und er den beiden Frauen.

Sie waren gekommen, um die Frauen auf die Geburt vorzubereiten.

Nach vier Tagen spürten die Frauen, daß die Wehen einsetzten, und sagten zueinander: „Ich glaube, mein Kind kommt jetzt!"

Kaum hatten sie das gesagt, da hörten sie wieder die Stimmen des Sprechenden Gottes und des Wasserversprühers, und die beiden Götter erschienen. Sie waren die beiden Geburtshelfer. Die eine der beiden Frauen bekam ein Stück Regenbogen und die andere ein Stück Seil aus Sonnenschein, und daran hielten sie sich fest, als die Schmerzen sehr groß wurden, so wie bis heute die Frauen bei den Dineh an einem Stück Seil zerren, wenn sie gebären.

Das Kind der Frau der Veränderung wurde zuerst geboren, deshalb war es der ältere Bruder des Jungen, den die Weiße Muschelfrau zur Welt brachte; und beide nannte man die Zwillingshelden.

Als die Götter die Frauen allein ließen, hatten die beiden Jungen schon die Größe von zwölfjährigen Knaben. Die Götter forderten sie zu einem Wettlauf auf um ein in der Nähe liegendes Gebirge herum. Ehe die Hälfte der Strecke zurückgelegt war, ließen die Kräfte der Zwillinge nach, aber die Götter waren noch ganz frisch. Sie holten die Jungen ein und peitschten sie mit den Zweigen des Gebirgsmahagonibaumes. Der Sprechende Gott gewann das Wettrennen, und die Jungen kamen heim und rieben sich ihre schmerzenden Rücken.

Als die Götter sie verließen, kündigten sie an, daß sie in vier Tagen zurückkommen würden, und dann sollte abermals ein Wettrennen stattfinden.

Kaum waren sie gegangen, da flüsterte der Wind den Jungen zu, unschlagbar seien die Götter nicht, und wenn sie während der verbleibenden vier Tage nur eifrig übten, würden sie diese auch ohne weiteres besiegen können.

Das taten sie dann auch. Und während dieser vier Tage wurden aus den beiden Jungen ausgewachsene Männer. Im zweiten Rennen bekamen die Götter Schwierigkeiten, und die Jungen trieben sie mit Schlägen an, damit sie schneller liefen.

Die Götter gewannen schließlich das Rennen doch noch; aber als es vorbei war, lachten sie und klatschten in die Hände, denn der Kampfgeist der Jungen hatte sie beeindruckt.

Am Abend nach dem Rennen gingen die Jungen zu ihren Müttern und fragten diese, wer ihre Väter seien.

„Ihr habt keine Väter", sagten ihnen die Frauen. „Wir haben keine Ehemänner."

Wieder fragten die Jungen: „Wer sind unsere Väter?"

Da antworteten die Frauen: „Der Kaktus ist euer Vater."

Am nächsten Tag fertigten die Frauen Spielzeugbogen für die beiden und sprachen: „Nun geht und spielt, aber lauft nicht zu weit von der Hütte, und vor allem geht nicht nach Osten!"

Die Jungen aber waren neugierig und liefen gleich am ersten Tag in östlicher Richtung. Als sie lange Zeit gewandert waren, sahen sie ein Tier mit bräunlichem Fell und einer scharfen Nase. Sie legten ihre Bogen auf das Tier an, aber ehe sie ihre Pfeile abschießen konnten, war es schon in eine Schlucht gesprungen und verschwunden.

(Viermal mißachten die beiden Jungen die Warnungen der Mütter und begegnen den Spähern der Ungeheuer, die nun somit um ihre Existenz wissen. Nun droht ihnen, daß sie den Wohnplatz der beiden Frauen heimsuchen und die Jungen verschlingen, wie sie schon viele andere Menschen verschlungen haben.)

Am nächsten Morgen machten die Frauen einen Maiskuchen und legten ihn in die Asche zum Backen.

Dann trat die Muschelfrau vor den Hogan (Hütte bei den Navajo), und sie sah *yeitso*, das größte und gefährlichste unter den Ungeheuern, herankommen. Sie machte rasch kehrt, und die Frauen verbargen die beiden Jungen unter Bündeln und Stöcken. *Yeitso* aber kam und setzte sich an der Tür hin, gerade als die Frauen den Kuchen aus der Asche holten.

„Der Kuchen ist gewiß für mich", sagte *yeitso*, „wie köstlich er duftet. Du wolltest ihn mir doch wohl schenken?"

„Nein", sagte die Frau der Veränderung, „der ist nicht für dein Maul bestimmt."

„Auch nicht schlimm", sagte *yeitso*, „viel lieber fresse ich kleine Jungen . . . zartes Fleisch . . . wo sind eure Söhne? Man hat mir gesagt, es gäbe hier kleine Kinder. Da bin ich gekommen, um sie aufzufressen."

„Nicht bei uns", erwiderte die Frau der Veränderung, „alle Jungen sind schon in die feisten Bäuche von deinesgleichen gewandert."

„Keine kleinen Jungen?" rief das Ungeheuer, „und woher stammen dann all die Spuren ums Haus?"

„Ach, diese Spuren habe ich zum Spaß selbst gemacht", erwiderte die Frau, „ich bin einsam. Ich habe die Spuren gemacht, um mir einbilden zu können, es gäbe hier viele Leute." Dann zeigte sie *yeitso*, wie sie solche Spuren mit ihrer Faust machte. Er verglich diese Spuren mit denen, die er zuvor gesehen hatte, gab sich zufrieden und ging seines Weges.

Als er fort war, erstieg die Weiße Muschelfrau die Kuppe eines Hügels. Vor dort aus sah sie viele Ungeheuer aus allen Himmelsrichtungen auf ihren Hogan zu laufen. Sie machte rasch kehrt und verständigte ihre Schwester. Und die Frau der Veränderung nahm vier farbige Reifen und warf sie jeweils in eine der Himmels-richtungen. Sogleich erhob sich ein Wind und blies so heftig in alle Himmelsrichtungen, daß keines der Unge-heuer dagegen ankonnte.

Am nächsten Morgen standen die Jungen vor Tages-anbruch auf und stahlen sich fort. Die Frauen vermißten sie bald. Aber in der Dunkelheit konnten sie ihre Spuren nicht sehen. Als es aber hell geworden war, erkannten sie, daß sie in Richtung der Huérfano-, der Waisen-Mesa davongegangen waren. Doch weitere Fußabdrücke konn-ten sie nicht finden. Daraus schlossen sie, daß die Jun-gen einen heiligen Pfad gegangen waren. Also gaben sie die Suche auf und kehrten in ihre Behausung zurück. Bald nach Sonnenaufgang kamen die Zwillinge an eine Stelle, an der Rauch aus einem Loch im Boden aufstieg. Sie betraten das Loch über eine Leiter und wurden von einer alten Frau, der Spinnenfrau, willkommen ge-heißen.

Als sie in der unterirdischen Kammer der Spinnenfrau standen, fragte sie diese: „Wohin seid ihr unterwegs?"

„Wir haben kein bestimmtes Ziel", antworteten die Zwillinge, „wir sind hierher gelangt, weil wir nirgend-wohin unterwegs sind."

Die Spinnenfrau stellte die Frage viermal, und jedes-mal erhielt sie die gleiche Antwort. Dann sagte sie: „Sucht ihr vielleicht euren Vater?"

„Ja", antworteten sie, „wenn wir nur den Weg zu seiner Wohnung wüßten."

„Ach", sagte die Spinnenfrau, „das ist ein langer und gefährlicher Weg bis zum Haus des Sonnenmannes. Es gibt so viele Ungeheuer zwischen hier und dort, und wenn ihr endlich hinkommt, wird das vielleicht eurem Vater gar nicht so recht sein. Es könnte sein, daß er euch bestraft. An vier gefährlichen Orten müßt ihr vorbei: an dem Felsen, der die Reisenden zerschmettert, an den Binsen, die sie in Stücke schneiden, am Kaktus, der sie zerfetzt, und durch den kochenden Sand, der sie erstickt. Ich werde euch Zauberwerkzeuge mitgeben, damit ihr diese Gefahren überwindet und am Leben bleibt."

Der eine Zauber bestand aus einem Reifen mit zwei Lebensfedern, die von einem lebendigen Adler stammten, und zwei weiteren Lebensfedern, damit ihnen das Leben erhalten bliebe. Die alte Frau lehrte sie auch eine Zauberformel, die, wenn sie sie vor ihren Feinden aussprachen, deren Zorn und Bösartigkeit vergehen ließ:

> „Laß deine Füße erfüllt sein mit Blütenstaub.
> Laß deine Hände erfüllt sein mit Blütenstaub.
> Laß deinen Kopf erfüllt sein mit Blütenstaub.
> Dann sind dein Füße Blütenstaub,
> deine Hände sind Blütenstaub,
> dein Körper ist Blütenstaub,
> dein Bewußtsein ist Blütenstaub,
> deine Stimme ist Blütenstaub.
> Der Weg ist Schönheit,
> und du gehst in Frieden!"

(Mit Hilfe der Zauberutensilien überwinden die beiden Jungen die gefährlichen Hindernisse, die sich ihnen in den Weg stellen, und erreichen das Haus des Trägers des Sonnengestirns.)

Das Haus des Sonnenmannes bestand aus Türkisen, es war rechteckig wie ein Pueblohaus. Es stand am Ufer eines großen Wassers. Als die Jungen eintraten, sahen sie gegen Westen eine Frau, im Süden zwei junge Männer und im Norden zwei schöne Frauen sitzen. Die Frauen warfen den Jungen einen raschen Blick zu und schauten dann weg. Die beiden jungen Männer sahen genauer hin. Dann standen, ohne ein Wort zu sagen, die Frauen auf, wickelten die Jungen in vier Tücher aus Wolken und legten diese Gebilde in ein Regal.

Da lagen sie nun ganz ruhig einige Zeit, bis die Rassel über der Tür sich zu bewegen begann und eine der jungen Frauen sagte: „Unser Vater kommt heim."

Die Rassel bewegte sich viermal, und kaum war der vierte Laut verklungen, da betrat auch schon *tsohanoai*, der Träger der Sonne, das Haus. Er nahm das Sonnengestirn von seinem Rücken und hängte es an einen Haken auf der Westseite des Raumes, wo es sich einige Zeit noch bewegte. Dabei machte es „tla, tla, tla, tla", bis es endlich ganz ruhig da hing.

Dann wandte sich *tsohanoai* an die Frauen mit zorniger Stimme: „Wer sind diese beiden Wesen, die heute hier angekommen sind?"

Die beiden Frauen gaben keine Antwort, und die beiden Jungen in den Gebinden wagten vor Furcht nicht einmal zu atmen. Viermal wiederholte der Sonnenmann die Frage, bis schließlich seine Frau sagte: „Es wäre gut, wenn du nicht so viel schwatzen würdest. Zwei Jungen kamen heute, die suchen ihren Vater. Wenn du auf Reisen gehst und dann heimkommst, erzählst du mir immer, du hättest keine Menschenseele getroffen, und es gäbe keine Frau in deinem Leben außer mir. Wie erklärst du dir dann, daß die beiden Jungen vorgeben, deine Söhne zu sein?"

Sie deutete auf die beiden Gebinde, die in den Regalen lagen.

Die Kinder sahen sich verlegen an.

Der Sonnenmann nahm die Bündel aus dem Regal. Er

nahm erst die Decke der Morgendämmerung fort und dann das Gewebe vom Abendhimmel und schließlich die Decke aus gelbem Licht und die Decke aus Dunkelheit. Da purzelten die Zwillinge auf den Boden. Er griff sie sich und warf sie auf die großen scharfen Stäbe aus weißem Muschelkalk, die im Osten standen, aber sie sprangen zu ihm zurück, unverletzt, denn jeder hatte seine Lebensfeder fest umklammert gehalten.

Darauf warf er sie auf die spitzen Stäbe aus Türkis im Süden und so weiter auf alle spitzen Stäbe in den verschiedenen Himmelsrichtungen, und immer blieben sie unverletzt.

(Immer noch ist der Sonnenmann nicht völlig überzeugt, daß die beiden Jungen seine Söhne sind. Er unterwirft sie zunächst im Schwitzhaus einer Probe, dann gibt er ihnen eine so große Menge Tabak zu rauchen, die einen normalen Menschen vergiften würde. In beiden Fällen ist es der Wind, der sie berät und ihr Überleben sichert.)

Als nun der Sonnenmann sah, daß den beiden jungen Männern auch der Tabak nicht geschadet hatte, war er zufrieden und sprach: „Wirklich – ihr seid meine Kinder. Was wünscht ihr euch von mir? Warum habt ihr mich aufgesucht?"

„Vater", erwiderten sie, „das Land, in dem wir wohnen, ist voller Ungeheuer, die die Menschen verschlingen. Sie haben schon fast alle unserer Art aufgefressen. Nur noch ganz wenige sind übrig. Auch uns beiden haben die Ungeheuer nach dem Leben getrachtet. Hilf uns, sie zu vernichten!"

„Ihr müßt wissen", sagte der Sonnenmann, „daß *yeit-so* auch mein Sohn ist, doch ich werde euch trotzdem helfen, ihn zu töten. Ich werde auf ihn den ersten Blitz schleudern, und ich werde euch all die Dinge geben, die ihr zum Kampf gegen die Ungeheuer braucht."

Von den Haken an den Wänden des Raumes nahm er einen Hut, ein Hemd, Beinkleider, Mokassins – alles aus Feuerstein –, einen Bogen aus einem Blitzstrahl, Regenbogenpfeile und ein großes Steinmesser. „Dies alles schenke ich euch", sagte er zu den Zwillingen, und die Jungen legten die Kleider aus Feuerstein an und waren nun genauso gekleidet wie ihre Brüder im Haus der Sonne.

Am nächsten Morgen führte der Sonnenmann die Jungen an den Rand der Welt, wo Himmel und Erde nahe zusammenkommen und wo jenseits davon das Nichts beginnt. Sechzehn Stäbe oder Stangen lehnten von der Erde aus am Himmel, vier davon waren aus weißer Muschel, vier aus Türkis, vier aus Salz, vier aus rotem Stein. „An welcher der Stangen wollt ihr hinunterrutschen?" fragte der Sonnenmann seine Söhne.

Der Wind flüsterte den Jungen zu, die roten Stäbe führten in den Kampf und die anderen in die Bequemlichkeit und die Feigheit. Die Jungen sagten dem Vater, sie wollten an den roten Stangen hinunterrutschen, denn sie müßten ja nun gegen die Ungeheuer in den Kampf ziehen.

„Die Antwort gefällt mir", sagte der Vater. „Aber ehe ich euch gehen lasse, zeigt mir doch erst noch, wohin in der Welt dort unten ihr gehört."

Die Jungen blickten hinab, aber sie konnten nichts erkennen, weil alles Land ganz flach erschien. Die bewaldeten Gebirge waren dunkle Stellen, die Seen glommen wie Sterne und die Flüsse wie die Bahnen von Blitzen. Der ältere Bruder sagte. „Ich kann es nicht erkennen. Ich weiß nicht, wo unsere Heimat ist."

Da kam dem jüngeren Bruder der Wind zu Hilfe und zeigte ihm, wo die heiligen Gebirge liegen und welches die großen Flüsse sind, und der Junge nannte dem Träger des Sonnengestirns deren Namen.

„So ist es recht, mein Kind, das ist euer Land", sprach *tsohanoai*. Und dann, sein Versprechen erneuernd, legte er einen Blitzstrahl aus und hieß die Jungen sich darauf zu stellen. Dann schoß er sie hinab auf die Erde auf den Gipfel des *tsoodzil* (Mount Taylor; New Mexico). Die Zwillinge kehrten zu ihren beiden Müttern zurück, und trotz deren Warnungen zogen sie in den Kampf gegen die Ungeheuer, die sie nach und nach alle töteten. Von den Monstern blieben lediglich drei am Leben, nämlich „Hohes Alter", „Kalte Frau" und „Armut".

Die spirituelle Bedeutung des Windes

Es muß nun noch erklärt werden, welche wichtige spirituelle Funktion nach der Vorstellung der Navajo *nilch'i*[112] spielt. Das Dineh-Wort bedeutet „Wind", „Atmosphäre", „Luft". Dem Wind wohnen Kräfte inne, die ihm nach westlicher Vorstellung nicht zugeordnet werden. Wind durchdringt die gesamte Natur. Der heilige Wind schenkt Leben, Gedanke und Rede, außerdem die Fähigkeit zur Bewegung und dient als Kommunikationsmittel zwischen allen Wesen des Kosmos. Damit wird er zu einem zentralen Begriff der Philosophie und Weltsicht der Dineh. Der Wind kam zum Ersten Mann und zur Ersten Frau, die die Mutter Erde hervorgebracht hatte, und verlieh ihnen Stärke.

Der Abschnitt, in dem die lebenspendenden Eigenschaften des Windes beschrieben werden, lautet: „Als die Winde erschienen und in das Leben eintraten, fuhren sie durch die Körper der Menschen und anderer Lebewesen und schufen die Linien auf den Fingern, Zehen und Köpfen. Der Wind hat den Menschen und Lebewesen seither Stärke verliehen, denn im Anfang waren diese verschrumpelt und schwankten, bis der Wind sie aufblies, und der Wind war die erste Speise nach der Schöpfung. Er setzte die Natur in Bewegung, bewirkte die Veränderungen, belebte die Dinge, selbst die Gebirge und die Gewässer."[113]

Der Wind ist aber auch die Quelle des Denkens. Zuerst wanderten die Menschen – so die Genesis der Dineh – wie Schafe umher, ohne Sprache, planlos, bis sie auf den Wind in Gestalt einer Person stießen, die alles wußte und ihnen sagte, sie werde hinfort durch die Winkel ihrer Ohren zu ihnen sprechen. Der Wind verlieh ihnen die Vorstellung von Herrschaft und wie man sie auszuüben habe. Aber es war nur eine beschränkte Macht über alles Lebendige, so daß die Anführer nichts tun konnten, was der Wind nicht erlaubte.

Die Religion und die Heilungszeremonien der Navajo[114]

Spirituelle Vorstellungen sind für die Navajo allgegenwärtig: bei der Arbeit und in der Freizeit, von der Geburt bis zum Tod. Die besondere Denk- und Vorstellungsart, aus der sie hervorgehen, stellt immer noch die Hauptschranke zur Welt des weißen Mannes dar. Jeder Navajo, ob Mann oder Frau, kennt die Rituale, die Gebete, Lieder und Legenden. Im Laufe eines Lebens kommen immer neue Erfahrungen magisch-religiöser Art hinzu, bis ein dichtes Netz von Beziehungen und Vorstellungen entsteht, das den Menschen hält und trägt.

Diese magischen Handlungen werden verwandt beim Pflanzen von Mais, beim Handel, beim Hausbau, beim Hüten der Herden, bei der Behandlung von Krankheiten und um dem Menschen, der sich unglücklich und niedergeschlagen fühlt, neue Hoffnung zu geben. Ihr gemeinsamer Sinn und Zweck besteht, kurz gesagt, vor allem darin, die Harmonie zwischen dem Menschen und den Mächten der Natur, die ihn umgeben, aufrechtzuerhalten oder wiederherzustellen. Während sich beispielsweise bei den benachbarten Zuñi-Indianern die meisten Rituale auf die Hervorbringung von Regen beziehen, zielen die magischen Praktiken der Navajo vor allem auf die Abwendung von Krankheiten und des Bösen. Ihre Religion ist eine höchst differenzierte Praktik, um die Sicherheit und das Wohlbefinden des Menschen inmitten einer gefährdeten Welt zu erhalten.

Das Böse wird übertragen durch den Kontakt mit und den Einfluß von Gegenständen, Tieren oder Personen, die dem Menschen feindlich gesinnt sind. Es gibt an die zweiunddreißig Tiere, die nach Meinung der Navajo Krankheiten oder „Übel" bringen. Zu ihnen gehört der Bär, der Koyote, die Schlange und der Adler. Gewöhnlich bringt das bloße Zusammentreffen mit diesen Tieren kein Unglück, aber unter gewissen Umständen kann man krank werden, wenn man eines dieser Tiere jagt, von ihm angegriffen wird, sein Fleisch ißt oder von ihm träumt. Auch der Blitz und der Wind können Krankheiten verursachen, und zwar in ihrem Fall nicht nur in dem Sinn, daß jemanden der Blitz trifft oder daß er in einen Wirbelsturm gerät, sondern auch dadurch, daß man einen Blitz in der Nähe einschlagen sieht oder einen Wirbelsturm aus der Ferne beobachtet.

Kompliziert wird der Sachverhalt noch dadurch, daß

es auch Praktiken gibt, sich der Kraft der tabuisierten Tiere und Naturerscheinungen zu bemächtigen. Dies macht beispielsweise für einen europäischen Leser die Lektüre von Indianermythen und -märchen so verwirrend. Die Bedeutung der komplexen Handlungen werden ihm nicht klar, und er begreift ohne nähere Erklärung die Zielrichtung der Aktionen nicht, bei denen es eben entweder darum geht, sich vor tabuisierten Dingen zu schützen, oder aber, sich des Tabuzaubers gerade zu bemächtigen.

Die Entstehung solcher magischen Vorstellungen zu erklären, fällt hingegen nicht sehr schwer. Es läßt sich denken, daß die erwähnten Tiere und Naturerscheinungen in früheren Zeiten Gewalten darstellten, denen die Indianer nicht gewachsen waren. Ein Kampf mit einem Bären oder einer Schlange brachte einem Navajo noch vor hundertfünfzig Jahren, als der Stamm keine Schußwaffen kannte, mit ziemlicher Sicherheit den Tod. Infolgedessen wurden Verbote aufgestellt, die verhindern sollten, daß es überhaupt zu einem solchen Kampf kam.

Es stellt sich also heraus, daß vieles von dem, was einem Fremden als Aberglauben erscheint, einen praktischen Sinn hat, dessen magische Überhöhung sich herausgebildet hat. Koyoten fressen die Präriehunde, die, vermehrten sie sich zu stark, die Weideplätze ruinieren und die Saaten auf den Feldern beschädigen oder kahlfressen würden. Tabus, die sich auf Vögel beziehen, haben den Sinn, dafür zu sorgen, daß die Heuschrecken und andere schädliche Insekten nicht zu sehr überhandnehmen. Krankheiten können aber nach dem Glauben der Navajo auch dadurch hervorgerufen werden, daß sich ein Mensch bei einer magischen Zeremonie nicht gemäß den vorgeschriebenen Riten verhält. Ungeborene Kinder im Mutterleib sind gegen diese Art des Bösen besonders anfällig. Das Kind muß dann nicht unbedingt bei seiner Geburt erkranken oder sterben; es kann zu einem alten Mann werden, ehe die entsprechenden Krankheitssymptome auftreten. Auch die Geister der Toten sind besonders gefährlich. Die Nacht und die Dunkelheit sind zu fürchten, weil dann die Geister umgehen. Der häufige Kontakt mit anderen Indianerstämmen, mit Mexikanern oder Weißen kann ebenfalls Ursache für Krankheiten und böse Einflüsse sein.

Was nun die magischen Zeremonien angeht, so kennen die Navajo davon 35 Hauptarten, zu denen eine große Zahl von Varianten kommt. Die Mehrzahl wird bei Krankheiten angewandt und zielt darauf ab, die tiefere Ursache und weniger die Symptome zu beseitigen. Eine Heilungszeremonie findet für einen oder mehrere Patienten statt, aber die heilende Wirkung ist keineswegs auf sie allein beschränkt. Ein heilender Einfluß geht auch auf die Familie des Patienten und alle Menschen, die in der Nachbarschaft leben, aus. Neben den Heilungszeremonien gibt es andere, deren wichtigste der sogenannte „Segensweg" ist. Bei dieser Zeremonie „erfleht man von den Heiligen Wesen, insbesondere von der Frau der Veränderung, Gutes, Glück, Abwendung von Unheil, oder man erbittet ihren Segen für ein langes und erfülltes Leben, heischt Schutz und Reichtum, fordert Beistand bei einer Geburt."[115]

Dahinter steht folgende Vorstellung: Als die Welt geschaffen wurde, waren die Dinge der Schöpfung wie auch das Verhältnis der irdischen Menschen zu den Dingen im Gleichgewicht. Dieses ursprüngliche Gleichgewicht wird gewissermaßen in einem heiligen Spiel, in einer Segens-Zeremonie, wiederhergestellt, und für die Beteiligten wird der paradiesische Zustand des kosmischen Gleichgewichts wieder Wirklichkeit.

Alle Zeremonien werden von Medizinmännern ausgeführt, deren Navajo-Titel man in einer europäischen Sprache am besten mit „Sänger" oder „Heiler" wiedergibt. Sie leiten die Zeremonien, die aus jener Zeit überkommen sind, da die himmlischen Wesen selbst die Rituale der Navajo ausgeübt haben sollen.

Die Wahl einer bestimmten Zeremonie liegt nicht beim Sänger, sondern bei der Familie, die ihn bestellt, und oft spielen dabei die Empfehlungen eines Mannes eine Rolle, dem man diagnostische Fähigkeiten zutraut. Wenn sich eine Familie entschieden hat, welche Zeremonie stattfinden soll, ruft sie einen Sänger, der dann seine Aufgabe höchst gewissenhaft versieht.

An einen Sänger werden hohe Anforderungen gestellt. Die Zeremonien dauern von zwei bis zu neun Tagen, und der Umfang der dazu notwendigen Kenntnisse ist erstaunlich groß. Man muß sich vorstellen, daß während der Zeremonie gewissermaßen jede Handbewegung rituell geordnet ist. Es kommt nicht sehr häufig vor, daß ein Sänger mehr als zwei oder drei vollständige Zeremonien kennt, zumal ja alle Vorgänge und Sprüche auswendig gelernt werden müssen, da es keine schriftlich niedergelegten Vorschriften gibt. Man wird Sänger, indem man eine Lehrzeit bei einem schon anerkannten Sänger absolviert. Dabei muß sich der Praktikant Hunderte von Liedern einprägen, deren altertümlichen Wortschatz er oftmals gar nicht versteht. Er muß weiterhin die genaue Intonation der Worte und die Regeln für die Aufeinanderfolge und Kombination der einzelnen Lieder beherrschen. Er muß wissen, wo er die für die

Zeremonie notwendigen Kräuter finden kann und wie sie zubereitet werden müssen. Er muß in der Lage sein, Sandmalereien auszuführen. Er gibt die Anweisungen für die bei der Zeremonie anwesenden Tänzer; und alle übrigen Teilnehmer, die Patienten und die Gäste, weist er in ihre Rollen ein. Zudem sollte er die Einzelheiten der langen und sehr verwickelten Legenden kennen, die den Ursprung des Zeremoniells beschreiben. Der Ausbildungsprozeß eines Sängers wird wie folgt beschrieben: „Will ein Mann ein Sänger werden, so muß er anfangen, im Sommer eine gute Menge Mais zu ernten und sie aufzubewahren. Dann soll er sich um die Zeit, da die ersten Schneefliegen kommen, einen guten Hogan bauen. Er soll dafür sorgen, daß eine Frau bei ihm ist, seine Mutter oder sonst ein Weib, die ihm seinen Mais kocht und sein Brot zubereitet. Hat er sich dann auch noch mit genügend Feuerholz versorgt, soll er einen Sänger suchen und ihn mit in seinen Hogan nehmen und ihn bei sich behalten. Wenn sie müde werden, können sie ein Schwitzbad nehmen, dann werden sie sich am nächsten Tag wieder munter fühlen und können weiterlernen. So soll es immer weitergehen, bis zum ersten Donner (Zeit der Frühlingsgewitter). Im nächsten Winter soll der Mann mit dem Lernen fortfahren, und so soll er es fünf Jahre halten. In dieser Zeit wird er in der Lage sein, zwei oder drei Zeremonien zu lernen."[116] Sänger erhalten je nach Länge der Zeremonie und je nachdem, wie nahe sie mit der Familie des Patienten verwandt sind, zwischen fünf und fünfhundert Dollar. Hinzu kommen noch die Einnahmen aus dem Verkauf von Zeremonialgeräten. Die meisten Sänger haben noch einen Nebenberuf, aber berühmte Sänger verdienen genug, um nicht nur mit ihrer Familie in beträchtlichem Wohlstand zu leben, sondern auch noch eine große Anzahl von Verwandten zu unterstützen.

Zwar ist die Zahl der Zeremonien, derer sich ein Navajo im Laufe seines Lebens unterzieht, von Person zu Person verschieden, aber Clyde Kluckhohn[117] erzählt von einer alten Frau, die insgesamt 500 Tage bei Zeremonien verbrachte und durch die dabei entstehenden Kosten ihre Familie völlig ruinierte. An diesem freilich extremen Beispiel läßt sich ersehen, wie belastend diese als unbedingt notwendig erachteten Rituale bei der ohnehin schon schwierigen wirtschaftlichen Lage der Navajo sind.

Vom Sänger unterscheidet sich der Heiler dadurch, daß er nur Bruchstücke einer Zeremonie kennt und sich folglich auch für seine Dienste mit einem geringeren Entgelt zufrieden geben muß. Heiler holt man, wenn ein guter Sänger nicht zu bekommen ist, bei geringfügigen Krankheiten oder wenn man sich keinen Sänger leisten kann.

Neben dem Sänger und dem Heiler gibt es schließlich noch einen dritten Berufsstand, der bei religiösen Praktiken zuständig ist. Seine Aufgabe besteht darin, zunächst einmal den Grund der Krankheit festzustellen, und das heißt, herauszufinden, gegen welches Tabu verstoßen wurde, welchen Fehler der Patient in der Vergangenheit gemacht hat.

Männer, die diesen Beruf ausüben, nennt man Finder. Im Gegensatz zu den Sängern und Heilern erwartet man von ihnen nicht, daß sie eine lange Ausbildung in magischen Praktiken hinter sich haben. Sie müssen über Intuition verfügen, ihre Sensibilität und ihr Einfühlungsvermögen muß – wie ein Geigerzähler die Radioaktivität – den verborgenen Grund der Krankheit und des Übels anzeigen.

Die dabei angewandte Technik nennt man Händezittern. Man geht davon aus, daß es sinnlos ist, den Kranken mit Fragen nach der Art und Ursache seines Leidens lange zu belästigen, denn kennte er die, so brauchte es kein heilendes Ritual. Also wird eine Methode angewandt, bei der sich das Übel und seine Kraft selbst verraten und in einem Zeichen fixieren.

Alexander und Dorothea Leighton, die die Arbeit eines Finders selbst beobachten konnten, beschreiben den Vorgang wie folgt: „Der Finder wäscht sich die Hände und setzt sich dann mit untergeschlagenen Beinen dem Patienten gegenüber. Er spricht ein Gebet an das Gila-Ungeheuer und bittet es, ihm zu erlauben, die Art des Übels oder der Krankheit zu ergründen. Auf das Gebet folgt ein Lied. Der Finder schließt die Augen und streckt eine Hand aus, auf die Blütenstaub der Maispflanze ausgestreut wird. Bald beginnt die Hand zu zittern. Diese Bewegung unterliegt angeblich nicht dem freien Willen des Finders und hört auch ohne sein Zutun wieder auf. Während das Zittern die Hand bewegt, reflektiert der Finder über die möglichen Krankheitsursachen. Ein Finger der Hand zeichnet auf dem Boden des Hogans Figuren in den Sand, die immer wieder ausgewischt werden. Nach einer Weile wird der Finder schließlich eine Figur zeichnen und, statt sie wieder fortzuwischen, mit dem Finger auf sie deuten. Die Figur nennt den Anlaß der Krankheit. Mit der gleichen Praktik werden dann die möglichen Heilungszeremonien und der sie ausführende Sänger bestimmt. Sobald der Finder alle Angaben gemacht hat, wacht er aus seiner Halbtrance auf, die Hand hört auf zu zittern, er öffnet die Augen und berichtet, was er herausgefunden hat.“[118]

Sobald die Krankheitsursache vom Finder aufgespürt

worden ist, trifft man nun eine Verabredung mit einem Sänger zur Ausführung einer Zeremonie. Schon lange vor seinem Eintreffen beginnen die ersten Vorbereitungen. Lebensmittel werden eingelagert, Freunde benachrichtigt, die besten Kleider hervorgeholt und die Schmuckstücke bei der Pfandleihe des Handelspostens eingelöst. Erregung liegt in der Luft. Jeder ist voller Erwartung und Vorfreude. Wenn der Sänger sich mit einem alten Wagen oder zu Pferde dem Hogan nähert, werden alle ruhig. Solange er nicht angehalten hat, tut man so, als sehe man ihn nicht, aber dann heißt man ihn mit großer Ehrfurcht willkommen. Am Tag seiner Ankunft kann die eigentliche Zeremonie noch nicht beginnen. Am Abend, ein oder zwei Stunden nach dem Essen, wird der Sänger vielleicht ein Gebet sprechen. Er wird die Gottheiten, die im Osten wohnen, anreden und sagen: „Ich und der kranke Mann und all die Menschen, die hier bei uns sind, und auch die, welche noch als Zuschauer kommen . . . wir alle danken euch, daß ihr in diesen Tagen und Nächten bei uns seid. Erbittet Gutes für uns, schickt kein Übel über die Menschen. Wir wollen alle leben. Wir wollen alle gut leben. Wir wollen ein wenig Geld besitzen, wir wollen Pferde und Schafe besitzen. Besonders bitten wir euch für die Erziehung der Jungen. Gebt uns Regen, laßt die Erde immer feucht sein, damit unsere Ernten wachsen und unsere Tiere Futter finden!"[119]

Am nächsten Morgen wird der Hogan ausgefegt und alle Gegenstände des Alltags werden fortgeräumt. Das Feuer in der Mitte des Hogans wird gelöscht, die Asche hinausgeschafft. Das Türloch wird mit Decken verhängt, damit kein Luftzug hineinweht. Nun entzünden der Sänger und sein Gehilfe mit einem Feuerbohrer ein neues Feuer aus pulverisiertem Feuerstein und der Holzkohle eines vom Blitz getroffenen Baumes, und dazu singen sie den Gewitter-Gesang. Der Patient und die anderen Leute, die am Zeremoniell teilnehmen wollen, kleiden sich vor der Hütte aus. Vier Holzscheite werden auf den Boden gelegt. Sie weisen vom Feuer zu den Haupthimmelsrichtungen, zum Wohnsitz der Heiligen Wesen.

Die Holzstücke müssen von einer Zwergkiefer oder einer Zeder stammen, in die ein Blitz eingeschlagen hat. Sie stellen Männer dar, die das Böse fortjagen. Der Patient und die übrigen Teilnehmer betreten nun den Hogan und nehmen rund um das Feuer an bestimmten vorgeschriebenen Stellen Platz. Die Hitze im Hogan nimmt zu. Die glühende Holzkohle steht für die Kraft des Blitzes. Die Ochsenrassel, die am Ende einer Lederschnur kreist, wird zunächst von dem Gehilfen des Sängers kurz vor den Hogan gebracht und dann drinnen langsam immer näher an den Patienten herangetragen. Das Geräusch soll den Donner darstellen. Der ganze Vorgang ist angeblich in früher Zeit den Navajo vom Geist des Blitzes selbst gelehrt worden. Auf dem Feuer wird ein Topf mit einem Gemisch aus Hirschhornsalz, Pinienharz, wilden Johannisbeeren, Wacholder und Nadeln der Colorado-Sitkafichte erhitzt. Jeder der Anwesenden erhält eine Portion, wäscht sich damit von Kopf bis Fuß, spült den Mund damit aus und gibt dann den Sud wieder von sich. Nun nimmt der Sänger eine Bürste, die aus den Flügel- und Schwanzfedern eines Adlers und aus Eulenfedern, die der Vogel während des Fluges verloren hat, besteht, bürstet damit den Patienten und alle, die um das Feuer sitzen, und danach den ganzen Hogan. Dabei macht er Gesten, die andeuten, daß er das Böse langsam aus dem Raum drängt.

Die Navajo glauben, daß alles Böse besondere Furcht vor Adlerfedern habe, da die Himmlischen Wesen einst Adlerjunge, deren Eltern umgekommen waren, adoptierten und diese ihnen nun Dank schulden.

Sobald die vier Holzscheite sich genügend erwärmt haben, legt sie der Sänger dem Patienten auf den Körper. Von ihm werden sie an die anderen Teilnehmer weitergegeben, die mit den heißen Holzscheiten über all jene Körperteile streichen, die ihnen weh tun.

Der Patient läuft nun in Richtung des Sonnenlaufs um das Feuer herum und steigt dabei über die in die Himmelsrichtungen weisenden Holzscheite.

Dann springen alle über das Feuer und imitieren so den Blitz, der das Böse hinter sich läßt.

Lieder und Gebete begleiten die einzelnen Vorgänge. Die Hitze ist während des ganzen Zeremoniells sehr groß, und alle schwitzen heftig. Schließlich wird die Türdecke mit einem Holzscheit aufgestoßen, die Ochsenrassel wird wieder geschwenkt, und der Patient, gefolgt von den übrigen Teilnehmern, tritt ins Freie.

Nachdem drinnen alle Asche und Unreinlichkeiten fortgeräumt worden sind, kehren alle mit dem Sänger wieder in den Hogan zurück. Er bespritzt sie mit einer Art Parfüm aus verschiedenen Minzearten, das er einer Muschelschale entnimmt. Nun wird glühende Kohle vor jeden Teilnehmer hingestellt, und in die Glut streut man eine Räuchersubstanz aus Pflanzenwurzeln, Schwefel und Maismehl. Man atmet den Rauch ein und reibt ihn sich in die Haut.

Danach wird die Asche der Feuer durch das Rauchloch in der Decke des Hogans hinausgeworfen, und man stellt sich dabei vor, daß damit die letzten der bösen Geister davonfliegen.

Dienen diese ersten Stationen des Zeremoniells ganz eindeutig der Reinigung und Bannung des Bösen, so wird in der nächsten Phase mit der Sandmalerei versucht, den Patienten in den Zustand paradiesischer Harmonie zu versetzen.

Ein Rehbockfell wird auf dem Boden des Hogans ausgebreitet, und die Zeichnungen werden mit bunten Erden, Holzkohle und Pflanzenpollen, die der Sänger zwischen den Fingern der zur Faust geschlossenen Hand durchrinnen läßt, auf diesen Untergrund gestreut. Die Zeichen stellen gewissermaßen die Kurzschrift einer Mythe dar, die während des Malvorgangs in Gebeten und Gesängen reflektiert wird.

Bei den Heilungszeremonien wird der Kranke oft auf dieses kosmische Stenogramm gesetzt, dessen Darstellungen sich dadurch besser auf ihn übertragen sollen.

Die Farben der Zeichnungen – meist Weiß, Gelb, Blau und Schwarz – haben symbolische Bedeutung und stehen wiederum für die Haupthimmelsrichtungen, die Wohnplätze der Heiligen Wesen. Die Größe der Zeichnungen ist genau festgelegt. Die Abstände und Entfernungen bemessen sich nach der Länge der menschlichen Finger und der Hand. Gerade Linien werden mit einem ausgespannten Baumwollfaden gezeichnet. Fehler werden nicht ausgewischt, sondern mit einer neutralen Farbe abgestreut. Da die Muster auf keinen Fall beschädigt werden dürfen – dies würde der Verletzung der heiligen Ordnung gleichkommen –, arbeitet der Sandmaler vom Mittelpunkt aus und legt das Bild dann in der Richtung des Sonnenverlaufs an.

Als ursprüngliche Heimat der Heiligen Wesen, die man besser nicht als Götter bezeichnet, stellen sich die Navajo ein unterirdisches Paradies vor. Dieser

Glaube geht wohl auf die Erfahrung zurück, daß die Quellen, die aus dem Erdboden und dem Inneren der Erde hervorkommen, über Fruchtbarkeit und Leben entscheiden.

Aus dem unterirdischen Paradies wurden die Heiligen Wesen durch eine Sintflut vertrieben. Mit Hilfe eines Schilfrohrs, das einen Spalt in der sehr festen Steindecke am Himmel der unterirdischen Welt fand und sie durchbrach, stiegen sie zur Erdoberfläche empor. Hier schufen sie alle Dinge der Natur wie auch die Menschen, die in der Mythologie der Navajo die „Wesen der Erdoberfläche" genannt werden. Der Tod kam in die Welt. Aber der Spinnenmann erfand Warnzeichen für Tod und Unglück: ein Geräusch im Windfang, Jucken im Ohr, Kitzeln in der Nase und den stechenden Schmerz im Körper. Doch die Heiligen Wesen waren nach ihrer Vertreibung aus dem Paradies nicht mehr allwissend und allmächtig. Sie sind nicht absolut moralisch gut, sondern machtvoll und geheimnisumwittert. Die Frau der Veränderung, die mächtigste und freundlichste Gestalt unter den Heiligen Wesen, wurde geboren, und mit ihren Söhnen, den Zwillingen, traten die ersten beiden mutigen und abenteuerlustigen Krieger in die Welt, deren Geschichte schon in einem früheren Kapitel erzählt worden ist. Die beiden Knaben verkörpern alle Eigenschaften, die bei den Navajo von der Jugend erwartet werden. Diese und andere Mythen werden bei einer Zeremonie wieder in Erinnerung gerufen.

Die letzte Nacht der Zeremonie bricht herein. Zwei Stunden nach dem Essen rüstet man sich zum Finale. Der Hogan ist überfüllt mit Zuschauern, über ihre Gesichter huschen die Reflexe der Flammen. Der Sänger und der Patient sitzen auf der Westseite und blicken nach Osten. Alle Frauen sitzen im Norden und alle Männer im Süden.

Der Sänger rezitiert Lieder mit den alten Mythen, erzählt von den Taten der Heiligen Wesen, und immer mehr Leute fallen in diese Gesänge ein.

Der Sänger sagt: „Der Geist des Gebirges ist in dir, seine Füße sind deine Füße, du läufst in seiner Spur, du trägst seine Mokassins.

Der Geist der blauen Pferde ist in dir, du reitest sein Türkispferd, dessen Hufe Blitze sind, seine Mähne ist wie ein ferner Regen, schwarze Sterne sind seine Augen, weiße Muscheln seine Zähne, dieses Pferd frißt nur den Blütenstaub der Blumen."[120]

Andere Lieder werden eingeflochten, die sich direkt auf die Gesundheit des Patienten beziehen: „Meine Füße fühlen keinen Schmerz, mein Kopf fühlt keinen Schmerz, in meinem ganzen Körper ist kein Schmerz mehr."[121]

Ehe sich der erste Widerschein der aufgehenden Sonne am Himmel zeigt, schmiert der Sänger Maismehl auf das Gesicht des Patienten und all jener Teilnehmer, die seiner Meinung nach bei der Zeremonie besonders andächtig mitgewirkt haben. Er kennzeichnet sie so für die Heiligen Wesen. Sobald die Morgenröte kommt, geht der Patient viermal ums Feuer, begleitet vom Gehilfen des Sängers, der wieder wohlriechende Essenzen aussprengt.

Dann tritt der Patient vor den Hogan und schaut in die Morgenröte. Drinnen beendet der Sänger die Zeremonie mit einem Gebet, bei dem er um Schutz vor den Folgen aller Fehler bittet, die möglicherweise gemacht worden sind. Draußen steht der Patient, das Gesicht nach Osten gewandt und atmet viermal tief die Luft des neuen Tages ein.

Ein Weißer würde in diesem Augenblick nur das gelbliche Tageslicht sehen, das langsam Meile um Meile der mit Salbei, Wacholder und Zwergkiefern bestandenen Steppe aufhellt. Er wird im Zwielicht zwischen Nacht und Tag die bläulichen Umrisse der Gebirge, hier und da die vulkanischen Kuppen und Kegel und ganz in der Ferne den verschneiten Gipfel des Mount Taylor erblicken.

Ein Navajo sieht in dieser Minute anderes. Die mit Salbei überwucherte rötliche und ockerfarbene Erde ist jetzt die Frau der Veränderung, das wohltätigste unter allen Heiligen Wesen.

Die aufgehende Sonne ist ein mächtiger Krieger, der die Welt von allen bösen Mächten befreit. Mit dem ersten Blinzeln von Helligkeit ist der Morgen-Junge, der die bösen Träume vertreibt, über den Horizont gehuscht. Die Vulkane bergen unter ihren Abhängen das geronnene Blut eines Riesen, den die Zwillinge besiegten. Die weiße Spitze des Mount Taylor wurde von jenem Heiligen Wesen, das den ersten Hogan baute, abgeschlagen, als es einen Namen für diesen Berg suchte und keinen finden konnte. Die Einheit zwischen sichtbarer und unsichtbarer Welt, zwischen Menschen und Heiligen Wesen ist in dieser Sekunde hergestellt.

Wechseln wir den Blickpunkt. Bisher habe ich versucht, die Empfindungen der Navajo bei einer ihrer Zeremonien möglichst genau wiederzugeben. Fragen wir nun, was von ihren magischen Praktiken aus dem Sichtwinkel des weißen Mannes zu halten ist.

Es ist klar, daß die Zeremonien, selbst wenn sie mit der Verabreichung von Kräutermedizinen und psychischer Therapie verbunden sind, wirkungslos bleiben, wenn es darum geht, einen vereiterten Blinddarm oder Tuberkulose zu behandeln oder das Ausbrechen einer

Blatternepidemie zu verhindern. Im Fall von Infektions-
krankheiten und chirurgischen Eingriffen verstoßen die
Navajo, die allein auf der Anwendung ihrer traditionellen Methoden bestehen, objektiv gegen das Wohlergehen und die Gesundheit ihrer Stammesgenossen. Immer
noch kommt es vor, daß Patienten deshalb nicht in ein
Krankenhaus eingeliefert werden, weil man erst eine
Zeremonie mit ihnen durchführen will, und bringt man
sie dann ins Hospital, kann es zu spät sein.

Andererseits berichten amerikanische Ärzte und Anthropologen glaubhaft von Patienten, die man in den
Krankenhäusern schon aufgegeben hatte, die aber nach
einer Behandlung durch die Sänger und Heiler gesund
wurden.

Es scheint, daß die abendländisch-westliche Medizin
nicht die einzige Möglichkeit zur Heilung von Krankheit darstellt. Gewisse Krankheiten lassen sich mit
großer Aussicht auf Erfolg nach der einen oder anderen
Methode behandeln. Eine Kombination beider Methoden, wie sie beispielsweise in China durch die Anwendung traditioneller Mittel und westlicher Wissenschaft
versucht wird, wäre in diesem Zusammenhang fort-
schrittlich zu nennen.

Lied des Schwarzen Bären[122]

Meine Mokassins sind schwarzer Obsidian.
Meine Beinkleider sind schwarzer Obsidian.
Mein Hemd ist schwarzer Obsidian.
Ich bin gegürtet mit schwarzen Pfeilschlangen.
Schwarze Schlangen züngeln aus meinem Schädel.
Im Zickzack springen Blitze aus meinen Füßen bei
jedem Schritt.

Im Zickzack strömen Blitze aus meinen Knien.
Im Zickzack springt ein Blitz aus meiner Zungen-
spitze, wenn ich spreche.
Jetzt ruht Blütenstaub als Krone auf meinem Haupt.
Graue Pfeilschlangen und Klapperschlangen fressen
davon.
Schwarzer Obsidian und das Zickzack der Blitze bricht
aus mir hervor gegen die vier Himmelsrichtungen hin.
Wo sie die Erde berühren, verdorrt alles Übel, wird
böse Rede verätzt.
Langes Leben.
Manchmal habe ich Furcht.
Jetzt bin ich gestärkt.
Wohin ich meinen Fuß setze, ist Gefahr.
Ich bin Wirbelwind.
Es ist Gefahr, wenn ich ausschreite.
Ich bin ein grauer Bär.
Wenn ich gehe, fliegen Blitze aus meiner Spur. Wo ich
gehe, fürchtet man mich.
Ich werde gedeihen.
Ich werde am Leben bleiben.
Selbst, wenn die Leute sagen:
Der soll sterben.

Die einzelnen Zeremonien der Navajo[123]

Betrachten wir nun den Verlauf und den Zweck der einzelnen Zeremonien näher.

Der Nachtgesang, Nachtweg oder *yeibichai* ist eine
im Winter stattfindende Heilungszeremonie. Voraussetzung ist, daß die Schlangen schlafen und keine Blitze
mehr zu erwarten sind.

Das Ritual soll Patienten von Nervosität oder Geisteskrankheiten heilen. Es ist eine gefährliche Zeremonie. Bei Fehlern können Patient und Sänger gelähmt werden, das Gehör oder das Augenlicht verlieren.

Die Bezeichnung *yeibichai* für den Nachtweg bezieht sich auf das Erscheinen zahlreicher *yei* (maskierte Darsteller der übernatürlichen Wesen, die große Macht besitzen), die während der letzten zwei Nächte der insgesamt neun Tage dauernden Zeremonie erscheinen.

In der achten Nacht nehmen die *yeibichais* die Initiation der Jungen und Mädchen vor. Die Kinder haben sich zuvor die Haare gewaschen – ein Akt der Reinigung überall im Südwesten –, und der Körper ist ihnen mit weißem Ton eingerieben worden.

Die Jungen werden mit heiligem Mehl eingerieben und dann mit Yucca-Stengeln von den Maskierten symbolisch geschlagen. Den Mädchen bestreicht man Hände, Schultern und Kopf mit Maismehl und berührt sie mit Kolben von weißem und gelbem Mais, die in Fichtenzweigen eingehüllt sind.

Danach nehmen die *yei* die Masken ab, damit die Kinder erkennen, daß sie Menschen sind und die übernatürlichen Personen nur dargestellt haben. *Hasteyalti*, der Sprechende Gott des Ostens, gibt seine Maske nacheinander jedem der Jungen, während *hastebaad*, die weibliche *yei*, ihre Maske den Mädchen hinhält, damit jedes Kind einmal die Welt mit den Augen des Heiligen sieht.

Erwachsene nehmen häufig an dem Ritual teil, denn jeder Navajo sollte es viermal in seinem Leben mitgemacht haben.

Der Squaw-Tanz heißt fachgerecht *entah* oder Feindweg und ist eine Zeremonie, die ursprünglich zur Reinigung heimkehrender Krieger, die mit Feinden und Toten in Berührung gekommen waren, veranstaltet wurde. Heute wird er dann durchgeführt, wenn die Krankheit des Patienten, wie man annimmt, durch den Kontakt mit den Weißen entstanden ist.

Der *entah* dauert drei Tage. Er beginnt im Hogan des Patienten und wird jeden Tag an einen anderen Ort, meist einen Tagesritt von dem Wohnort entfernt, verlegt. Die Zeit zwischen den einzelnen Abschnitten der Zeremonie verbringt man nicht selten mit Rennen und Glücksspiel.

Am dritten Tag führen die Schwarzen Tänzer – die Clowns der Kriegszeremonie – einen Schlammtanz auf. Sie steigen durch das Rauchloch des Hogan, packen den Patienten und werfen ihn in die Luft. Danach legen sie ihn mit dem Gesicht nach unten in ein Schlammloch und schreiten über ihn hin, um so zu erzwingen, daß die bösen Geister aus seinem Körper entweichen.

Der eigentlich Squaw-Tanz wird in der dritten Nacht durchgeführt und dient eigentlich der Vorstellung heiratsfähiger junger Mädchen. Ermutigt von ihren Müttern, holen die Mädchen junge Männer zu einem Rundtanz. Nach mehreren Runden erwartet man, daß der junge Mann seiner Tänzerin für das Privileg, mit ihr tanzen zu dürfen, ein Andenken schenkt. Ein Squaw-Tanz dauert die ganze Nacht über an und wird von Trommlern begleitet.

Der Feindweg geht, wie einer der besten Kenner der Zeremonien des Südwestens, Frank Waters, berichtet, auf einen Kriegszug zurück, der kurz nach dem Tod der Monster gegen Taos unternommen wurde und bei dem man den Sieg mit einem Skalp-Tanz feierte. „Der Anführer des Kriegszuges war der Monster-Töter. Auf dem Marsch wurde die Gruppe von den Harten-Flint-Jungen überholt. Sie erscheinen am Himmel als Plejaden und auf Erden in der doppelten Gestalt als Wirbelwind und Wasserfälle. In der Zeremonie selbst werden sie durch die Schwarzen- oder Schlamm-Tänzer dargestellt, die ihren Körper mit einer Mixtur aus beiden Elementen, Erde und Wasser, bestreichen. Da der Kriegszug drei Tage dauerte, ist dies auch der Zeitraum der Zeremonie."

Der Feuertanz, auch als *Mountain Top Way* bekannt, ist eine Winter-Zeremonie. Er wird aufgeführt, wenn noch Wintergewitter möglich sind und im Frühling die Sandstürme einsetzen. Er hat seinen Namen von dem Wohnort der Gottheiten, die man während der Zeremonie anruft. Er ist meist Teil eines neuntägigen Rituals. In der neunten Nacht wird ein riesiges Verhau aus Immergrün errichtet, in dem der Medizinmann seine magischen Praktiken ausführt. Yucca-Pflanzen scheinen in Minutenschnelle aufzuwachsen und zu erblühen, Männer verschlucken Pfeile, ein Sonnensymbol steigt aus einem Korb, klettert an einer Stange hinauf und rutscht wieder herab und kehrt in den Korb zurück. Am Ende werden die Tänzer mit weißem Lehm bestrichen und erhalten Zedernfackeln, die sie am zentralen Feuer entzünden. Sie springen ins Feuer, kommen wieder heraus und berühren ihre Mittänzer mit den brennenden Fackeln. Der *Mountain-Chant* (Berg-Gesang) ist ein Reinigungs-Ritual. Die verbrannte Borke des Zedernholzes gilt als Schutzzauber gegen Feuer.

Kein Zweifel, daß es sich bei allen Zeremonien um Mysterien-Spiele handelt, in denen die Geschichte des Volkes wieder aufleben soll. Der tiefere Sinn dabei ist die Versöhnung der großen kosmischen Kräfte, die der Mensch als Erbe in sich trägt.

Es gibt Zeremonien, wie der *Moving Up Way*, in denen daran erinnert wird, daß durch Perversionen der Sexualität Monster entstehen, also die Schöpfung entgleist. Es gibt andere, die zeigen sollen, daß beim rechten Verständnis des ursprünglichen heiligen Planes sich die Schöpfung – und in ihr der Fortbestand der Menschheit – weiter vollzieht. Aber diese Vorgänge sind nicht vom Menschen, der auf sich selbst gestellt ist, zu bewältigen. Er muß handelnd und meditierend mit einer Ebene kommunizieren, in der alle Kräfte des Kosmos aufgehoben und wirksam sind. In den Zeremonien wird das Heilige erinnert und erfahren. Und einmal mehr tritt – manchmal auch auf recht dramatische Weise – die Poesie von Wasser, Wind, Büffel und Gras auch für Weiße nachvollziehbar zutage. Die Lieder, die dabei gesungen werden, sind Beschwörungen des kosmischen Bewußtseins.

Ein Gebet aus dem Nachtgesang[124]

Tsehgihi.
Haus aus Morgendämmerung.
Haus aus Abendlicht.
Haus aus dunkler Wolke.
Haus aus männlichem Regen.
Haus aus dunklem Nebel.
Haus aus weiblichem Regen.
Haus aus Blütenstaub.
Haus aus Heuschrecken.
Dunkle Wolke über der Tür.
Die Spur, die herausführt, ist eine dunkle Wolke.
Zickzackblitz steht hoch über ihr.
Männliche Götter, euch bringe ich Opfer.
Ich habe Rauch für euch bereitet.

Gebt meinen Füßen neue Kraft.
Gebt meinen Beinen neue Kraft.
Gebt meinem Körper neue Kraft.
Gebt meinem Bewußtsein neue Kraft.
Noch heute holt für mich den Zauber hervor.
Noch heute löst den Zauber aus.
Ihr habt den Zauber von mir abgezogen.
Weit fort ist er gezogen.
Jetzt aber werde ich glücklich genesen.
Mein Inneres wird kühl werden.
Glücklich werde ich hervortreten.
Wenn mein Inneres kühl ist, werde ich zu gehen
vermögen.
Nicht länger wund, vermag ich zu gehen.
Erlöst von den Schmerzen, vermag ich zu gehen.
So wie die ersten Wesen gingen, vermag ich zu gehen.
So wie man vor langer Zeit zu gehen pflegte,
Vermag ich zu gehen.
Glücklich mit vielen dunklen Wolken gehe ich.
Glücklich mit reichlich fallendem Regen gehe ich.
Glücklich mit reichlich wachsenden Pflanzen
gehe ich.
Glücklich auf der Spur des Blütenstaubs gehe ich.
Also gehe ich mit Glück.
So wie man vor langer Zeit zu gehen pflegte,
Werde ich gehen.
Möge Schönheit vor mir sein.
Möge Schönheit hinter mir sein.
Möge Schönheit unter mir sein.
Möge Schönheit über mir sein.
Möge Schönheit um mich sein.
So ende ich dieses Lied in Schönheit.

Kapitel 6
Religion und Spiritualität der Eskimos

Ajaja-aja-jaja.
Dieses Land um meine Behausung
wirkt auf mich
noch schöner,
da es mir bestimmt war,
in fremde Gesichter zu sehen.
Alles ist schöner.
Alles ist schöner.
Leben ist Dankbarkeit.
Diese meine Gäste
machen mein Haus groß.
Ajaja-aja-jaja.

Freudenlied der Iglulik Eskimo[125]

Sind die Eskimos überhaupt Indianer?

Es dürfte Leser geben, die sich wundern, die Eskimos zu den indianischen Völkern gerechnet zu sehen. Hier wird der Vorteil der Bezeichnung *Native Americans* (amerikanische Ureinwohner) gegenüber dem traditionell verwendeten Begriff „Indianer" deutlich, weil ersterer historisch weiter zurückgreift und umfassender ist. Zudem muß daran erinnert werden, daß die frühe Besiedlung des amerikanischen Kontinents von Sibirien her über eine damals noch bestehende Landbrücke ins heutige Alaska stattfand. Die frühesten Funde, die auf menschliches Leben auf dem amerikanischen Kontinent hindeuten, stammen aus der Zeit von vor 50 000 Jahren. Seit 1966 wird dieses Datum noch früher angesetzt. In diesem Jahr wurde in Calavera in Kalifornien ein Schädel gefunden, der vermuten läßt, daß es in Nordamerika sogenannte „Altmenschen" gegeben hat. Würden sich dafür weitere Beweise finden, so ließe sich daraus ableiten, daß Nordamerika als Schauplatz für die allerfrüheste Phase in der Entwicklung des Menschen mit in Betracht käme. Diese hat sich in dem fast unvorstellbaren Zeitabstand von 600 000 Jahren abgespielt, im großen Erdensommer des Tertiär. Damals hat sich der Mensch aus dem Großaffen zum Altmenschen, vom *Pithekanthropus* über den Neandertaler zum Homo sapiens entwickelt. Die Entwicklung geschah, wie man heute zu wissen glaubt, jedoch nicht nacheinander, sondern vollzog sich teilweise zum gleichen Zeitpunkt.

Die Eskimos an der arktischen Küste werden häufig bei Darstellungen über die religiösen Traditionen der *Native Americans* ausgeschlossen. Das ist insofern problematisch, weil sich viele Eigenarten ihrer Spiritualität eben durch die von ihrer Heimat aus einsetzenden Wanderbewegungen nach Süden ausgebreitet haben und sich bei den als Jäger lebenden Stämmen der Algonkin-Völkerfamilie in den Waldländern des Ostens, unter den athapaskischen Stämmen und selbst bei den Prärie-indianern wiederfinden.

Die Eskimos, die in einer Gegend mit unfruchtbaren Küsten und sich weithin ausdehnenden Flächen von Eis oder Wasser leben, kennen eine ganze Schar von Geist-wesen, die mit den vorherrschenden Naturgewalten ih-rer Umwelt in Beziehung stehen. Sie kennen aber auch Geister, die keinen Bezug zu Phänomenen der realen Welt haben.

Die Eskimos haben diese Wesen auch immer wieder in Bildern dargestellt, zunächst in Stein oder Elfenbein geritzt, heute in Lithographien, wie sie beispielsweise von den Kooperativen der Bevölkerung um Cape Dorset hergestellt werden.

Die spirituellen Vorstellungen gründen in der Tat-sache, daß für die Eskimos die Säugetiere zu Wasser und zu Lande die Existenzgrundlage sind. Dazu kommt ein Glaube an eine Seele oder Seelen, der sich auf alle We-sen, also nicht nur auf den Menschen, bezieht. Für den Jäger zu Wasser und zu Lande stellt die Vorstellung, daß der Bär oder der Seehund, den er erlegt, eine Seele be-sitzt, ein Problem dar. Tatsächlich scheint dieser Ge-sichtspunkt und nicht die Bedrohung durch Kälte und Hunger im Mittelpunkt der spirituellen Tradition der Eskimos zu stehen.

Für die Beziehungen in der Familie und in der größe-ren sozialen Gruppe gelten eine große Zahl von Tabus. Werden sie gebrochen oder erweist der Jäger den Tieren nicht den nötigen Respekt, so werden sich diese freiwillig nicht zeigen und müssen erst durch Opfer der Jägers wieder versöhnt werden.

Bei allen Eskimostämmen stößt man auf den Glauben an eine allmächtige Göttin, die halb Mensch, halb Fisch ist. Sie wird *Sedna* oder *takanaluk* genannt, sie wohnt in einer Höhle oder einem Teich unter dem Meer, wo sie über alle Meeressäugetiere wacht und sie je nach dem Verhalten der Menschen dort behält oder zu ihnen schickt. Auch die Ehe zwischen einer menschlichen Frau und einem Tier, die in Mythen und Legenden häufig thematisiert wird, ist ein Hinweis auf die enge Naturverbundenheit der Indianer. Allerdings treten bei den Mythen über Ehen von Menschenfrauen mit Tieren vor allem die grausamen und bedrohlichen Aspekte der Natur deutlich zutage.

Das Land im Himmel / Caribou Eskimo[126]

Der Himmel ist ein großes Land. In diesem Land gibt es viele Löcher. Diese Löcher nennen wir Sterne. Im Land des Himmel lebt *pana* (die Frau dort oben). Sie ist ein mächtiger Geist. Und der *angatkut* (Schamane) behauptet, daß sie eine Frau sei. Zu ihr kommen die Seelen der Toten. Manchmal, wenn viele sterben, wird es dort oben eng. Wenn einer etwas ausspuckt, kommt es zu den Sternen heraus und wird Regen oder Schnee. Die Seelen der Toten werden in den Wohnungen der *pana* wiedergeboren und vom Mond zur Erde zurückgebracht. Wenn der Mond am Himmel nicht zu sehen ist, ist er gerade damit beschäftigt, *pana* dabei zu helfen, die Seelen auf die Erde zurückzuschaffen. Einige werden noch einmal

Menschen, andere Tiere, alle Arten von Tieren. Und so geht das Leben ohne Ende weiter.

Die Schamanen und ihre Ausbildung, so erzählt von Igjurgarjuk, einem Caribou Eskimo[127]

Als ich ein Schamane wurde, entschied ich mich, an zwei Dingen zu leiden, die für uns menschliche Wesen sehr gefährlich sind, nämlich an Hunger und an Kälte.

Mein Lehrer war der Vater meiner Frau, Perqanaq. Als ich *pinga* und *hila* (Gottheiten) vorgestellt werden sollte, setzte er mich auf einen Schlitten, gerade so groß, daß ich darauf Platz fand. Er fuhr mit mir hinüber auf die andere Seite von Hikoligjuag ... es war Winter und Neumond, man konnte gerade den ersten dünnen Strich des Mondes sehen, er war gerade aufgegangen. Dann wurde ich von meinem Lehrer nicht wieder geholt, bis der Mond wieder dieselbe Größe hatte. Perqanaq baute eine Schneehütte, gerade so groß, daß ich darin sitzen konnte. Man gab mir keine Schlafhaut, um mich gegen die Kälte zu schützen, und nur einen Fetzen Karibufell, um darauf zu sitzen. Daraufhin wurde ich eingeschlossen. Der Eingang wurde mit einem Block abgedichtet, doch wurde kein Schnee auf das Hüttendach geschüttet, um es warm zu machen. Perqanaq kam mit Wasser in einem wasserdichten Beutel aus Karibufell. Erst nach fünfzehn Tagen kam er wieder mit Wasser und war gleich schon wieder fort, denn auch der alte Schamane wollte meine Einsamkeit nicht stören. (. . .) Sobald ich allein war, so hatte mir Perqanaq eingeschärft, sollte ich immer nur eines denken und wollen, und das war, *pingas* Aufmerksamkeit auf die Tatsache zu lenken, daß ich ein

Schamane zu werden wünschte. *Pinga* sollte mich erhören. Mein Noviziat fand in der kältesten Winterzeit statt, und mir, der ich ja nichts besaß, um mich zu wärmen, und der ich mich zudem nicht bewegen durfte, wurde sehr kalt. Manchmal war es fast wie Sterben. Erst am Ende der dreißig Tage kam ein helfender Geist zu mir, ein sehr hübsches und schönes Geistwesen, wie ich es mir nie hätte träumen lassen, eine weiße Frau nämlich. Sie kam zu mir, während ich zusammengebrochen war und erschöpft schlief. Aber ich sah doch, wie sie sich über mich beugte, und von dem Tag an schloß ich nie die Augen, träumte nie, ohne sie zu sehen. Bemerkenswert ist, daß ich mein helfendes Geistwesen nie erblickt habe, wenn ich wach war, daß es mir nur in meinen Träumen erscheint. Die Frau kommt zu mir von *pinga*, und das war das Zeichen, daß *pinga* mich beachtete und mir die Kräfte geben würde, ein Schamane zu werden.

Als der neue Mond kam und wieder dieselbe Größe hatte, verließen wir wieder das Dorf, abermals mit dem kleinen Schlitten. Und wieder wurde ich wie beim ersten Mal eingesperrt. Über ein Jahr konnte ich nicht bei meiner Frau liegen, die mir aber mein Essen zubereitete. Für ein Jahr mußte für mein Essen ein eigener kleiner Kochtopf benutzt werden. Niemandem war erlaubt, das zu essen, was für mich gekocht worden war.

Später, als ich wieder ganz ich selbst geworden war, begriff ich, daß ich der Schamane meines Dorfes geworden war, und es kam vor, daß meine Nachbarn oder Leute von weit her mich riefen, um einen Kranken zu heilen oder die Route zu inspizieren, wenn sie auf Reisen gehen wollten.

Wenn dies geschah, wurden die Leute meines Dorfes

zusammengerufen, und ich gab ihnen Auskunft. Dann verließ ich das Zelt oder das Schneehaus und ging weit fort von den Behausungen der Menschen in die Einsamkeit, aber jene, die zurückblieben, mußten ständig singen, wenn sie glücklich und lebendig bleiben wollten. Sofern etwas wirklich Schwieriges herauszufinden war, worüber ich nachzudenken hatte, wurde mein Aufenthalt in der Einsamkeit auf drei Tage und zwei Nächte oder drei Nächte und zwei Tage ausgedehnt. Im übrigen aber mußte ich mit den übrigen wandern und konnte nur hin und wieder eine Weile auf einem Stein oder in einer Schneewehe sitzen. Wenn ich lange draußen war, wurde ich müde. Ich konnte dann dösen und verfiel fast in einen Traum über das, was ich herauszufinden hatte. Jeden Morgen jedoch kam ich heim und berichtete, was ich herausgefunden hatte. Doch sobald ich gesprochen hatte, ging ich wieder ins Freie, an Orte, an denen ich für mich allein war. Wenn man draußen suchend allein ist, kann man etwas essen, aber nicht viel. Wenn ein Schamane durch die Geheimnisse der Einsamkeit herausfindet, daß ein Kranker sterben wird, kann er heimkehren, auch ohne daß die sonst nötige Zeit verstrichen ist. Nur wenn eine Heilung ansteht, sollte er die ganze Zeit draußen bleiben.

Wir Schamanen im Landesinneren haben keine besondere Geistersprache und glauben, daß der richtige *angatkut* solches auch nicht braucht. Auf meinen Reisen bin ich manchmal auch bei Sitzungen unter den Stämmen an der Küste zugegen gewesen. Diese *angatkut* scheinen mir aber nicht vertrauenswürdig. Sie nehmen Zuflucht zu Tricks, die sich das Publikum bei uns nie gefallen lassen würde. Sie springen herum und murmeln alle Arten von Verrücktheiten und Lügen. Das soll dann die Geistersprache sein. Auf mich wirkte das eher belustigend und als etwas, womit man nur die Unwissenden beeindrucken kann. Ein richtiger Schamane hat derlei nicht nötig. Auch läßt er nicht die Lampen löschen, um den Anwesenden ein Gefühl des Geheimnisvollen zu vermitteln. Was mich angeht, so glaube ich nicht, daß ich viel weiß, glaube aber auch nicht, daß man auf besagte Weise etwas herausfindet. Wahres Wissen findet sich nur fern von den Menschen in der großen Einsamkeit, man findet es nicht spielend, sondern nur durch Leiden. Einsamkeit und Leiden öffnen das menschliche Bewußtsein, und deswegen sucht der Schamane sein Wissen dort.

Sedna / Inuit[128]

Einst lebte an einer einsamen Küste ein Mann mit seiner Tochter Sedna. Seine Frau war schon einige Zeit tot, und die beiden führten ein ruhiges Leben. Sedna wuchs zu einem schönen Mädchen heran, und von überall her kamen die jungen Männer, um um ihre Hand anzuhalten, keiner aber vermochte ihr stolzes Herz zu rühren.

Schließlich, als das Eis aufbrach im Frühjahr, flog ein Eistaucher über die See herbei und warb um Sedna mit einem betörenden Lied.

„Komm mit mir", sagte der Vogel, „komm mit mir in das Land der Vögel, wo nie jemand Hunger leidet, wo mein Zelt steht, gebaut aus prächtigen Fellen. Wir werden uns auf weiche Bärenfelle lagern. Meine Freunde, die Eistaucher, werden dir alles bringen, was dein Herz begehrt. Ihr Gefieder wird dir als ein Kleid dienen, deine

Lampe wird immer Öl haben, in deinem Kochtopf wird immer Fleisch sein."

Solchen Verlockungen konnte Sedna nicht widerstehen, und sie zogen zusammen über das weite Meer. Als sie nun endlich das Land der Eistaucher erreicht hatten, erkannte Sedna, daß ihr Bräutigam sie schändlich belogen hatte. Ihr neues Heim war nicht gefüllt mit weichen Pelzen, sondern gedeckt mit Fischschuppen. Das Dach hatte viele Löcher, durch die Eis und Schnee eindrangen. Statt aus weichen Rentierhäuten bestand ihr Lager aus der Haut von Walrossen, und sie sollte von elendem Fisch leben, den die Vögel ihr brachten. Sehr bald war ihr klar, daß ihr Stolz und ihr Hochmut sie um ein besseres Leben an der Seite eines Inuitmannes gebracht hatten. In ihrem Kummer sang sie: „Aja, o Vater, wenn du wüßtest, wie elend ich bin, würdest du herbeieilen und mich fortholen von hier. Die Vögel sehen mich unfreundlich an. Stets bleibe ich für sie eine Fremde, kalte Winde heulen um mein Bett, die Nahrung, die sie mir geben, ist ein elender Fraß. O komm doch und nimm mich heim. Aja!"

Als ein Jahr vergangen war und die See wieder aufgewühlt wurde von wärmeren Winden, verließ der Vater seine Heimat, um Sedna zu besuchen. Seine Tochter begrüßte ihn freudig und flehte ihn an, sie heimzunehmen. Als nun der Vater hörte, wie schändlich der Eistaucher sie getäuscht hatte, schwor er, Rache zu nehmen. Er tötete den Eistaucher, nahm seine Tochter zu sich ins Boot, und rasch verließen sie das Land, in dem Sedna nichts als Kummer erlebt hatte.

Als nun die anderen Eistaucher heimkamen und ihren Gefährten tot liegen sahen, als sie auch Sedna nirgends entdecken konnten, flogen sie den Flüchtenden

237

hinterdrein. So traurig waren sie über den Tod ihres armen ermordeten Gefährten, daß sie bis in unsere Tage trauern und klagen.

Nachdem sie eine Strecke geflogen waren, entdeckten sie das Boot und erregten einen schweren Sturm. Die See erhob sich zu gewaltigen Wellenbergen, und Vater und Tochter drohte der Tod. In seiner Todesangst entschloß sich der Vater, Sedna den Vögeln auszuliefern, und warf seine Tochter über Bord. Verzweifelt hielt sie sich an der Kante des Schiffes fest. Der grausame Vater nahm ein Messer und schnitt die ersten Glieder all ihrer Finger durch. Als die Fingerglieder ins Wasser fielen, verwandelten sie sich in Walknochen.

Sedna klammerte sich immer noch am Boot fest. Jetzt schnitt der Vater ihr die zweiten Glieder aller Finger ab, und aus ihnen wurden die Seehunde.

Unterdessen hatte der Sturm nachgelassen. Die Eistaucher nahmen an, Sedna sei längst ertrunken. Der Vater erlaubte ihr nun wieder, zu ihm ins Boot zu kommen. Aber unterdessen hatte sich ein so wilder Haß in ihr angesammelt, daß sie ihm bittere Rache schwor. Nachdem sie an Land gegangen waren, rief sie ihre Hunde, und während der Vater schlief, bissen die Tiere ihm Füße und Hände ab. Darauf verfluchte er Tochter und Hunde. Die Erde tat sich auf. Sie verschlang die Hütte, den Vater, die Tochter und die Hunde.

Seither lebt sie in dem Land Adlivun, also in der Unterwelt, und dort ist Sedna die Herrin.

So wie Sedna über die Wassertiere herrscht, gibt es auch einen Herrscher über die Landtiere. Von einem diesen beiden Herrschern übergeordneten höheren Wesen ist nichts bekannt. Der Glaube daran findet sich nur in der Vorstellung des Großen Fleisch-Gerichts, aber dieses Wesen spielt im Glauben und bei den spirituellen Praktiken keine zentrale Rolle. Die nimmt unbedingt der *angatkut* oder Schamane ein. Diese Bezeichnung haben die *Native Americans* aus ihrer ursprünglichen Heimat, Sibirien, übernommen. Die Aufgabe des Schamanen besteht darin, für die Menschen die empfindliche Balance zwischen der Realität des täglichen Lebens und den durchaus auch als real vorgestellten Welten der Geistwesen aufrechtzuerhalten. Der Schamane ist ein Vermittler zwischen den vielfältigen Welten, der, wenn er in Trance verfällt, in die Geisterwelt reisen und dort den Grund für eine Krankheit oder eine andere Störung im kosmischen Gleichgewicht ausmachen kann. Man nennt seine besondere Fähigkeit auch „Frei-Seele".

Die Art und Weise, wie jemand zum Schamanen wird, ist bei den meisten Gruppen der *Native Americans* ähnlich. Der Schamanen-Lehrling muß einen Führer haben, der schon gereist ist und den Weg kennt. Er muß von ihm lernen, sich in den Zustand der Heiligkeit zu versetzen, in dem er auch in der Lage ist, mit seinem Geist seine Körperhülle zu verlassen. Dieser Vorgang erklärt eine Eigenart des Kunststils bei den arktischen Völkern und auch bei anderen Gruppen der Indianer Nordamerikas. Die äußere Hülle eines Menschen, seine Haut, sein Fleisch, wird als transparent angesehen, sie wird so dargestellt wie auf einem Röntgenbild, das den spirituellen Innenraum des Menschen wiedergibt.

In seiner Lehrzeit hält sich der angehende Schamane in einem *Retreat* (einem abgeschiedenen Ort) auf. Durch die Einwirkung der Kälte, des Hungers und die Einsamkeit wachsen in ihm Kräfte, die er für die Reise in die Anderswelt braucht. Wenn er in die Gemeinschaft der Menschen zurückkehrt, muß er gewisse Tabus beachten, die alle mit der Balance zwischen Kräften von Leben und Tod, der sichtbaren Welt und der Geisterwelt zu tun haben. Zeugnisse seiner Fähigkeiten gibt er bei Versammlungen der Gemeinschaft, wo er sich durch Trommelrhythmus und Gesänge in Trance versetzt und seine Suchfahrt ausführt, von der er die Lösung eines bestimmten Problems „heimbringt". Ein Schamane steht in Hinblick auf sein Ansehen unter Erfolgszwang. Die Praktiken der schamanischen Tradition überzeugen die Menschen vom tatsächlichen Vorhandensein der Geistwesen, sie lösen Spannungen beim Individuum und bei der Gemeinschaft und erhalten die Ordnung in Gesellschaft und Familie in einer dem Menschen feindlichen Umgebung aufrecht.

Kapitel 7
Religion und Spiritualität der Indianer in der Subarktis (Kanada)

Zwischen zwanzig Schneebergen
Regte sich nichts
Als das Auge der Amsel.

Ich war dreigeteilt,
Wie ein Baum,
In dem drei Amseln sitzen.

Wallace Stevens[129]

Zwei Sprachfamilien, kulturgutbringende Helden und der Trickster

Die Region der indianischen Nationen in der Subarktis erstreckt sich über eine Gesamtfläche von fünf Millionen Quadratkilometern, auf denen heute circa 60 000 Athapaskisch und/oder Algonkin sprechende Menschen wohnen.

Westlich des Churchill Rivers und der Manitoba Küste der Hudson Bay leben die athapaskisch sprechenden Völker, östlich dieser Linie die Algonkin.

Die Völkergruppen und Stämme dieser Region sind in ihren religiösen Traditionen und spirituellen Vorstellungen mit denen der Arktis eng verwandt. Trotz eines langen Zeitraums der Kontakte mit europäisch-amerikanischen Jägern, Trappern und christlichen Missionaren haben sich bei diesen Stämmen ihre spirituellen Vorstellungen weitgehend erhalten. Bei ihnen findet sich eine reiche Mythologie der Schöpfungsgeschichte. Die Gestalt des Schöpfers wird anthropomorph vorgestellt, er lebt über den urzeitlichen Gewässern, umgeben von den schon erschaffenen Wasservögeln und Tieren, die vom Grund des großen Wassers jenen Schlamm heraufbringen, aus dem dann die Welt entsteht. Die Schöpfung ist nach der Vorstellung dieser Stämme nicht ein Geschehnis in der Vergangenheit, sondern ein fortdauernder Prozeß, an dem alle Elemente der Schöpfung früher und heute teilnehmen. Wir begegnen hier den Kulturgüter bringenden und die Kulturtechniken lehrenden mythologischen Gestalten *Glooscap, Manibozo, Manabozo* oder *Manabus. Manabus* gab Anweisungen, wie das Leben eingerichtet werden sollte. Wenn die Zweckmäßigkeit einer Sitte in Frage gestellt wurde, so war darauf die

Antwort der Algonkin: „Manabus hat es so gemacht."
Der kulturbringende Held ist aber unter Umständen
auch ein „Trickster", ein Eulenspiegel, ein betrogener
Betrüger, ein Schelm. In den Mythen und Märchen, in
denen er überraschend und häufig auch schädigend auftritt oder selbst geschädigt wird, wird an negativen Beispielen eine Art von Verhaltenskodex vorgeführt.

Der Wohnplatz der Menschen, das kegelförmige Tipi
wie die halbkugelförmige Schwitzhütte sind Symbole
für den Kosmos. In diesen Behausungen werden die re-
generierenden Kräfte der Erde, der Luft, des Feuers und
des Wassers dazu eingesetzt, um die ursprüngliche Reinheit des Menschen wiederherzustellen, die durch den
Bruch der unzähligen, für die Jagd geltenden Tabus und
durch den Kontakt mit den Frauen während der Zeit ihrer Menstruation aufgehoben worden war.

Bei den heiligen Männern in der subarktischen Region zeichnet sich eine Abwandlung ihrer Aufgaben von
denen des klassischen Schamanen der Arktis und Sibi-
riens ab. Hier begibt sich nicht die Seele des in Trance ge-
fallenen Schamanen auf eine Suchfahrt, vielmehr ruft der
Schamane durch Trommeln und Opfer die ihm helfen-
den Geisterwesen, die ihm bei seiner spirituellen Queste (Suchfahrt) begegnet sind, herbei. Ihre tatsächliche
Anwesenheit erweist sich durch merkwürdige Ge-
räusche und das Wackeln der Behausung. Die Geistwesen, bei denen es sich häufig um die Schutzgeister des
Schamanen handelt, werden dann dazu aufgefordert, eine bestimmte Aufgabe auszuführen. Es ist nicht überraschend, daß sich bei Menschen, deren Lebensunterhalt
von der Jagd und dem Fangen von kleinen und großen
Tieren in Fallen abhängt, eine Vielzahl mythologischer
Geschichten auf die dem Jäger vertrauten Tiere bezieht.

Die Tiere werden als Lehrer des Menschen angesehen und sind in gewissem Sinn dem Menschen überlegen, also nahezu Geistwesen. Entsprechend gibt es Geheimgesellschaften mit dem Zeichen des betreffenden Tieres. Durch die unterschiedliche Stärke der Tiere entsteht eine Rangordnung. Dem Bär, der am schwierigsten zu jagen ist, wird die größte magische Kraft zugeordnet. Nach Erlegen eines Bären wird sein Kadaver, vor allem der Schädel und die Knochen, als heiliger Gegenstand behandelt. Das Algonkin-Wort für heilige Kraft lautet *manitu*, wobei unter *kitchi manitu* die Summe aller heiligen Kräfte verstanden wird. Allerdings meinen manche Forscher, daß ein solches übergreifendes Prinzip erst nach Berührung mit dem Christentum entstanden sein könnte. Andererseits gibt es Hinweise, daß es auch schon vor dem Eintreffen der Weißen bei den Indianern bekannt gewesen ist.

Medizinbündel gehören zu den kostbarsten Gegenständen, die ein Stamm besitzt. Ein solches Bündel kann aus allem möglichen bestehen, aus ein paar Federn, die in ein Stück Haut oder Tuch eingeschlagen sind, oder aus einer Vielzahl verschiedener Gegenstände: Häute von Tieren, Vögel, Wurzeln, Steine, Felsbrocken, Pfeifen, die in einem Beutel aus Rawhide (Rinderhaut) aufbewahrt werden. Jeder dieser Gegenstände hat seine bestimmte magische Bedeutung, und wenn er dem Bündel entnommen wird, begleitet der Bewahrer oder Besitzer des Medizinbündels die Tätigkeit mit einem bestimmten Lied.

Beim Stamm der Sarcee im westlichen Kanada ist das Biberbündel eines der kostbarsten. Es steht im Zusammenhang mit dem Sonnentanz (s. Kapitel über die Prärieindianer) und dem Tabakanbau. Über seinen Ursprung erzählte der ehemalige Bewahrer des Bündels folgende Mythe: Einmal sichtete ein Jäger eine Büffelherde nicht weit von einem großen See. Er ließ sein Pferd zurück und versteckte sich in einer Bodensenke. Als die Büffel näherkamen, schoß er auf ein besonders fettes Tier.

Nachdem er den Kadaver auf den Rücken gewälzt hatte, nahm er die Eingeweide heraus und schnitt einen Teil des Fleisches los. Dann wendete er den Büffel wieder um, machte noch einige Stücke Fleisch los, schnitt die Beine ab und schälte das Fleisch von den Rippen.

Während er damit beschäftigt war, den Büffel auszuschlachten, kam am Ufer des Sees ein Fisch aus dem Wasser und sprang um ihn herum. Es war ein großer Fisch, und er hatte ein Horn auf der Stirn. „Hab keine Furcht, mein Sohn", sagte der Fisch. „Siehst du die

kleine Wolke dort am Himmel? Das sind die Donnervögel. Sie wollen mich fassen, aber sie haben Angst
vor menschlichen Wesen. Du wirst mich doch be-
schützten?"

Da stieß der Donnervogel vom Himmel herab und
sagte zu dem Jäger: „Mein Sohn, tritt zur Seite. Wir wollen diesen Wal fressen. Warum läßt er sich von dir be-
schützten?"

Der Jäger antwortete: „Töte ihn nicht. Er hat sich nun
einmal unter meinen Schutz gestellt."

Wieder sprach der Donnervogel: „Mein Sohn, er hat
nicht soviel Kraft wie ich."

„Das ist nicht wahr", mischte sich der Wal ein. „Wir,
die auf der Erde und im Wasser leben, haben mehr Kraft
als jene, die im Himmel hausen. Der Donner kommt
nur einmal im Jahr. Die Donnervögel haben nicht die
Kraft, bei dir zu bleiben. Wenn du mich ihnen auslieferst, wirst du eines Tages in einer Pfütze Wasser ertrin-
ken. Wenn du mich aber rettest, werde ich dir ein Medizinbündel geben."

„Mein Sohn", sagte der Donnervogel, „wenn du uns
den großen Fisch auslieferst, sollst du alles haben, was
du dir wünschst."

Der Jäger hörte sich das an und dachte über beide Vorschläge nach. Dann antwortete er: „Mir tut der Wal leid,
aber ich will euch, ihr Donnervögel, auch Mitgefühl er-
weisen. Laßt ab von dem Wal, und nehmt statt dessen
diesen fetten Büffel."

Die Donnervögel antworteten: „Gut, halten wir uns
an deine Jagdbeute. Dafür lassen wir den Wal in Ruhe. Es
war dein Vorschlag."

Sie stürzten sich herab und fraßen vom Fleisch des
Büffels.

Nachdem sie wieder zum Himmel aufgestiegen waren, sprach der Wal zum Jäger: „Mach einen Beutel so wie diesen hier", und er zeigte dabei dem Jäger den Magen des Büffels. „Füll ihn mit dem, was ich dir sage, und ich werde dir dein ganzes Leben hindurch aus Dankbarkeit darüber, daß du mir mein Leben gerettet hast, beistehen."

Dann führte der Jäger den Wal zurück ins Wasser. Ehe er untertauchte, sagte er: „Wirf noch etwas in den See, als Opfer für mich. Dann aber geh heim und mache ein Bündel. Stecke in den Beutel ein Stückchen Haut von jeglicher Kreatur. Male ein Bild von mir innen in den Beutel und außen auf den Beutel ein Bild der Donnervögel. Vergiß nicht, was ich dir gesagt habe, und gib das Bündel nie fort an einen anderen Stamm." Ehe der Wal aber untertauchte, sang er für den Jäger das Biberlied.

Der Mann machte das Bündel gemäß den Anweisungen des großes Fisches, und auf dem Sterbebett vererbte er es einem anderen Mann. Und so wird es seit alten Zeiten im Stamm von Geschlecht zu Geschlecht weitergereicht.

Kuloskap, Gluskabe, Goluskape, Glooscap:
Die Spur eines Halbgottes in der Landschaft
oder die Mythe von einer Biberjagd

Gluskabe

Kommt von Osten	verschwindet zum Westen
Wacht im Sommer	schläft im Winter
Raubt den Sommer	
im Süden	besiegt den Winter im Norden
Heros	Trickster
Zauberer	Tölpel

Scharfsinnig und mit mythopoetischem Einfühlungsvermögen hat Werner Müller in seiner Untersuchung
„Die Religionen der Waldlandindianer Nordamerikas"[131] die Gestalt des Glooscap unserem Verständnis
erschlossen. Die mythologische Gestalt stammt von
den maritimen Algonkin, die den Sammelnamen „Leute des Ost- oder Morgenlandes" führen und die Urein-
wohnerschaft Neubraunschweigs, Neuschottlands und
Maines darstellen. Es sind dies von Norden nach Süden
aufeinanderfolgend die Stämme Micmac, Malecite, Passamaquoddy, Penobscot, Wawenock und Abenaki, die
sich selbst Wabanaki nannten. Sie bildeten ursprünglich
im Norden des heutigen Bundesstaates Maine und in
den maritimen Provinzen Kanadas eine Konföderation.
   Kulturell ist der Übergang zum Kulturgebiet der Indianer des östlichen Waldlandes fließend, schon deshalb, weil es in historischer Zeit zu Wanderbewegungen
und Eroberungskriegen kam. 1679 flohen die Abenaki
nach einem Krieg mit den Engländern ins französische
Kanada und ließen sich bei Quebec nieder. Die übrigen

Wabanaki-Stämme fielen später der Vernichtung der Urwälder und dem Eisenbahnbau zum Opfer. „Seitdem sind die Möglichkeiten dahingeschwunden, das intakte Wabanaki-Stratum zu studieren, einige Micmacbanden ausgenommen."[132]

Die Mythologie aber, die erstaunlich umfangreich ist, wurde über dreihundert Jahre hindurch von Missionaren und Wissenschaftlern, die die Sprache der Stämme ausgezeichnet beherrschten, gesammelt und reflektiert.

Die zahlreichen überlieferten Texte und ihre Interpretationen auswertend, schreibt Müller: „Die wichtigsten Überlieferungen gruppieren sich um eine Gestalt, die als eine Art Halbgott den Mythus beherrscht. Es ist der Kulturheros *kulóskap* (Micmac und Passamaquoddy, *glúskap* (Malecite), *gluskabe* (Penobscot und *Wawenock*), *gluskobá* (St. Francois, Abnaki), wie sein Name in den verschiedenen Dialekten lautet, der Lügner oder Betrüger, von *gluski* ‚Betrug', ‚Lüge' und *–ábe* ‚Person', ‚Mann'. Der Name enthält nichts Herabsetzendes; man hat darin eine Anerkennung der Fähigkeiten sehen wollen, feindliche Anschläge mit List zu vereiteln. (...)

Gluskabe gestaltete in längst vergangener Zeit die heutige Erde und lehrte die indianischen Stämme. Er lebt noch außerhalb der Menschenwelt und wird einst wiederkehren. Die Erinnerung an seine Taten wirkt mit solcher Unmittelbarkeit, daß jede Wabanakigruppe ihre engere Heimat für den Schauplatz dieses mythischen Lebens hält. Die vertrauten Züge der Landschaft gelten als Werk des Heros. Jeder Fluß, jeder Wasserfall, jeder Felsblock zeugt von seiner Arbeit. (...)

Gluskabe kam in einem Boot von Cape North und nahm seine Wohnung in den Elfenhöhlen zwischen St. Anns Bai und dem Großen Bras d'Or. Sein Boot kann man dort noch sehen; er hat es liegen lassen, als es in Stücke zerbrach, und diese Trümmer sind heute die drei kleinen Cibouxinseln. Bei Plaster Cove standen zwei Mädchen, die sich ausschütten wollten vor Lachen über Gluskabes Schiffsbruch, aber hart für ihre Spottlust büßen mußten, denn der Heros befahl ihnen für immer dort zu bleiben, und so stehen die beiden bis zum heutigen Tage als Felsblöcke auf dem Ausguck an der Küste. Ein klein wenig weiter nach Norden bei Wreck Cove setzte Gluskabe mit einem Sprung ans Land, rettete aber aus dem zerberstenden Fahrzeug seine Moosefelldecke, die er hier zum Trocknen ausbreitete, gerade da, wo am Ufer sich eine Fläche von 15 acres (6 ha) dehnt. Nach einer Mahlzeit an der Mündung des Großen Bras d'Or bei Table Head verließ er die Ostseite der Insel und eilte durch den Bras d'Or und den Patrickkanal nach Wycogamagh, wo er auf der Indianerinsel einen Biber aufscheuchte, den er bis zur Einmündung des Middle River verfolgte. Hier erlegte er einen jungen Biber, verlor jedoch die Spur des alten. Schließlich schleuderte er einen Stein in den Bras d'Or-See, in dem er das Tier vermutete – dieser Felsen ist heute die Redinsel – und jagte den Biber dadurch auf. Eilends grub sich der Flüchtling einen Ausgang zum südlichen Ozean, den heutigen St. Peterskanal mit seinen Windungen, und schwamm um Neuschottland herum in die Kundybai, von wo er sich in das Becken von Minas rettete. Gluskabe verschaffte dem Wasser einen Abfluß durch den Minaskanal, den er mit seinem Ruder ausgrub, und nun war es um den Biber geschehen. Noch liegt in der Minasbai ein Felseneiland, Pot Rock, das einst als Topf diente, um die Beute zu kochen. Dabei sieht man die Biberknochen, desgleichen Gluskabes Hund und seinen

Onkel Schildkröte, die er beide in Stein verwandelt. Er zog dann weiter nach Osten nach Pitctoui, wo er die Indianer in den Dingen der Kultur unterrichtete."[133]

Auf zwei Dinge ist hier hinzuweisen. In der Art des Bezugs zur Landschaft gleicht diese Darstellung den Traumzeit-Vorstellungen der Aborigines, die ebenfalls jeden Landschaftszug in die Schöpfungsmythe einbanden und ihn damit heiligten und zu dem Platz machten, an dem bei Erzählung der Mythe die Schöpfung sich wiederholte bzw. ihr Sinn erfahrbar wurde.

Zum zweiten: Wer die zahlreichen Bilder- und Kinderbücher über Glooscap aus dem heutigen Kanada kennt, muß an die Hypothese der Brüder Grimm denken, Kindermärchen, ja Märchen überhaupt könnten die scherbenhaften Teile einer alten Mythologie sein.

Auch bei Müller klingt die Parallele zu der Vorstellung der Aborigines an, wenn er schreibt: „Das eigentliche Lebenswerk des Heros besteht in der Gründung und Setzung der heutigen Weltordnung. Er wandelt das Chaos der Urzeit um zu einem Heim der Menschheit. Ohne seine Arbeit gäbe es keine menschliche Existenz, Gluskabes Erscheinen und das Heraustreten der Menschheit aus dem Gesamtkosmos hängen untrennbar zusammen: erst durch ihn werden die Menschen aus ihrem urzeitlichen Traumleben herausgerissen und zu einer, von allen anderen Lebewesen abgesonderten Einheit umgeschaffen."[134]

Sein Halbgottcharakter wird dadurch betont, daß er unverheiratet ist und mit einer alten Frau zusammenlebt, die Großmutter genannt wird. Hinzu kommen ein Marder als Diener, Vögel als Boten und Wölfe als Leibwächter.

Er bringt Tag und Licht in die Welt, regelt die Jahreszeiten. Die sechs Wintermonate über schläft er, raubt dann die Sonne und besiegt den Eismann. „Dabei verlor er ein Auge, erhielt aber von der Eule ein neues. Er erwürgte auch den riesigen Schneehasen, der in einem unablässigen Blizzard wohnte und alle Hasen der Welt besaß. Er mäßigte den Wind, indem er dem Sturmvogel eine Schwinge brach. Zu seiner Zeit ließ sich alles besser an als heute; die Sommer waren lang, und die Indianer pflanzten viel Tabak."[135]

„Als Gluskabe sein Werk getan hatte, verschwand er. Nach der neuschottländischen Tradition rief er einen Walfisch herbei und ließ sich in ein weit entferntes Land im Westen tragen, in ein schönes Land, wohin die Menschen nach dem Tode kommen. Eine Micmacvariante berichtet ausführlich, Gluskabe habe die Wege der Menschen verlassen, weil er ihre Undankbarkeit nicht zu ertragen vermochte. Er veranstaltete ein großes Abschiedsfest am Ufer des Mians-Sees. Alle Tier kamen, und als das Fest vorüber war, bestieg Gluskabe ein großes Boot, und die Tiere sahen hinter ihm her, bis er ihren Augen entschwand. Als sie ihn schon nicht mehr sehen konnten, hörten sie doch noch seine Stimme, wie er sang. Aber die Klänge wurden schwächer und schwächer, und zuletzt starben sie ganz dahin. Da befiel alle ein tiefes Schweigen, und ein großes Wunder geschah, denn die Tiere, die bisher alle eine Sprache gesprochen hatten, verstanden sich nun nicht mehr. Sie liefen fort, jedes seines Weges und kamen niemals mehr zu einer Ratsversammlung zusammen."[136]

Ein Interpretationsansatz

Zu erinnern ist zunächst daran, daß der Gluskabe-Zyklus aus einer Gesellschaft der Jäger und Sammler stammt, wobei allein aus klimatischen Gründen in der Region die Jagd im Vordergrund stand.

Auf der Hand liegt bei den Mythen von Gluskabe der unmittelbare Zusammenhang mit Natur und Landschaft sowie deren Übersetzung in eine sinnträchtige Geschichte. Etwas anderes kommt hinzu: „Der kanadische Jäger in seiner winterlichen Einsamkeit", so erklärt Müller, „lebt in der Vorstellung, daß sein handwerkliches Können sich paaren müsse mit der ständigen Einflußnahme auf übermenschliche Mächte."[137] „Jagd als heilige Beschäftigung" hat das Frank G. Speck genannt und damit gemeint: „Die Handhabung des Geräts wird zu einem Vollzug vorhergehender geistig-religiöser Manipulationen, gedankliche Konzentration steht am Beginn jeden Unternehmens. Singend, trommelnd und rasselnd sucht der Indianer seinen ‚Großen Mann', d. h. sein eigens Seelenbild, zu stärken, um die Seelen der erwünschten Beutetiere zu überwältigen und gefügig zu machen. Erst diese magische Annäherung legt die Grundlage zu einer erfolgreichen Jagd."[138]

Unter der Nützlichkeitstendenz, die er als sekundär entstanden annimmt, aber entdeckt Müller noch eine andere Schicht, die beispielsweise im Kampf des Heros mit dem Kinde *wasis* präsent ist.

„Alle Wesen hatte der Meister bezwungen, doch dem mächtigen *wasis* wurde er zuschanden. *Wasis* war nur ein kleines Kind, und Gluskabe wollte es fortrücken von der Stelle, auf der es saß. Der Meister versuchte es mit Freundlichkeit und mit Strenge, schließlich mit mäch-

tigem Zauber, aber das Kind rührte sich nicht; Gluskabe mußte sich geschlagen geben. Von allen Wesen bleibt
allein *wasis* unbesiegt."[139]

Er meint, in den Texten das Bewußtsein von „zwei
Äonen" erkennen zu können. Mit Gluskabes Erschei-
nen beginne die heutige, vom Menschen beherrschte
Epoche mit dem vorherrschenden Gedanken des Zwecks.
Vor ihr liege „die erste, ältere Epoche", der „Äon der
Tiere". In ihr spielen die vielen Tiergeschichten der
Wabanaki-Mythologie, wie die Vögel den Bären jagen,
wie der Sommer geholt wird, wie der Taucher-Vogel
und die Krähe heiraten, die Taten des unheilstiftenden
Vielfraßes und die drolligen Abenteuer des Kanin-
chens.[140]

Einmal unterstellt, diese Deutung sei richtig, ließe
sich mutmaßen, daß die in allen[141] indianischen Mythen und Märchen auftauchende spirituelle Tendenz
von der Gleichheit des Menschen mit allen anderen Na-
turphänomenen aus jener frühen, durch reine Bildhaf-
tigkeit sich auszeichnenden Schicht herrührt – im Unterschied zu der Nützlichkeitsbotschaft von Geschichten aus einer späteren Epoche. Gerade daß der Gluska-
bemythos auf der Schwelle zwischen den beiden
Zeitaltern entstanden zu sein scheint, macht ihn so be-
deutsam.

Müller weist darauf hin, daß freilich Themen aus der
älteren Epoche auch in Geschichten aus der jüngeren
auftreten:

„Bezeichnend genug klingen in den Überlieferungen
von dem älteren Äon Themata an, die später in dem folgenden Menschheitszeitalter wiederkehren. Wenn *gluskabe* den Sommer im Süden holt und zum Norden
bringt, so findet sich eine anders geformte, selbständige

254

Version der Kalenderregelung schon in der älteren Welt-
zeit. Hier ziehen die Tiere aus und holen den Sommer in
Beuteln mit heißer Luft und in Gestalt von Sommervö-
geln. Auch die Person des Heros lebt bereits in dieser älteren Welt. Ihn vertritt das Kaninchen, eine schatten-
hafte Parallele zu *gluskabe*, nur eben ohne jene Zweck-
bestimmung, da der Mensch in der anfänglichen mythischen Epoche fehlt. Meister Kaninchen erscheint zwar
als mächtiger Zauberer, der seine Feinde mit List zu treffen weiß, aber seine Taten verwandeln das Antlitz der
Erde nicht. Ihr bleibt die ungestörte Ruhe der Urzeit.

Auch von hier aus repräsentiert der Gluskabemythus
eine junges Produkt, ein letztes Ergebnis der mythischen Entwicklung und zugleich das Ende des Mythus
überhaupt. Denn hier wird die zweckfreie, aus sich
selbst heraus existierende mythische Welt plötzlich in
einen festen Rahmen gespannt. Sie unterliegt dem Zu-
griff eines Willens, der außermythische Zwecke verfolgte und zielstrebige Bewegung an die Stelle wandelloser
Ruhe setzt."[142]

Diese Analyse ist eine gutes Beispiel dafür, weshalb
indianische Mythen und Märchen so wichtig sind. Mit
den Methoden der Wissenschaft überprüft, vermitteln
sie uns eine Vorstellung von Bewußtseinszuständen in
frühen Zeiten der Menschheitsgeschichte, aus denen
keine anderen Zeugnisse vorhanden sind.

Kapitel 8
Die Religion und Spiritualität der Indianer des Nordwestens

Hin und wieder denk ich bei mir.
Es gibt keinen Ort,
an dem die Menschen nicht sterben müssen.

Ich weiß nicht, wo mein Liebster ist. –
Vielleicht verschleppten die Geister meinen Liebsten
in ihre Behausung
auf der anderen Seite der Welt.

Tlingit[143]

Rede, gehalten bei der Aufrichtung des Pfahls
zum Gedenken an die Toten[144]

Am Morgen, kurz nach Tagesanbruch, wird der Häuptling, der den Pfahl errichten läßt und die Totenfeier abhalten will, vor den Häusern hin- und herlaufen und Trauerlieder singen. Dann wissen die Leute, was geschehen ist, und teilen seinen Schmerz. Der Pfahl für den Toten erinnert sie an das Sterben überhaupt. Nun ist es Zeit, die Geschichte vom Raben zu rezitieren.

Danach stellt sich der Häuptling an einer Stelle auf, von der aus ihn alle hören können. Darauf wird er in etwa dies sagen:

„Meines Vaters Brüder, meine Großväter, Volk, aus dem ich stamme, meiner Mutter Großväter: Vor langer Zeit, so sagt man, war die Welt ohne Tageslicht. Es gab aber jemanden, den Raben, der wußte, daß das Tageslicht bei *nas-cáki-yel* war, und also ging er zu dessen Tochter. Als der Rabe geboren worden war, verlangte es ihn sehr nach dem Tageslicht, das sein Großvater besaß. Dann gab der Großvater es ihm. Um diese Zeit brachte der Enkel das Tageslicht den armen Leuten, die er in die Welt gesetzt hatte. Er hatte Mitleid mit ihnen. So geht es auch mir. Dunkelheit lastet auf mir. Mein Gemüt ist krank. Darum erbitte ich jetzt Tageslicht von dir, mein Großvater, meines Vaters Vater, und von euch, die ihr meine Vorfahren seid, und von meiner Mutter Großvätern auch. Wäre es möglich, daß ihr mir Tageslicht schenkt, so wie *nas-cáki-yel* es seinem Enkel geschenkt hat, damit er sich an der Morgendämmerung erfreue?"

Dann werden die Leute, zu denen er gesprochen hat, antworten: „*Ye kugwati*"; was bedeutet: „So soll es sein!"

Wenn er sagt, Dunkelheit laste auf ihm, meint er, daß der Pfahl noch nicht aufgerichtet worden ist. Und er gibt ihnen zu verstehen, daß mit dessen Aufrichtung das Tageslicht kommen wird.

Wenn nun der Pfahl steht, sagt er: „Ihr habt das Tageslicht gebracht." Und nachdem er dies gesagt hat, zeigen sich alle gegenüber dem Häuptling sehr ehrfürchtig und sind ganz still. Sie verbieten auch den Kindern, etwas Unpassendes zu sagen.

Am Abend des Tages, an dem der Pfahl aufgestellt worden ist, findet ein Tanz statt.

Nach dem Tanz wird der Witwer oder jemand aus dessen Familie aufstehen und dies sagen: „Im Anfang war die große Flut nach dem Willen von *nas-cáki-yel*. Was die Menschen dabei erlitten, war mitleiderregend. Die Häuser und Totempfähle ihrer Onkel trieben davon. Dann aber hatte die Alte Frau, die in der Unterwelt wohnt, Mitleid mit ihnen und ließ das Wasser sinken. Wie die frühen Menschen wart ihr elend in eurer Trauer. Die Häuser und Totempfähle eurer Onkel waren überschwemmt und trieben davon. Aber nun läßt unser Großvater das Wasser sinken wie es früher die Alte Frau, die in der Unterwelt wohnt, getan hat. Es war euch, als müßtet ihr, nach dem, was euch zugestoßen war, vor Kälte sterben. Die Fußbodenbretter in euren Häusern wurden von der Flut hochgedrückt. Aber nun sitzen sie wieder fest. Ein Feuer brennt. Ich hoffe, es wird euch wärmen."

Dann spricht der Mann, der den Pfahl errichtet hat:

„Ich danke dir, mein Großvater, für deine Worte. Ja, es war, als wäre die große Flut über mich gekommen. Aber nun haben deine Worte bewirkt, daß die Flut gesunken ist. Die Häuser meiner Onkel sind wieder aufs feste Land zurückgetrieben und stehen an sicherem Ort. Deine Worte haben ihre Planken wieder befestigt. Ja, es war uns kalt. Aber nun, da du das Feuer entzündet hast, wird es uns wärmen. Ich danke dir für das, was du getan hast. Dank deiner Worte müssen wir nun nicht mehr trauern."

Die Mythe vom Raben, auf die sich der Häuptling in seiner Rede bezieht, ist die Schöpfungsgeschichte der Tlingit, in der von den Taten des Schöpfers *nas-cáki-yel*, einer unsichtbaren Gottheit, erzählt wird. Bei diesem Stamm hat die Schöpfungsmythe die Funktion, die Menschen, die trauern, zu trösten, also den normalen Verlauf des Lebens wiederherzustellen.

Eine mysteriöse und magische Region

„Die Nordwestküste", so beschreibt Norman Bancroft-Hunt das Wohngebiet einer Anzahl von Stämmen, die zwar keine miteinander verwandte Sprache sprechen, aber sonst eine homogene Gruppe darstellen, „ist eine mysteriöse und magische Region. Dichte Nebel und schwere Regenfälle verschleiern die Umrisse der Riesenzedern und wandeln sie in vage Formen mit geisterhafter Präsenz um. Es ist ein Gebiet felsiger Buchten und Fjorde, in denen Wasser, Land und Himmel zu einer kontinuierlichen Form zusammengemischt sind. Ein Gebiet, wo eine Unterscheidung zwischen festen und flüssigen Stoffen nie nachvollzogen werden kann. Die hohe Luftfeuchtigkeit zersetzt gefallene Bäume und bedeckt sie dann teppichgleich mit Moos, um den Eindruck festen Bodens zu erwecken, aber der Boden ist verräterisch und trägt nicht. Dieser enge, wilde Streifen gemäßigten Regenwaldes, oft nicht breiter als 80 Kilometer, erstreckt sich über 1900 Kilometer der Küste Britisch-Kolumbiens und Südalaskas entlang. Er ist permanent vom Kontinent isoliert durch die großen Gipfel der Küstenberge und der Rocky Mountains."[145]

Die auffälligsten Muster der religiösen Tradition und der Spiritualität bestehen darin, daß eine Systematisierung der Vorstellungen über Schöpfung, Kosmologie und Gottheiten fehlt: Das Bild von einem fern-entrückten höheren Wesen ist eher vage. Hingegen kreisen die spirituellen Vorstellungen um eine Reihe von Ritualen, deren Ziel es ist, die Unsterblichkeit und die Rückkehr von bestimmten für das Überleben der Menschen wichtigen Tieren sicherzustellen, und um die Suche nach einem persönlichen Schutzgeist, der lebenslang Beistand gewährt.

Gerade hier spielt die Einbeziehung spiritueller Praktiken in das Alltagsleben und den Nahrungserwerb eine wichtige Rolle, beispielsweise bei der Vorbereitung der bei der Jagd und zum Fischfang benutzten Gerätschaften und bei der eigenartigen Sitte des Potlatch. (Vereinfacht erklärt: Die Oberschicht „zahlt" für die ihr eingeräumten Privilegien durch eine Verteilung von Geschenken.)

Charakteristisch für dieses Kulturgebiet ist, daß selbst bei benachbarten Stämmen grundsätzliche Fragen der Religion, beispielsweise, ob das Reich der Toten jenseits eines entfernten Flusses oder im Himmel liege, widersprüchlich beantwortet werden, oder daß ein Geistwesen, dem ein Stamm große Bedeutung zumißt, beim Nachbarstamm als nur mit geringerer Macht versehen vorgestellt wird.

Philip Drucker[146] sieht die Ursache hierfür in dem

großen Reichtum an mündlicher Literatur bei diesen Stämmen. Jede Großfamilie griff eine bestimmte Mythe oder mythische Episode auf und übernahm sie als die offizielle Familiengeschichte oder zur Erklärung ihres Ursprungs.

Unter den Bella Coola hörte ein früher Forscher von einer ganzen Reihe zusammenhängender Himmelsländer, in dessen höchstem die Götter in einem einzigen großen Haus wohnten. Dies schien erstaunlich, da, wie gesagt, hierarchische Vorstellungen von Göttern bei den anderen Stämmen nicht anzutreffen waren. Tatsächlich fand man später heraus, daß diese Darstellung mit der Schöpfungsgeschichte einer einzelnen Großfamilie zusammenhing und von anderen Stammesangehörigen nicht unbedingt geteilt wurde. Die meisten Haida glaubten, daß der Himmel eine schüsselartige Form habe und auf der Oberseite der Schale ein übernatürliches Wesen wohne. Die Überlieferung einer anderen Familie hingegen spricht von insgesamt fünf übereinanderliegenden Himmelswelten.

Dort, wo die Vorstellung von einem höchsten Wesen vorhanden ist, stellt man es sich sehr fern, der Welt und den Vorgängen in der menschlichen Gemeinschaft entrückt vor.

In einem der mythologischen Zyklen ist dies der Schöpfer, in einem anderen der Verwandler, und zwar in dem Sinn, daß dieser in eine bereits bestehende, aber unvollkommene Schöpfung kam und dort die Dinge in Ordnung brachte. Gottesgestalten dieser Art sind bei den Tlingit „der Rabe auf dem Kopf des *nass*", bei den Haida „die Kraft des Leuchtenden Himmels" und bei den Tsimshian *laxha*. Die Nootka hingegen kennen die „Vier Großen Häuptlinge", die jeweils in den vier Himmelsrichtungen herrschen. Bei den Coast Salkish und den Chinook finden sich solche oder ähnliche Vorstellungen nicht.

Die Stelle der Götter nahmen in dieser Kulturregion übernatürliche Wesen ein, von denen es eine große Zahl gab. Häufig stellte man sie sich als vermenschlichte Tiere vor. Wenn in der Kunst dieser Stämme ein Rabe abgebildet wird, so ist das nicht irgendein Rabe, sondern der Rabe als ein Kulturgüter bringendes Wesen. Er hat sowohl Eigenschaften, die an den Prometheus der griechischen Mythologie erinnern, wie auch an Eulenspiegel. Er ist also Kulturheros und Trickster zugleich. Er hat Sonne und Mond freigesetzt, indem er als Mensch von jenem Mädchen geboren wurde, dessen Vater die Gestirne in einer verschlossenen Kiste verwahrte.

Eine ganze Anzahl von Traditionen, die im Zusammenhang mit bestimmten Tierarten stehen, sind im gesamten Kulturgebiet verbreitet. Die meisten davon beziehen sich auf den Lachs. An ihnen läßt sich auch der Mechnismus vieler anderer Rituale erkennen. Drucker beschreibt die im Umgang mit dem Lachs praktizierten Verhaltensweisen wie folgt:

„Jedes Jahr um die gleiche Zeit erschienen fünf verschiedene Arten von Lachsen in großer Zahl in einer bestimmten Bucht oder Flußmündung, um dann flußaufwärts zu wandern. Eine relativ kleine Anzahl wurde mit Harpunen oder Netzen gefangen, die Mehrzahl der Fische aber zog in die Laichgründe flußaufwärts weiter, laichte und verendete dann. Ihre mageren und geschundenen Körper lagen an den Ufern und trieben zurück ins Meer. Es ist nicht genau zu erkennen, ob die Indianer um den Lebenszyklus des Fisches wußten, ob sie das Laichen mit den Jungfischen und diese mit den ausgewachsenen Lachsen in Beziehung setzen konnten. Jedenfalls erschien im nächsten Jahr der Fisch wieder. Und von daher war die Vorstellung durchaus richtig, daß der Lachs zum Wohl der Menschheit den Fluß hinaufstieg, starb und darauf wieder zum Leben zurückkehrte. Von daher entwickelte sich nun die Mythe, daß die Lachse eine Spezies übernatürlicher Wesen seien, die in einem großen Haus unter der See wohnten. Dort gingen sie in Menschengestalt umher, feierten und tanzten wie die Menschen. Wenn die Zeit für den *run* (das Aufsteigen im Fluß) kam, verkleideten sie sich mit Lachsfleisch und opferten sich in dieser Gestalt den Menschen. Einmal tot, kehrte der Geist jedes Fisches in das Haus unter dem Meer zurück. Wenn die Gräten wieder ins Wasser geworfen wurden, konnte das Wesen, das ein Lachs gewesen war, wieder seine ursprüngliche menschliche oder den Menschen ähnliche Gestalt annehmen."[147]

Die Wanderung der Lachse war also ein von den Fischen freiwillig ins Werk gesetztes Unternehmen, das die menschlichen Wesen verpflichtete, es mit ihren Wohltätern nicht zu verderben. Dabei war es entscheidend, die Lachsgräten wieder ins Wasser zurückzugeben. Wenn man einige der Gräten statt ins Wasser aufs Land fortwarf – so die Vorstellung dieser Stämme – würde bei seiner Auferstehung dem entsprechenden Wesen ein Arm oder ein Bein fehlen.

Dieses spirituelle Konzept galt auch bei anderen Fischarten, und von daher war es konsequent, daß das Auftauchen des ersten Lachses mit einer Zeremonie gefeiert wurde, bei der der Fisch wie ein auf Staatsbesuch kommender Häuptling eines benachbarten Stammes geehrt wurde.

Solche Rituale dürften zur Entwicklung einer Priesterschaft als Spezialisten für die korrekte Abwicklung der Zeremonien geführt haben.

Allgemein war und ist bei diesen Stämmen die Vorstellung verbreitet, daß der einzelne Mensch im Guten wie im Bösen über sein Schicksal bestimmen konnte, aber dabei von einem spirituellen Helfer abhängig war.

Die Gunst dieses Schutzgeistes mußte auf einer Queste mit Fasten und verschiedenen Reinigungsritualen erworben werden. Bei einige Stämmen, wie bei den Tlingit und den Haida, waren diese spirituellen Helfer erblich. Das Individuum ging auf die Suche nach dem Geistwesen seiner Verwandtschaft mütterlicherseits. Wenn der Betreffende sich ordnungsgemäß gereinigt hatte, mußte sich der Schutzgeist ihm unterwerfen.

Rituale waren häufig auch Privilegien einzelner Familien oder *Lineages*. Darunter versteht man eine miteinander verwandte, in einem Haus zusammenlebende Gruppe von Menschen. Sie setzten sich in dieser Gegend aus allen Männern zusammen, die in mütterlicher Folge miteinander verwandt waren. Also ein Mann, sein Onkel mütterlicherseits, die Söhne seiner Tanten mütterlicherseits, die Brüder seiner Großmutter mütterlicherseits, deren Neffen, d. h. die Söhne der Schwestern der Großmutter mütterlicherseits. Auf eine kurze Formel gebracht: Zu einer *Lineage* gehörten alle Personen, die in weiblicher Linie von der selben Ahnfrau abstammten. Die Zugehörigkeit zu einer bestimmten *Lineage* verlieh auch spirituelle Macht. So bei den Nootkas, wo bestimmte *Lineage*-Chefs auch Schamanen waren und jene Rituale ausführten, die vollzogen werden mußten, um einen Walfischfang erfolgreich zu gestalten oder einen toten Wal an Land zu bringen.

Eine interessante Eigenschaft des Schutzgeistes besteht übrigens darin, daß man seine Kraft auch Freunden und Nachbarn zu Verfügung stellen kann.

Ein konkrete Vorstellung, wie sich Spiritualität aus dem Bezug zur Wesensart der Landschaft und der Tiere ergibt, vermittelt die folgende Beschreibung:

„Es war eine angenehme Behausung für die *Tsonoqua*, die wilde Frau der Wälder, deren Ruf jedesmals dann gehört werden konnte, wenn der Wind durch die Wipfel der Bäume strich. Ihr Ehemann, *Bokwus*, sammelte die Seelen all derer, die in den gefährlichen Strudeln und Wirbeln, die zwischen den zahlreichen Inseln verliefen, ertrunken waren. *Komokwa*, der Herr des Ozeans, residierte in einem Haus, wo er von Seehunden versorgt wurde, und er konnte den Killerwalen befehlen, für ihn zu jagen. Auch *Hoxhox*, der Monstervogel, und *Baxakualanusxsiwae*, der Kannibale am Ende der Welt, lebten hier. Ihnen zu Ehren wurden die ausgelassenen Hamatsa-Tänze aufgeführt. Das Echo war die Stimme der Toten, die achtlos die Worte wiederholten, die von den Lebenden zu laut gesprochen wurden."[148]

Der Medizinmann oder Schamane, der ursprünglich eine unbedeutende Person in der Gemeinschaft gewesen sein konnte, aber bewiesen hatte, daß er sich in der Geisterwelt auskannte, diese betreten konnte und die Wesenheiten in ihr zu beeinflussen verstand, genoß deswegen hohes soziales Ansehen, zumal er auch Heiler war.

Ein anderer spiritueller Erklärungsversuch von Krankheit besagte, daß kleine Geistwesen wie Geschosse in den Körper eindrangen. Die andere Entstehungsursache war Schadenzauber von Hexen, die einen Fluch über einen Fetzen des Kleidungsstückes der betreffenden Person gesprochen hatten. Auf diese Weise konnte auch die Seele eines Menschen gestohlen werden oder sich verirren, und es war Aufgabe des Schamanen, Schutzgeister zu mobilisieren oder selbst hinauf- oder hinabzusteigen und die verirrte Seele wieder einzufangen.

Von einem Schamanen wurde erwartet, daß er sich das Haar wachsen ließ und sich nie kämmte. Unter Umständen verstand er es auch, mit einer Knochenflöte die Krankheit einfach fortzublasen. Auf seinen Rasseln waren die Gestalten wichtiger Geistwesen, wie die des Raben oder des Frosches aufgemalt, oder er setzte bei seiner spirituelle Arbeit eine entsprechende Maske auf.

Während die Schamanen im nördlichen Teil des Kulturgebietes zumeist Männer waren, kannten und kennen die Stämme des nordwestlichen Kalifornien auch Schamaninnen.

Eine besondere Rolle in der Spiritualität spielen die Tanzgesellschaften, die als Patron ein besonders mächtiges Geistwesen, *Baxakualanusxsiwae*, den „Kannibalen des Nordens", haben. Solche Tanzgesellschaften finden sich bei den Kwakiutl und Nootka, aber auch bei den Bella Coola und einigen Stämmen der Tsimshian. Wer aufgenommen werden wollte, hatte zuvor mehrere Monate in den Wäldern verbracht und die Vision gehabt, der Geist des Kannibalen habe ihn überkommen. Bei der Aufnahme des Novizen kommt es vor, daß die Tänzer den Zuschauern Fleischfetzen entreißen und getrocknete Teile einer Leiche verspeisen.

1885/86 kamen neun Bella Coola-Indianer nach Deutschland und führten in mehreren Städten, darunter in Hamburg und Berlin, den „Kannibalentanz" auf. Während es sich tatsächlich um ein Ritual handelt, in dem Tod und Wiedergeburt eines jungen Mannes dargestellt werden, bestärkte es die deutschen Zuschauer in ihrer Vorstellung vom grausamen Wilden.

Ein Wort muß im Zusammenhang mit der Spiritualität dieser Region auch noch zu dem vielleicht bekanntesten Gegenstand dieser Volksgruppen gesagt werden: zum sogenannten Totempfahl. Bei diesem handelt es sich nicht um die Abbildung einer Gottheit, sondern um das Wappen einer Familie. Ein Mann konnte mehrere Wappen haben, eines davon aber war das wichtigste. Die Wappen zeigen Familie, *Lineage*, Clan und Stammeshälfte an, haben also tatsächlich eine ganz ähnliche Funktion wie ein Stammbaum in Familien oder Dynastien in der westlichen Welt.

Kapitel 9
Schlußbemerkung

Ihr schwätzt vom Himmel –
Ihr entweiht die Erde.

Werner Müller[149]

Jeder hat das Recht, seine Meinung, so kontrovers sie
auch sein mag, vorzutragen. Einstimmigkeit bedeutet
nicht den Zwang zur Konformität, sondern das Recht
auf eine abweichende Meinung.

Aus der Verfassung der Irokesen[150]

Wir stehen am Ende. Ich habe versucht, in diesem Buch aufzuzeigen, wie vielfältig und unterschiedlich indianische Spiritualität ist. Angesichts der verzerrenden, modisch-falschen Vorstellungen, in denen viele Menschen in den Industrienationen in Hinblick auf die *Native Americans*, ihre Traditionen und Vorstellungen weiterhin befangen sind, muß hier am Schluß noch dies klargestellt werden:

1. *Native Americans* (Indianer) sind keine besseren und schlechteren Menschen als Menschen anderer Nationen und Rassen auch. Sie unterliegen, was ihre soziale Situation angeht, den wirtschaftlichen Bedingungen, die sie nur in geringem Maße von sich aus zu bestimmen vermögen. Sich von Spiritualität allein eine Verbesserung ihrer wirtschaftlich-sozialen Probleme zu erhoffen, ist naiv. Vielmehr ist ein ungekehrter Prozeß seit den fünfziger Jahren unseres Jahrhunderts zu beobachten. Die Übernahme der Technik aus der weißen Gesellschaft bzw. die Abwanderung der Indianer aus den Reservationen in die Großstädte hat zumeist zur Zerstörung und zum Untergang der traditionellen Spiritualität geführt.

Der Versuch einer jungen Generation von Indianern, die in der weißen Gesellschaft ausgebildet worden ist, unter der Parole „Weiße Technik und indianische Zeremonien" eine Synthese zwischen den Kulturen herzustellen, muß als gescheitert gelten. Überall dort, wo *Native Americans* die Technik des weißen Mannes übernahmen oder sich dessen zivilisatorischen Errungenschaften anpaßten, blieben die spirituellen Traditionen auf der Strecke oder wurden veräußerlicht und von einer weißen „Erlebnis"-Gesellschaft für ihre Zwecke in Dienst genommen.

2. Es besteht weder ein Grund, indianische Spiritua-
lität zu verklären noch sie abzuwerten oder zu leugnen.
Der Seneca John Mohawk, Mitarbeiter der indianischen
Zeitschrift *Akwesasne Notes*, bemerkt dazu:

„Indianer schlugen vor, zur Spiritualität zurückzukehren. Nun, Spiritualität ist ein mystisches Wort in
Europa. Dort glauben sehr viele Leute, daß sie eine Art
Stimmung ist, ein Gefühl, ein besonderes Gefühl über
Gott usw. Das ist sehr abgelöst, ein entfremdetes Wort.
Aus gutem Grund sah die europäische Linke dieses
Wort als sehr negativ an. Sie dachten, daß es nur dazu
gut sei, die Leute von ihrer materiellen Situation abzu-
lenken. Aber die Indianer wiesen darauf hin, daß es eben
gerade die materielle Situation ist, über die wir besorgt
sind. Es ist nicht undenkbar, daß Leute leiden werden,
weil die Sozialprogramme scheitern, weil die Wirt-
schaftsprogramme scheitern, weil vielleicht das ganze
Wirtschaftssystem scheitert. Und eine Alternative dazu, die einzige Alternative, die jemals von Menschen erfolgreich durchgeführt wurde, ist, daß Gesellschaften
geschaffen werden, die viel weniger Energie, viel weniger Dinge verbrauchen."[151]

Freilich ist auch diese Sichtweise zu monokausal. Die
Rettung der Welt allein vom Konsumverzicht zu erwarten, das heißt, die globale Problematik verkürzt darzustellen. Andererseits ist richtig, daß gerade in den USA
unerhört sorglos mit Energie umgegangen wird. Richtig
ist auch, daß dem enormen Energiebedarf bzw. der gewohnten Energieverschwendung in großem Stil Natur
geopfert worden ist. Man denke nur an den gewaltigen
Staudamm im Glen Canyon bzw. an den Lake Powell in
Arizona.[152]

3. Indianische Religion ist kein Surrogat, keine „Er-

satzreligion", die sich angesichts des Sinnmankos in die Gesellschaften der Weißen auf die großen Industrienationen übertragen läßt, wohl aber weist sie auf grundsätzliche Tatbestände menschlicher Existenz hin, die im Laufe der geschichtlichen Entwicklung in der Gesellschaft der Weißen über der Gier des Menschen nach materiellem Besitz drohten in Vergessenheit zu geraten.

4. Das Schicksal der *Native Americans* und ihrer Traditionen in Vergangenheit, Gegenwart und Zukunft zu beklagen, ohne zugleich sich den Zusammenhang der Situation der Indianer mit den Mechanismen und Strukturen des Kapitalismus und des zu seiner Aufrechterhaltung notwendigen Kolonialismus klarzumachen, ist letztlich nutzlos. Einer solchen Betrachtungsweise wohnt ein nicht mehr wahrgenommener Zynismus inne.

Der *Native American* John Mohawk sieht – und er steht damit unter den Indianern nicht allein – in der Gesellschaft der Weißen „eine selbstmörderische Kultur"[153]. Mohawk knüpft daran die Feststellung, daß die Weißen sich nicht nur von der Natur getrennt haben, sondern nun, indem sie beabsichtigen, „diesen Planeten zu verlassen", auch nahe daran seien, die Realität (die zweite, von ihnen selbst geschaffene Natur) auf diesem Planeten aufzugeben und auf einen anderen Planeten auszuwandern. Die Schlußfolgerung seines Volkes hingegen, so fährt er fort, ziele genau in die umgekehrte Richtung: „Nämlich, daß es letzten Endes die Natur sein wird, die uns am Leben erhält, und daß wir innerhalb der Natur und ihrer Systeme leben werden."[154]

Philip Deere, einem Muskogee-Medizinmann aus Oklahoma, wurde anläßlich eines Besuches in Europa die Frage gestellt, ob es für einen Weißen überhaupt möglich sei, indianischen Spiritualismus so weit zu begreifen, daß er in der Lage wäre, gewisse Zeremonien und Rituale mit- bzw. nachzuvollziehen. Seine skeptische, sich auch gegen Vereinnahmung verwahrende Antwort lautete:

„Es gibt einige Zeremonien, die der weiße Mann unmöglich verstehen kann. Es ist für ihn unmöglich, in sie einzudringen, denn sie sind strikt für Indianer reserviert, und selbst in unseren eigenen verschiedenen Stämmen gibt es Zeremonien, an denen unsere Leute nicht teilnehmen können – das ist nur gewissen Clanen, gewissen Bünden möglich . . . Europäer werden niemals Indianer und nie imstande sein, Zeremonien dieser Art zu leiten. Aber einige Dinge können sie von den Indianer lernen: etwa die Achtung der Geschöpfe vor dem Schöpfer und ihre Hingabe an ihn – das könnte von den Europäern verstanden werden."[155]

Wird damit nicht ein Graben zwischen den Kulturen beschrieben, der unüberbrückbar ist? Wie die Antwort auf diese Frage ausfällt, scheint mir jeweils von der interkulturellen Sensibilität jedes einzelnen abhängig sein, einer Eigenschaft, die Menschen auf dieser Erde in Gegenwart und Zukunft mehr und mehr nötig haben werden, und die deswegen unter Umständen sogar in Schulen gelehrt werden müßte.

Ein Satz eines Weißen soll den Lesern noch über dieses Buch hinaus mit auf den Weg in den Alltag gegeben werden – gewissermaßen als ein Gradmesser der eigenen Spiritualität. Er steht in dem Buch „Traurige Tropen" von Claude Lévi-Strauss, einem jener Gegenbücher zum modernen Massentourismus, einem Buch, das die Annäherung eines zeitgenössischen europäischen Wissenschaftlers an eine fremde Gesellschaft und ihre Kultur schildert. Der Satz ist eine Aufforderung. Sie lautet:

„. . . in den kurzen Augenblicken, in denen es die menschliche Gattung erträgt, ihr bienenfleißiges Treiben zu unterbrechen, das Wesen dessen zu erfassen, was sie war und immer noch ist, diesseits des Denkens und jenseits der Gesellschaft: zum Beispiel bei der Betrachtung eines Minerals, das schöner ist als alle unsere Werke; im Duft einer Lilie, der weiser ist als unsere Bücher; oder in dem Blick – schwer von Geduld, Heiterkeit und gegenseitigem Verzeihen –, den ein unwillkürliches Einverständnis zuweilen auszutauschen gestattet mit einer Katze."[156]

Häufig wird der Verfasser dieses Buches gefragt, was er denn selbst am Thema „Indianische Kultur" so interessant fände. Die Antwort läßt sich knapp und deutlich geben: Er verspürt eine starke Neugier für das andere und die anderen. Er hofft, daß diese Art von Neugier dazu beitragen kann, Vorurteile, die ja meist in Ängsten wurzeln, aufzulösen und zu überwinden, Vorurteile, wie sie nicht nur in den USA gegenüber den *Native Americans* und anderen Minderheiten bestehen, sondern die jeder von uns hier und heute vor der eigenen Haustür beobachten kann.

Anmerkungen

1   George Catlin: Episodes from „Life among the Indians"
    and „Last Rambles", Oklahoma 1959, S. XXV
2   Zitiert nach Frederik Hetmann: Mondhaus und
    Sonnenschloß, Stuttgart 1989
3   Tom Bahti: Southwestern Indian Ceremonials, Las Vegas,
    Nevada 1971
4   Walt Whitman; Grashalme, übertragen von
    Elisabeth Serelmann-Küchler und Walter Küchler,
    Erlangen 1947, S. 66
5   Siehe dazu Gary Snyder: Dimensions of a Life,
    San Francisco 1991
6   Das Heinrich Böll Lesebuch, herausgegeben von
    Viktor Böll, München 1994, S. 455
7   Zitiert nach Werner Müller: Geliebte Erde,
    Bonn 1982, S. 10
8   Philosophisches Wörterbuch, begründet von
    Heinrich Schmidt, ergänzt von Georgi Schischkoff,
    Stuttgart 1961
9   Joseph Campbell: Mythologie der Urvölker – Die Masken
    Gottes, Basel 1991, S. 29
10 Ebd.
11 Philosophisches Wörterbuch, Stuttgart 1961, S. 21
12 Die jeweilige Schreibweise indianischer Begriffe
    (Groß- oder Kleinschreibung) folgt der Schreibweise im
    jeweils zitierten Text.

13 Ruth M. Underhill: Red Man's Religion,
    Chicago 1972, S. 2
14 Frank Waters: Masked Gods, Navajo and Pueblo
    Ceremonialism, Athens, Ohio 1984, S. 11 f.
15 Frederik Hetmann: Durch Amerika – Im Land der
    unbegrenzten Möglichkeiten, Reinbek bei Hamburg
    1974, S. 153
16 Francis La Flesche: The Osage Tribe: The Rite of Vigil,
    39. Annual Report of the Bureau of American Ethnology,
    Washington, 1925, S. 186
17 Paul Radin: Religion of the North American Indians.
    In: Journal of American Folklore, Bd. 27, S. 335-373
18 In Teachings from the American Earth – Indian Religion
    and Philosophy, edited by Dennis and Barbara Tedlock,
    New York 1975, S. 771
19 Paul Radin, a. a. O., S. 339-350
20 Sigmund Freud: Totem und Tabu, Frankfurt/Main
    1991, S. 66
21 Joseph Epes: The Spiritual Legacy of American Indian,
    New York 1982, S. 2 ff.
22 In Bronislaw Malinowski: Magie: Wissenschaft und
    Religion und andere Schriften, Frankfurt/Main 1983. S. 3
23 Helga Teiwes u. Wolfgang Lindig: Navajo, Zürich 1991,
    S. 170 f.
24 William Walker Canfield: The Legends of the Iroquois,
    o. J., S. 170 f.
25 Margot Astrov: American Indian. Prose and Poetry,
    New York 1962, S. 19 f.
26 Standing Bear, Luther: My People, the Sioux, Boston
    und New York 1928. Deutsche Ausgabe: Häuptling
    Standhafter Bär: Mein Volk, die Sioux, Stuttgart 1930
27 Nach Kent MacManis: A Guide to Zuñi Fetishes &
    Carvings, Tuscon, Arizona 1995

[28] Siehe dazu Joseph Epes Brown, a. a. O., S. 115

[29] Diese informelle Doktrin, daß es die offenkundige Bestimmung der Amerikaner sei, sich bis zum Pazifik auszudehnen, wurde im Juli 1845 von dem Journalisten John O'Sullivan in der Zeitschrift „Democratic Review" in Umlauf gebracht.

[30] Vine Deloria: God is Red – A Native View of Religion, Golden Colorado 1993, S. 67

[31] Clark Wissler: The Indians of the United States, überarbeitete Neuauflage, New York 1966

[32] In Frederik Hetmann: Kindergeschichten der Indianer, Frankfurt/Main 1979, S. 111

[33] Frederik Hetmann: Mondhaus und Sonnenschloß, Märchen und Mythen der nordamerikanischen Indianer, Stuttgart 1989, S. 225

[34] Francis La Flesche: The Osage Tribe: The Rite of Vigil, 39th Annual Report of the Bureau of American Ethnology, Washington 1925; The War Ceremony and Peace Ceremony of the Osage Indians, Bureau of American Ethnology, Washington 1939

[35] Nach Werner Müller: Geliebte Erde. Naturfrömmigkeit und Naturhaß im indianischen und europäischen Nordamerika, Bonn 1982

[36] Melvin Randolph Gilmore: The Ground Bean and its Uses, Indian Notes, Bd. 2, 1925, S. 178-187

[37] Werner Müller: Geliebte Erde, Bonn 1982, S. 11

[38] Ebd., S. 24

[39] Siehe dazu auch Roseann Sandoval Willink and Paul G. Zolbrod: Weaving A World. Textiles and the Navajo Way of Seeing, Santa Fe 1997

[40] Paula Gunn Allen: Grandmothers of Light – A Medicine Woman's Sourcebook, Boston 1991, S. 33 ff.

[41] John M. Gunn: Schat-Chen-History. Traditions and

Narratives of the Queres Indians in Laguna and Acoma, Albuquerque 1917, S. 89

42 Frederik Hetmann: Mondhaus und Sonnenschloß, Stuttgart 1989, S. 227 f.

43 Peter Matthiessen: In the Spirit of Crazy Horse, New York 1992, S. 279

44 Siehe dazu auch: Jack Weatherford: Indians Givers – How the Indians of the Americas Transformed the World, New York 1988, und Dagmar Höper und Walter Waltje: Lernen von fremder Kultur. Ökologische Verantwortlichkeit in der irokesischen Philosophie, Kassel 1985

45 Zitiert nach Frederik Hetmann: Mondhaus und Sonnenschloß, a.a.O., S. 228

46 Werner Müller: Indianische Welterfahrung, Stuttgart 1991, S. 36

47 Werner Müller: a.a.O.

48 Aus einem Gesang der Schwarzfüße bei der Öffnung eines Biberbündels. Walter McClintock: The Old North Trail or Life, Legends and Religion of the Blackfeet Indians, London 1910, S. 79

49 Teit: Tahltan Tales. In: Journal of American Folklore 32 (1919), S. 227

50 J. N. B. Hewitt: Iroquois Cosmology 21. Annual Report of the Bureau of American Ethnology, Washington, D.C., 1899-1900, S. 255

51 Reuben Gold Thwaites (Hrsg.): The Jesuit Relations and Allied Documents, Travels and Explorations of Jesuit Missionaries in New France, 73 Bde., Cleveland 1896-1901, Bd. 60, S. 21

52 Der wohl ausführlichste Bericht von einer den Ereignissen noch nahen Person stammt von Lewis H. Morgan: League of the Ho-dé-no-sau-nee, or Iroquois 2 Bde., 1901 u. 1904

53 J. N. B. Hewitt: Iroquois Cosmology, 21th Annual Report of the Bureau of American Ethnology, Washington 1899, S. 255 ff.

54 Orenda = Heiligkeit

55 Joseph Campbell: Historical Atlas of World Mythology, Bd. II: The Way of Seeded Earth, Teil 2: Mythology of the Primitive Planters: The Northern America, New York 1988. S. 151 ff.

56 Ebd., S. 152

57 Ebd., S. 154

58 George Copway: Recollections of a Forest Life, London 1850

59 Schwarzer Hirsch: Ich rufe mein Volk, Olten und Freiburg i. Br. 1965

60 Alice Fletcher und Francis La Flesche: The Omaha Tribe, Washington 1911, S. 63

61 Randolph Gilmore: Prairie Smoke, New York 1929

62 Johann Georg Kohl: Reise im Nordwesten der Vereinigten Staaten. 2. Auflage, St. Louis 1859

63 Francis La Flesche: The Osage Tribe, 39th Annual Report of the Bureau of American Ethnology, Washington 1925

64 Frances Densmore: Teton Sioux Music, Bureau of American Ethnology Bulletins 45, Washington 1918

65 Milo Yellow Hair, Roswitha Riebe-Beicht, Ursula Mildner: Indianer – Mythos und Wirklichkeit der Lakota, Ratingen 1992

66 Walker, 1917; zit. Nach Werner Müller: Glauben und Denken der Sioux, Berlin 1960, S.252

67 Norman Bancroft-Hunt/Werner Forman: Die Indianer. Auf der Fährte der Büffel, Luzern/Herrsching 1986, S. 80 f.

68 R. B. Hassrick: Das Buch der Sioux, Augsburg 1992

69 J. R. Walker: The Sun Dance and other Ceremonies of the Teton Dakota. Anthropological Papers of the American

Museum of Natural History, New York 1917

[70] Es fällt auf, daß Bancroft-Hunt und die Medizinmänner der Sioux für dieselben Begriffe verschiedene Schreibweisen benutzen. Dies erklärt sich unter Umständen aus der Benutzung verschiedener phonetischer Systeme bei der Aufzeichnung der Erzählungen.

[71] Paul Radin: Crashing Thunder, the Autobiography of an American Indian, New York 1912

[72] Joseph Epes Brown: The Spiritual Legacy of American Indians, New York 1982

[73] Ed McGaa, Eagle Man: Mother Earth Spirituality, New York 1990, S. 1

[74] G. B. Grinnell: Some Early Cheyenne Tales, Journal of American Folklore 1907

[75] Hans Peter Duerr: Sedna oder die Liebe zum Leben, Frankfurt/Main 1984, S. 34

[76] Siehe dazu Ed McGaa, Eagle Man: Mother Earth Spirituality, New York 1990

[77] Francis Densmore: Teton Sioux Music, a. a. O.

[78] Ebd.

[79] Ebd.

[80] Ursula Mildner: Das Andere Gesicht. Zur Phänomenologie eines Zwiespalts. In: Indianer – Mythos und Wirklichkeit der Lakota, Ratingen 1992, S. 70

[81] Ruth M. Underhill: Red Man's Religion, Chicago & London 1965, S. 150

[82] Schwarzer Hirsch (Black Elk): Die heilige Pfeife, Bornheim 1982, S. 162

[83] Die Umschriften der Bezeichnungen der Sioux-Rituale weichen in unterschiedlichen Quellen wegen der Benutzung verschiedener phonetischer Systeme leicht voneinander ab. Ich habe die Schreibweisen von

Ed McGaa, Eagle Man, einem Sioux Oglala, übernommen.

84 Horton Field: Vision Seeking, Willeemox 1993, S. 33
85 Werner Müller: Glauben und Denken der Sioux.
Zur Gestalt archaischer Weltbilder, Berlin 1970, S. 82
86 Schwarzer Hirsch: Ich rufe mein Volk, a. a. O.; der
Traumbericht, S. 32-34. Zusammenfassung nach Werner
Müller: Glauben und Denken der Sioux. Zur Gestalt
archaischer Weltbilder, Berlin 1970
87 Werner Müller: Glauben und Denken der Sioux,
a. a. O. S. 86
88 Ebd., S. 91
89 Ella Elizabeth Clark: Indian Legends of Canada, Toronto
1977, S. 44
90 Tom Bahti: Southwestern Indian Ceremonials, Las Vegas,
Nevada, 1971, S. 4
91 Siehe: Donald G. Pike: Anasazi – Ancient People of the
Rock, New York 1974, u. Patricia Creery u.
Ekkehart Malotki: Tapamveni. The Rock Art Galleries
of Petrified Forest and beyond, Petrified Forest Museum,
Arizona 1994
92 Siehe: National Geographic Magazine, April 1996,
The Anasazi, S. 86
93 Siehe: Sylvio Acatos: Die Pueblos. Prähistorische
Indianerkulturen des Südwestens, Zürich 1989
94 Herbert J. Spinden: Songs of the Tewa, New York
1933, S. 94
95 Siehe: Albert Kunze (Hrsg.): Hopi und Kachina –
Indianische Kultur im Wandel, München 1988, und
Kachina-Figuren der Pueblo-Indianer Nordamerikas
aus der Studiensammlung Horst Antes, Karlsruhe 1981
96 In: Kachina-Figuren der Pueblo-Indianer Nordamerikas
aus der Sammlung Horst Antes, Karlsruhe 1981, S. 30 ff.
97 Kunze (Hrsg.), a a. O., S. 15

[98] Frederik Hetmann: Mondhaus und Sonnenschloß. Mythen und Märchen der nordamerikanischen Indianer, Stuttgart 1989, S. 244 ff.

[99] Matrilinear: über die Linie der Mutter sich vererbendes Recht. Der Begriff wird bei der Darstellung der Navajo-Gesellschaft ausführlich erklärt.

[100] Hopi und Kachina. Indianische Kultur im Wandel, Hrsg. von Albert Kunze, München 1988, S. 157. ff.

[101] Frederik Hetmann: Mondhaus und Sonnenschloß, a. a. O., S. 244 ff.

[102] Ruth Benedict: Tales of the Cochiti Indians, Washington 1931, S. 5

[103] Ruth L. Bunzel: Zuñi Katcina: An Analytical Study, Washington 1932, S. 891

[104] Frances Densmore: Music of Santo Domingo Pueblo, New Mexico, Southwest Museum Papers Nr. 12, 1938, S. 67 f.

[105] Siehe dazu: Dennis Slifer u. James Duffield: Kokopelli – Fluteplayers Images in Rock Art, Santa Fe 1994, und Alex Patterson: A Field Guide to Rock Symbols of the Greater Southwest, Boulder 1992

[106] Dennis Slifer u. James Duffield, a. a. O., S. 24 f.

[107] Ebd., S. 24 f.

[108] Siehe: Frederik Hetmann, Die Spur der Navajo, Recklinghausen 1969, und Clyde Kluckhohn und Dorothea Leighton: The Navaho, New York 1962

[109] In: Encyclopedia of North American Indians, hrsg. von Frederick E. Hoxie, New York 1996, S. 424

[110] Aileen O'Bryan: The Dine: Origin Myth of the Navaho Indians, Washington, Bureau of American Ethnology, Bulletin 163, 1956; Washington Matthews: Navajo Legends, American Folklore Society, Boston und New York 1897

[111] Aileen O'Bryan, a. a. O.

[112] Siehe James Kale Macneley: Holy Wind in Navajo
Philosophy, Tuscon und London 1991

[113] The Holy Way of the Red Ant Chant, erzählt von
Hastiin Dijooli (Weißer Kegel). Manuskript 63-15,
Museum of Northern Arizona, Flagstaff 1936

[114] Frederik Hetmann: Die Spur der Navajo, a. a. O. , S. 57 ff.

[115] Helga Teiwes und Wolfgang Lindig: Navajo,
Zürich 1991, S. 174

[116] Frederik Hetmann: Die Spur der Navahos,
Ravensburg 1975, S. 75

[117] Clyde Kluckhohn und Dorothea Leighton: The Navaho,
Garden City, New York 1962, S. 225

[118] Ebd., S. 210

[119] Frederik Hetmann: Die Spur der Navahos, a. a. O., S.77 f.

[120] Ebd., S. 85

[121] Ebd.

[122] Pliny Earle Goddard: Navajo Texts, Anthropological
Papers of the American Museum of Natural History,
Bd. 34, New York 1933, S. 176-178

[123] Nach Tom Bahti: Southwestern Indian Ceremonials,
Las Vegas 1971; Frank Waters: Masked Gods – Navaho
and Pueblo Ceremonialism, Athens, Oklahoma 1984;
Hamilton A. Tyler: Pueblo Gods and Myth, Norman
1964;
Gladys A. Reichard: Navaho Religion – A Study in
Symbolism, Princeton 1977

[124] Washington Matthews: Navajo Myths, a.a.O., S.54 f.

[125] Knud Rasmussen: The Intellectual Culture of the Iglulik
Eskimos, Kopenhagen 1929, S. 27

[126] Ebd., S. 79

[127] Ebd., S. 52-54

[128] Franz Boas, in: Report of the Bureau of American

Ethnology, VI, Washington 1888, S. 583

129 Wallace Stevens: Der Planet auf dem Tisch, Übertragung
Kurt Heinrich Hansen, Stuttgart 1993, S. 65

130 Ella Elizabeth Clark: Indian Legends of Canada,
Toronto 1960, S. 92

131 Werner Müller: Die Religionen der Waldlandindianer
Nordamerikas, Berlin 1956

132 Ebd., S. 70

133 Ebd., S. 72 ff.

134 Ebd., S. 74

135 John D. Prince: Passamaquoddy Texts, Publication of the
American Ethnological Society X.

136 Charles G. Leland: The Algonquin Legends of
New England, London 1884, S. 76

137 Werner Müller: Die Religionen der Waldlandindianer
Nordamerikas, a. a. O., S. 79

138 Frank G. Speck: Naskapi. The Savage Hunters of the
Labrador Peninsula, Norman, Oklahoma 1935, S. 76

139 Werner Müller: Die Religionen der Waldlandindianer
Nordamerikas, a. a. O., S. 81 f.

140 Charles G. Leland: The Algonquin Legends of New
England, London 1884, s. S. 140 ff. (Vielfraß) und
S. 208 ff. (Kaninchen)

141 Frank G. Speck: Naskapi. The Savage Hunters of the
Labrador Peninsula, Norman, Oklahoma 1935, S. 76

142 Werner Müller: Die Religionen der Waldindianer
Nordfamerikas, a. a. O., S. 88 ff.

143 John R. Swanton: Tlingit Myth and Texts,
Washington 1909, S. 181 f.

144 Ebd., S. 374-377

145 Norman Bancroft-Hunt: Indianer Nordamerikas,
Bindlach 1994, S. 61 ff.

146 Philip Drucker: Indians of the Northwest Coast,

New York 1955, S. 150 ff.

[147] Ebd., S. 154

[148] Norman Bancroft-Hunt, a. a. O., S. 61. Hier wurde die ungenaue deutsche Übersetzung abgeändert.

[149] Werner Müller: Geliebte Erde, Naturfrömmigkeit und Naturhaß im indianischen und europäischen Nordamerika, Bonn 1982, S. 54

[150] Alexander Buschenreiter: Unser Ende ist Euer Untergang, München 1987, S. 273

[151] Ebd., S. 260

[152] Siehe dazu die Bücher von Edward Abbey. In deutscher Sprache lag bisher nur der Roman „Die Universal-Schraubenschlüssel-Bande", Ro-ro-ro Nr. 5895 vor. Er ist im Handel vergriffen. Das gesamte Werk Edward Abbeys ist dem Protest gegen die Zerstörung der Natur im Südwesten der USA gewidmet.

[153] Ebd.

[154] Ebd., S. 262

[155] Ebd.

[156] Claude Lévi-Strauss: Traurige Tropen, Frankfurt/Main 1979, S. 412 f.